江苏省社科基金重大项目“江苏建立健全城乡融合发展的体制机制
政策体系研究”（K0201900192）
国家社科基金重大项目“我国农村集体产权制度改革深化与经济发
研究”（20ZDA045）

江苏乡村振兴战略研究

周应恒　耿献辉
邹　伟　张兆同　郭贯成　严斌剑　王　睿　著

STUDY ON
THE STRATEGY OF RURAL DEVELOPMENT IN
JIANGSU PROVINCE

经济管理出版社
ECONOMY & MANAGEMENT PUBLISHING HOUSE

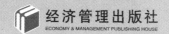

图书在版编目（CIP）数据

江苏乡村振兴战略研究/周应恒等著．—北京：经济管理出版社，2020.8
ISBN 978－7－5096－7339－3

Ⅰ.①江…　Ⅱ.①周…　Ⅲ.①农村—社会主义建设—研究—江苏　Ⅳ.①F327.53

中国版本图书馆 CIP 数据核字（2020）第 146638 号

组稿编辑：曹　靖
责任编辑：曹　靖　郭　飞
责任印制：黄章平
责任校对：王淑卿

出版发行：经济管理出版社
（北京市海淀区北蜂窝 8 号中雅大厦 A 座 11 层　100038）
网　　址：www. E－mp. com. cn
电　　话：（010）51915602
印　　刷：三河市延风印装有限公司
经　　销：新华书店
开　　本：787mm×1092mm/16
印　　张：14.75
字　　数：332 千字
版　　次：2020 年 8 月第 1 版　　2020 年 8 月第 1 次印刷
书　　号：ISBN 978－7－5096－7339－3
定　　价：88.00 元

课题组主要成员及分工

周应恒　教　授（第一章）

耿献辉　教　授（第二章）

严斌剑　副教授（第三章）

张兆同　教　授（第四章）

邹　伟　教　授（第五章）

郭贯成　教　授（第六章）

王　睿　副教授（第七章）

前　言

一、实施乡村振兴战略的重要性

乡村振兴战略是在党的十九大报告中由习近平总书记提出的，实施乡村振兴战略，是要坚持农业农村优先发展，按照产业兴旺、生态宜居、乡风文明、治理有效、生活富裕的总要求，建立健全城乡融合发展体制机制和政策体系，加快推进农业、农村现代化。

从我国工业化、城镇化发展战略的历史选择来看，农业、农村和农民问题存在的根本原因在于国家工业化、城镇化发展战略重点、排序和资源配置导向侧重于重工业和城市，从而导致国民收入再分配不利于农民、农业和农村发展；随着经济的发展，低价征地、农民工低工资和农村资金向城市流动等新问题日益凸显，加剧了我国农村的凋敝与衰落。党的十九大报告提出"实施乡村振兴战略"，是推动城乡融合发展的重要战略举措，为新时代的农业、农村改革和发展指明了方向。乡村振兴战略和党的十八大提出的新型城镇化发展战略是一致的。从党的十八大到党的十九大，这两个战略虽然侧重点各有不同，但在本质上内涵是一致的，互相支持与配合，两大战略是辩证统一的。把新型城镇化与乡村振兴战略作为国家全面现代化进程中一体两翼的发展战略，在优先发展农业农村的基础上，促进城乡经济和社会生活紧密结合与协调发展，逐步缩小直至消灭城乡之间的巨大不平衡，促进我国全面实现现代化。

江苏是我国的经济大省、农业大省，自然资源丰富，农产品需求旺盛，市场广阔，农业生产具有良好的条件，农村发展水平较高，是城乡收入差距全国最小的省份之一。但不可否认的是，农业供给侧结构性失衡、城乡差距过大、绿色农业发展不足、二三轮土地承包衔接不顺、农村一二三产业融合阻碍较多、公共文化服务体系等问题依然存在，农业农村发展滞后仍然是全面实现现代化最大的制约，解决农业农村发展不平衡与不充分的问题仍然是艰巨的任务。

二、本书的特色和贡献

本书第一章以乡村产业振兴为重点分析对象，兼顾人才振兴、文化振兴、生态振兴、组织振兴等内容，在明确乡村振兴理论内涵与实现基本路径的基础上，通过分析总结江苏乡村产业、人才、文化、生态、组织等方面发展的现状与经验，探讨新时代江苏加快乡村振兴的基本条件、路径、潜力以及具体的发展模式，并提出相关的政策建议。在之后的章节中，本书并没有完全从乡村振兴战略的五个角度着手，而是分别从供给侧治理、城乡融合、绿色兴农、二三轮土地承包、农村一二三产业融合和乡村公共文化服务体系建设等方面来考察江苏“三农”发展情况，细致全面地了解江苏“三农”发展现状及存在的问题，并参考乡村振兴战略的有关精神为江苏“三农”发展提出政策建议，同时为其他地区实施乡村振兴战略提供参考。

三、展望

我国的城乡关系正处在快速转变时期，乡村振兴战略作为统领“三农”工作的核心抓手，产业兴旺成为产业、组织、文化、生态、人才五大振兴的首要支撑。本书从供给侧治理、城乡融合、绿色兴农、二三轮土地承包、农村一二三产业融合和乡村公共文化服务体系建设等方面出发，利用经济学工具分析了江苏“三农”发展情况，在借鉴国内及国外先进经验的基础上，密切联系我国及江苏实际，为江苏“三农”发展提供建议。

本书的出版，对于在乡村振兴战略背景下优化农业供给侧治理结构，推进江苏城乡融合发展，发展江苏绿色兴农路径，优化江苏二三轮土地承包衔接，保障江苏农村一二三产业融合发展，建设江苏乡村公共文化服务体系，均将发挥重要的作用。

由于本书作者研究能力与知识结构的局限，本书一定还存在不足与疏漏之处，敬请同行专家与广大读者批评指正。

周应恒

2019 年 12 月于南京

目　录

第一章 理论基础与江苏路径

摘要：实施乡村振兴战略、加快农业农村现代化进程是当前做好“三农”工作的重要遵循。江苏是我国的经济大省、农业大省，农村发展水平较高，农业生产技术比较先进，但按照农业农村现代化的要求，差距依然较大，农业农村发展依然存在巨大的不平衡与不充分的问题。乡村振兴的核心是乡村的产业振兴，通过产业振兴带动农民增收与乡村的全面发展是根本的出路，本章将以乡村产业振兴为重点分析对象，兼顾人才振兴、文化振兴、生态振兴、组织振兴等内容，在明确乡村振兴的理论内涵与实现的基本路径的基础上，通过分析总结江苏乡村产业、人才、文化、生态、组织等方面发展的现状与经验，探讨新时代江苏加快乡村振兴的基本条件、路径、潜力以及具体的发展模式，并提出相关的政策建议。

2017 年 10 月，习近平总书记在党的十九大报告中明确提出实施乡村振兴战略。乡村振兴战略，是要坚持农业农村优先发展，按照产业兴旺、生态宜居、乡风文明、治理有效、生活富裕的总要求，建立健全的城乡融合发展体制机制和政策体系，加快推进农业农村现代化。江苏是我国经济大省、农业大省，自然资源丰富，农产品需求旺盛，市场广阔，农业生产具有良好的条件，农村发展水平较高，城乡收入差距为全国最小的省份之一。但不可否认的是，按照农业农村现代化的要求，目前城乡差距过大仍是江苏最大的结构性失衡问题，农业农村发展的滞后仍然是全面现代化最大的制约，解决农业农村发展不平衡与不充分的问题仍然是艰巨的任务。要全面实现乡村振兴，就要从产业振兴、人才振兴、文化振兴、生态振兴、组织振兴五个角度着手，本章通过对乡村振兴理论内涵与实现的基本路径分析把握的基础上，通过分析总结江苏农业农村发展的经验与面临的问题，以产业振兴为分析重点，探讨新时代江苏加快乡村振兴的基本条件、路径、潜力以及具体的发展模式，并提出相关的政策建议。

第一节 理论内涵

实施乡村振兴战略、加快农业农村现代化进程是新时期做好“三农”工作的重要遵循。推进乡村振兴战略，走城乡融合发展是基本的路径，破除阻碍城乡融合发展的体制机制障碍是根本。其主要内容是要全面实现乡村的产业振兴、人才振兴、文化振兴、生态振兴、组织振兴，这其中产业振兴是重点、人才振兴是支撑、文化振兴是灵魂、生态振兴是根本、组织振兴是保障。

中华人民共和国成立后，我国长期实施工业化、城市化优先发展战略，竞争型的城乡关系带来的城乡二元结构造成了农业农村落后格局，也是城乡融合的巨大障碍。长期以来，城乡二元结构的存在使生产要素配置低效，农村地区要素供需失衡，城市与乡村的巨大鸿沟阻隔了生产要素的双向对流，农村土地资源优势难以发挥，城市的资本要素、生产技术难以进入农村，在这一过程中城乡经济差距逐渐拉大，贫困加剧。特别是随着工业化以及城镇化的快速发展，农村日益面临资本匮乏、劳动力老龄化、技术落后、治理失效等发展不可持续问题。工业化与城市化优先的公共财政投入，加剧了城乡公共服务的鸿沟和乡村的衰落。农业农村发展的滞后成为我国现代化进程的最大瓶颈与约束。党的十九大确立的乡村振兴战略旨在从根本上解决我国的"三农"问题，该战略的核心就是改变目前工业化和城镇化优先发展的战略，着眼于乡村与城市作为独立的经济社会文化与生态系统，把乡村当作与城镇独立、平等的空间系统，充分发挥其多元价值，打破相互分割的壁垒，逐步实现生产要素的合理流动和优化组合，促使生产力在城市和乡村之间合理分布（谷中原，2010）。把新型城镇化与乡村振兴作为国家全面现代化进程的一体两翼的发展战略，在优先发展农业农村的基础上，促进城乡经济和社会生活紧密结合与协调发展，逐步缩小直至消灭城乡之间的巨大不平衡，促进我国全面实现现代化。

一、实现产业振兴的理论基础

实现乡村振兴的重点在于乡村的产业振兴。过去在工业化和城镇化优先的大背景下，农业农村的资源必须优先保证工业化以及城镇化的需要，农业农村的基础设施建设与公共服务投入严重不足，在粮食与农产品短缺的条件下，农业的最大目标就是增加粮食产量及农产品供给，形成了数量优先型的传统农业生产体系，该体系的一个基本特点就是局限在传统的种养殖业领域，忽视流通、加工环节，造成农业产品附加价值低，农业经营效益差。并且随着经济的发展，农业在国民经济体系中的比重日趋下降，先进发达的经济表明，国民经济中的传统种养殖业为中心的农业比重都在1%～2%，农业的发展空间日趋变小，农业日益成为夕阳产业。在健全的市场体制下，大量的农业劳动力离开农业农村，转移到工业与城市部门。另外，传统农业在向现代农业的转型进程中，日益突破种养殖的范畴，向种养殖业部门的产前与产后环节延伸与拓展，形成包括产前的生产支持环节与产后的产品加工、流通、消费服务环节在内的日趋复杂的供应链系统，或者叫涉农产业体系[①]，该系统的发展程度就是现代农业的发展水平（周应恒等，2012）。其实际上就是农

① 涉农产业：即 Agribusiness，最早由戈登伯格与瑞教授在 1957 年提出，是指与包括种养殖业部门以及与其相关的产前部门与产后部门在内的整个产业链系统，笔者把该系统称为现代农业体系。参见周应恒等著《现代农业发展战略研究》。

村中作为第一产业的种养殖业部门不断与其产前与产后相关的第二产业、第三产业部门融合发展的过程。支撑该体系发展最大的动力就是伴随着经济发展水平的提高，消费需求不断地多样化、高级化以及高附加价值化。发达经济的经验表明，作为现代农业的涉农产业体系，以农产品加工与流通以及消费服务为中心的产后部门相对于种养殖业部门快速发展，日益成为了涉农产业的主体，其在国民经济体系所占的份额近十倍于种养殖部门，成为了国民经济的重要领域。并且这种趋势不因农业发展的资源禀赋的差异而不同。表 1－1 是我们基于选择美国与日本这两个农业资源禀赋与发展路径完全不同的国家以及中国和印度这两个发展中大国进行比较。可以发现，随着我国经济的快速发展，涉农产业也快速发展。但是，与现代化先行国家相比，我国当前现代农业发展水平还差距很大，还有巨大的发展空间。因此，推动农村一二三产业融合发展，也将是我国农业现代化的必由之路，是实现乡村产业振兴的主要抓手。

表 1－1　美国、日本、印度、中国四国涉农产业发展状况

国家 \ 指标 / 年份	涉农产业 GDP 比重（%）	传统农业 GDP 比重（%）
	1995	2014
美国	12.67	10.71
日本	9.29	10.59
印度	1.78	2.16
中国	2.60	3.07

资料来源：根据 OECD 提供的各国投入产出表数据整理得到，口径为国民生产总值。

产业融合发展是传统产业的现代特征所在。产业融合的思想源于 20 世纪 60 年代，从产业边界角度来看，产业融合就是为了适应产业增长而发生的产业边界的收缩或消失；从组织角度来看，产业融合通过产业壁垒的减弱，将过去独立的产业进行融合。它是融合理论的体现，是分工内化、交易成本降低的必然结果。当市场中各企业组织内部的分工细化到一定程度时，企业之间为了减少交易费用，必然开始形成各种产业组织；同样，当产业组织内部的分工深化到一定程度时，各个产业组织之间出于减少交易费用的需要，开始形成跨产业融合。实现三产融合，不仅可以实现农业生产与消费市场的连通，而且加强了农产品供给与消费结构变迁的对接（吴刚、张丹，2018）。

面对国际竞争，我国农业的竞争力提升也必须通过农村一二三产业融合的发展路径。传统农业的竞争力，依靠的是现代生产技术的提升来获得规模经济，追求单一的产品功能，农产品作为单一产品的差异性越来越小，区域可贸易性越来越强，决定性的因素是农业资源禀赋。所以，欧美的大规模农业具有很大的竞争优势。然而，伴随着经济的不断发展，消费需求不断多样化、高级化以及高附加价值化，单一的农产品功能愈加无法满足消费者的需要，多样便利、营养美味、生态休闲、教育文化、健康养护等基于农业农村多功能属性的需求日趋旺盛。满足这些需求，是农村产业融合发展的基本使命与根据。现代农业的竞争力提升，更加依靠的是多样化的生物资源与文化资源。我国地域辽阔，气候多样与生物资源极为丰富，孕育出了悠久的农耕文明、民族文化多样，改革开放是我国经济社会快速发展、国民收入水平大大提升的动力，这为我国加快推动农村一二三产业发展提供了基础动力与巨大支撑。

中央提出乡村振兴战略，正是顺应了历史潮流与我国现代化发展的需要。实现乡村振兴，首先就是要通过推动农村一二三产业融合发展，加快现代农业发展，实现农村的产业振兴。根本目的就是要改变传统农业的发展路径，提高农业、农民的生产组织化程度，增加农产品附加价值，提高农业生产竞争力，改善农民收益水平。在这一背景下，实现农村一二三产业融合，延长农业链条、拓宽农业功能是农村产业振兴的关键所在。通过一二三产业融合，真正提高农业附加价值，打造品牌农业、精细农业，为农民增产增收。

二、实现人才振兴的理论基础

人才振兴是乡村振兴的落脚点，人才是乡村振兴的重要支撑，高素质人才将极大地推动乡村产业的发展进而实现乡村真正的振兴。中国乡村的现状是人口老龄化，村庄“空心化”严重。改革开放以后，我国的工作重心由阶级斗争转变为经济建设，GDP 等经济指标逐渐成了经济发展的衡量标准，与此同时，户籍制度的改革允许人口自由流动，在这两个条件的共同作用下，我国农村地区开始出现劳动力流失的情况。进入 21 世纪后，国家更加重视城乡融合发展，但在计划经济时期形成的社会福利等制度或多或少地被沿袭下来，这种城乡的差异制度使许多农村人才为了自身的发展纷纷投入到大城市中，人才的不平衡流动加剧了我国城乡发展水平差距日渐增大，较高的收入水平、方便的生活条件、发达的教育和先进的医疗设施等都在吸引着农村人口“离乡背土”，这种恶性循环的形成使农村深陷贫困泥沼。

中国自古以农立国，乡村文明长期居于文明主流。当今城市里的大多数家庭如果往前推 3 ~5 代，就基本上回归到乡村的领域了。费孝通在《乡土中国》一书中，对中国近代社会的变迁进行了有益的思考，指出中国古代基层组织自治是由乡绅等乡村精英进行治理，虽然现代中国的政治经济制度和社会文化环境发生了很大的变化，但现在还有借鉴意义（费孝通，2011）。自中华人民共和国成立以来，不少乡村在精英、能人的带动下走上了脱贫致富的道路，然而，这些乡村人才在近几十年却在离开乡村、融入城市，在一定程度上造成了乡村人才的匮乏。由图 1 –1 可知，我国农村就业人数一直呈现下降趋势，而城镇就业人数在不断上升，恶劣的生活环境导致高学历人才、生产能手、技术专家等都不愿意留在农村。人才的缺失造成了农村产业的落后、乡村治理主体的缺失，乡村没有人，一切都会被自然和时间淘汰，再好的房屋也会被废弃。乡村没有人才，没人懂管理、善经营，再美好的宏伟蓝图也落实不了。因此，吸引人才、留住人才是当前农村发展必不可少的条件之一。

农村人口的流失同时加剧了农村内生动力的瓦解。内生动力是社会持续发展的根源。林毅夫将这种能力界定为一个企业在没有政府或其他外力扶持或保护的情况下，预期能够在自由、开放、竞争的市场中赚取社会可接受的正常利润的能力（郑文兵，2003）。在传统体制下，我国乡村的文化、政治被弱化和边缘化了，农村人口的外流，社会网络的破坏和农民集体行动能力的弱化，正在瓦解着乡村内生能力的基础。实现乡村人才振兴对促进乡村内生动力的提高具有较强的推动作用，在原来 GDP 考核的激励机制下，能够积极回应市场的能人、富人将成为提高农村内生动力乃至推动乡村振兴的主要力量。

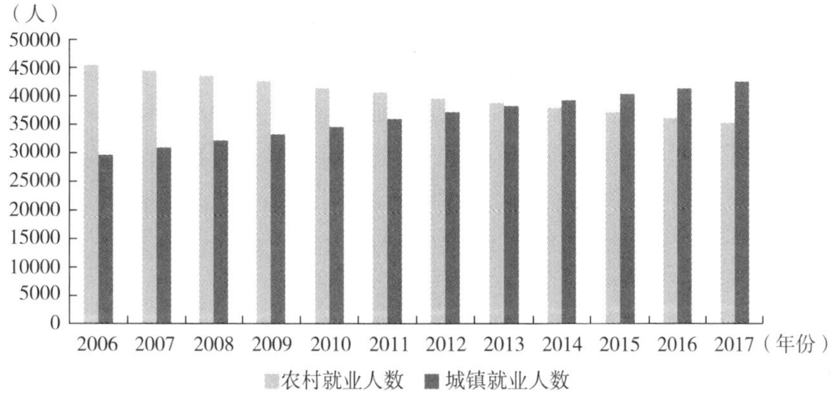

图 1－1　2006 年以来我国城乡就业人口变动

因此，吸引优秀人才，培育新型农民，打造一支强有力的人才队伍是当前实施乡村振兴战略的重要任务（谭金芳等，2018）。在乡村振兴的过程中，政府需要牢固树立“人才是第一资源”的理念，认清农民的主体地位，厘清农民在产业发展、文化振兴、乡村治理中的作用（万宝瑞，2018）。改变人才工作机制，调动人才活力，这是破解由城乡二元结构造成乡村人才洼地现状的有效手段，也是破解人才制约，提高乡村发展水平的必由之路。

三、实现文化振兴的理论基础

乡村是我国发展历史的基石，是中华传统文化生长的家园，中国的农业文明起源于乡村，中国在长期的发展过程中形成了具有典型农业特点的农业精神和高尚品格。以农为本、以丰补歉、二十四节气等成为了农业发展过程中的宝贵经验，反映了古代农民的无限智慧；爱老慈幼、出入相友、守望相助、患难相恤等成为了农村相处的基本准则，形成了农村的优良风气；勤俭持家、尊师重道等成为了农民品行的基本要求，也孕育了现代文明的高尚情操。可以说，古代农村的发展是我国封建时期发展历史的代表，是古代经济、文化的重要体现。近代农村成为了革命的“根据地”，其孕育的简朴、勤劳、坚守等优良品格深深地烙印在了共产党员的身上，成为了每一个革命者的高贵品格。因此，乡村文化是中华优秀传统文化的根底，是社会主义先进文化和革命文化的母版，是坚定中国特色社会主义文化自信的根本依托（王磊，2018）。

不可否认的是，当前在市场经济的冲击下，乡村文化体系中具有代表性的民间艺术在逐渐失传，道德规范在逐渐滑坡。而与此同时，城市文化在不断发展繁荣，目前我国城乡文化发展的差距在逐渐扩大。形成这一局面的原因是多方面的，交通不便、文化传播受阻等因素固然重要，但最重要的是改革开放后国家所实行的“部分先富”的治国方略。在这一方略的引导下，我国形成了城乡二元结构，城市与农村的关系被人为割裂，经济资源向城市集聚，人口向城市流动，高速的工业发展冲刷着中国的乡土文化，城市的“虹吸效应”已经将农村的资源、劳动力“榨干殆尽”，农村经济长期得不到发展，两者的差距越来越大。意识形态来源于现实社会，现实中农村的落后使文化发展在城市与农村之间出现了极度的不平衡，在乡村文化中埋下敌对的种子，产生城乡文化的矛盾与不相容性（龙晓涛、崔晓琴，2007）。人口的流失造成了文化主体缺失，拉低了文化参与主体整体素质，使农村文化生活逐渐单一化、低俗化。与资源流失相伴随的是农民对高质量文化生活需求的降低，匮乏的文化供给与疲软的文化需求使农村成为了中国版图的文化洼地。

实现乡村文化振兴具有重要意义，文化振兴是乡村振兴的灵魂，是乡村振兴的题中之义和发展之基。对乡村文化的尊重、理解和扶持，保存乡土味道与民俗风情，守护好中华民族文化的根脉，留住“乡愁”，有利于开发民智、提振农民精神、提高农民自信、增强农民自豪感、激发生机与活力、汇聚乡村振兴发展的精神力量，推动农民参与现代化农村建设。因此，实施乡村振兴战略，必须把乡村文化建设放在更加突出的位置，从战略层面去谋划和推进乡村文化建设，通过对乡村物质文化资源和精神文化资源的保护、开发和利用，让文化因子融入人们的物质文化和精神文化生活之中，成为了实施乡村振兴的不竭动力（陈运贵，2018）。

在当前实现乡村振兴战略的背景下，乡村文化振兴的当务之急就是要改变城乡文化不平衡的现状，提高乡村文化产品供给，优化文化生活质量，进一步培育新型农民，提高农民素质水平，吸引人才返乡，唤起农民对高雅文化的需求。以此激发乡村文化活力，实现乡村文化振兴。

四、实现生态振兴的理论基础

生态振兴是乡村振兴的根本，以习近平同志为核心的党中央遵循马克思主义辩证唯物主义思想，处理人、社会、自然的发展关系，继承和发展马克思“自然界的优先地位”“人与自然和谐统一”的光辉思想，认识到人类是自然的组成部分，我们必须尊重自然、顺应自然、保护自然（刘思华，2014）。顺自然规律者兴，逆自然规律者亡。人类文明要想继续向前推进持续发展，就必须要正确认识人与自然的关系，解决好人与自然的矛盾和冲突，并将其置于文明根基的重要地位（王丹，2015）。在人类文明进步过程中，什么时候生态被牺牲掉了，什么时候生态危机就出现了。生态危机是人类文明的最大威胁。要走出生态危机困局，就必须排除经济发展遭遇的阻碍，寻找一条新的发展道路，而这条道路，正是生态文明建设之路。只有大力推进生态文明建设，提高生态环境质量，夯实生态文明基础，满足人民群众的基本生态需求，真正意义的全面小康才能得以实现（高红贵、赵路，2019）。

农村生态环境是农村产业发展和实现乡村振兴的重要依托，良好的生态环境是农村的最大优势和宝贵财富。我国农村地域广阔，农村生态环境质量直接关系到人民群众的身体健康，关系到美丽中国的建设，关系到乡村振兴战略的有力实施。

造成当前乡村生态环境日趋恶劣的原因是多方面的。首先，经济发展的负外部效应结果，微观经济主体的经济行为都会或多或少地产生外部性，其中，企业在生产过程中产生的负外部效应最为重要，这就给当前生态环境带来了重大威胁的污染问题。企业的经济决策往往只考虑其内部成本，即传统的生产成本，而忽视了对社会以及环境所造成的外部成本，企业缺乏足够动力将外部成本内化为其内部成本，也正因此产生了大量的污染问题。同时，农民作为独立的生产者，在获取高产量的激励下不断加大化肥、农药使用量，一定程度上造成了环境的污染。其次，环保执法不严格，地方政府监督缺失，农村地区是行政管理的薄弱地区，大部分地区存在着监管不到位的情况，管理监督的缺失在一定程度上加重了污染问题的严重化；同时，污染治理水平相对较低，更缺乏对环境风险的认知。近年来，部分农村地区环境恶性事件频发，对这些地区的居民身心健康造成了严重威胁，并造成了恶劣的社会影响。最后，居民整体素质不高，环保意识不强，人口流动造成的乡村人才缺失使生产参与主体的整体素质下降，环保意识匮乏在一定程度上加剧着农村环境破坏。

实现乡村生态振兴，促进乡村环境的改善是乡村振兴的重要内容之一。实施生态振兴政策将对经济产生正面效应，在内生增长理论框架下的动态多部门经济中，环境政策能够激发企业进行技术革新，提高投入要素生产率，从而促进企业经济的发展，实施生态振兴不仅是保护环境的要求，也与经济发展的任务不谋而合。因此，必须牢固树立和践行"绿水青山就是金山银山"的理念，坚持尊重自然、顺应自然、保护自然，统筹山水林田湖草系统治理，加快转变生产生活方式，推动乡村生态振兴，建设生活环境整洁优美、生态系统稳定健康、人与自然和谐共生的生态宜居美丽乡村。

五、实现组织振兴的理论基础

组织振兴是乡村振兴的保障，基层党组织在乡村发展过程中起到了巨大的作用，是确保党的路线方针政策和决策部署贯彻落实的基础，是党融入人民群众的重要途径。加强农村基层党组织建设，可以有效激发乡村活力，维护乡村发展秩序。只有重视加强党的基层组织工作，才能更好地把基层党组织建设成带领群众脱贫致富的坚强战斗堡垒，为决胜全面建成小康社会奠定坚实的基础，才能为全面深入推进乡村振兴战略，推动农业全面升级、农村全面进步、农民全面发展奠定更坚实的基础，提供更有力的保证。

实现乡村振兴，必须加强农民的主体地位，因此，要进一步认识村民自治在实施乡村振兴战略中的重要作用，摆脱行政治理思维的惯性，为村民自治创造良好的条件。此外，制定科学乡村治理模式，要积极探索以生产发展、生活富裕、生态良好为方式，以美丽环境、文明乡风、洁净家园为目标的新型乡村治理模式，以村民自治、法律法治、社会德治为保障，实现“三治”结合，就是要通过构建自治、法治、德治相融合的基层治理体系，健全基层群众自治新机制和城乡社区服务新机制，以自治内消矛盾。其中，法治是保障乡村治理有序的根本，德治是实现乡村治理有魂的路径，自治是乡村治理的核心，能够实现乡村治理有力。

土地是农业最基本的生产要素，也是农民最根本的生存资源，农村最宝贵的发展资本，在乡村振兴战略中扮演着基础性的关键角色。在推进新农村建设中，一方面，农村大量建设用地闲置、低效利用；另一方面，现代农业需要的适度规模经营土地条件难以形成，农村公共基础设施建设用地难以保障，土地征收、土地拆迁等社会纠纷频繁发生。我国实行的是农村集体土地所有制，作为土地所有者的集体经济组织，理应成为组织乡村振兴的实施主体（陈美球等，2018）。因此，探索新型集体经济管理模式也是乡村组织振兴的一个重要要求，在实现乡村振兴的过程中，新型集体经济组织将成为工商资本与农业对接、小农户与大农企对接的重要桥梁。农村集体经济组织在发展农村经济、处理农村事务中有着重要意义。其既充当了集体产权制度改革的主要实施者，也是工商资本进入农村的重要依托，同时新型集体经济组织也发挥着开展农业规模化生产、协调处理农村经济事务的重要作用。新型集体经济组织的存在，使农村闲置资产得以高效运作，促进资金流入，盘活农村土地资源。进一步讲，集体经济组织连接农业龙头企业与分散农户，将有效推进农业生产的标准化与品牌化，极大地缓解了市场中信息不对称问题，提高了消费者的消费信心与消费动力。

第二节　江苏农业农村发展现状及问题

一、江苏农业农村发展现状

江苏自然资源丰富，地处南北气候过渡地带，气候多样，雨量适中。全省耕地面积6870万亩，土地相对平整，灌溉条件优越，优良耕地充足。省内拥有包括长江、淮河在内的庞大水系，为其提供了丰富的水资源。沿海的地理位置带来了丰富的渔业资源，各类鱼虾、贝藻产品充足，良好的气候条件使江苏适宜种植多种经济作物。

江苏文化资源丰富多样，距今已有6000年的文明史，孕育出“吴文化”“金陵文化”“淮扬文化”“汉文化”为代表的各具特点灿烂的江南文化。江苏有南京、苏州、无锡、镇江、南通、扬州、徐州、淮安、常熟、泰州、常州、宜兴、高邮13座中国历史文化名城，长期的历史积淀与水乡特色使江苏成为了旅游大省，不仅有明故宫、总统府为代表的人文景观，也有太湖、云台山为代表的自然风光。作为中国经济一贯发达的区域，自古便有“山水江南，鱼米之乡”的美誉。同时江苏也是科教大省，省内拥有 2 所 985 院校，11 所 211 院校，众多高水平的教学科研机构为江苏的经济发展提供了重要的科技支撑与创新条件。

从市场需求来看，江苏地处中国最为发达的长三角地区，工业化城镇化水平高，周边区域拥有接近三亿相对富裕的人口，消费结构不断升级，不仅农产品消费市场需求旺盛，而且对田园风光、生态休闲、健康养护、传统文化、教育体验等的需求市场十分巨大，这为江苏的农业农村发展奠定了极佳的基础。

（一）江苏乡村产业发展现状

作为全国 13 个粮食主产省之一，江苏是南方最大的粳稻生产省份，也是全国弱筋小麦生产优势区，玉米、花生、油菜等特色粮经作物遍布全省。近年来，江苏农业取得了较大发展，粮食总产量基本保持上升趋势，2017 年粮食总产量达到 3539.8 万吨，比 2016 年增产 73.8 万吨，增长 2.1%。江苏十分重视农业发展，农业产业化起步较早，目前已确定了主导产业并基本实现了区域优化布局。此外，农业机械化水平不断提高，农业规模化经营取得了一定成效，江苏 2010～2016 年农业机械总动力基本保持增长趋势，有效灌溉面积不断增加，农业基础设施不断完善，农业生产条件进一步提高。与此同时，江苏经过长期的探索与发展，初步建立起了一批国家、省、市级农业龙头企业，2018 年江苏 34 家企业入选农业产业化龙头企业 500 强，入围企业数居全国第二位。

优越的自然条件与多样的文化资源为江苏带来了丰富的物产，多样化的农产品品种成为江苏农业发展的一大特点，洞庭湖碧螺春、阳澄湖大闸蟹、海安河豚、南京云锦、扬州盐水鸭等各具特色。同时，江苏品牌农业亮点纷呈，名牌农产品共有 200 多个，江苏农产品在国内市场已经具有较好的声誉。部分特色农产品形成了有影响力的品牌，品牌建设走在了全国的前列。具有代表性的区域公共品牌阳澄湖大闸蟹已经成为大闸蟹市场的佼佼者，2017 年阳澄湖大闸蟹产量达到了 1200 吨；位于江苏淮安的盱眙龙虾 2016 年品牌价值达到了 169.91 亿元，不仅产量不断上升，还打造了龙虾特色小镇。

近年来，江苏传统农业发展空间不断缩小，在农村一二三产业融合方面实现了很大的进步。如表 1-2 所示，2017 年江苏传统农业 GDP 占比仅为 4.71%，低于全国水平的 8.22%，传统农业就业人数占比 2016 年已降至 17.7%，低于同期全国平均水平的 28.8%。与此同时，2016 年，全省规模以上农产品加工业企业达到 7275 家，农产品加工业实现总产值 18927.4 亿元，比上年增加 9.2%。其中，粮食加工与制造、饲料加工、肉类加工、水产加工等收入增幅超过了 10%，中药制造、茶加工、蛋品加工收入增幅超过 20%[①]。截至 2016 年，全省休闲观光农业园区增至 6000 个，总收入超 300 亿元，农业功能在不断扩展至生态休闲、旅游观光、教育宣传等方面。其中，具有代表性的田园东方旅游度假村正在打造长三角最具特色的休闲旅游度假目的地。

① 科学技术部农村科技司等．中国农产品加工业年鉴［M］．北京：中国农业出版社，2010.

表 1-2 江苏传统农业发展现状

年份	传统农业 GDP 比重（%）	传统农业就业人数占比（%）
2013	6. 10	20. 10
2014	5. 58	19. 30
2015	5. 68	18. 40
2016	5. 27	17. 70
2017	4. 71	—

资料来源：根据国务院发展研究中心信息网数据库、《2017 年江苏统计年鉴》整理得到。

（二）江苏乡村人才队伍建设现状

乡村振兴离不开人的参与，农民理应成为振兴乡村的重要主体。提高农民的生产技术水平、吸引更多优秀人才投身“三农”成为当前工作的重心之一。2018 年，江苏开展了乡土人才“三带”行动计划，目的在于通过名人、能手、新秀等乡土人才的带领加快农村地区产业、文化的发展。通过扶持培养一批农业职业经理人、经纪人、乡村工匠、文化能人、非遗传承人，充分发挥其带领技艺传承、带强产业发展、带动群众致富的作用。与此同时，实行更加积极、开放的人才政策，截至 2017 年，江苏新型职业农民培育程度达到 40%。

江苏高等教育发达，省内拥有众多知名学府。以南京农业大学、南京林业大学、江苏农科院等为代表的农林类科研院校或科研单位为江苏的农业发展输送了大量人才；以东南大学、河海大学等为代表的理工类院校为农村、农业基础设施建设提供了支持。以南京农业大学为例，2018 年，该校农学类专业合计毕业生达到 2325 人，向社会各界输送了大量农学类人才。同时，近年来江苏不断采取相应政策吸引毕业大学生前往基层参加工作，提高乡镇从业者、农业技术人员的整体素质。以江苏宿迁为例，该市 2018 年从 5000 多名报名者中遴选了 1324 名身怀创业项目或意向的大专以上毕业生，安排到涉农村（居）任村干部。此外，重视吸引在外务工的优秀人才返乡创业，各地广泛宣传鼓励和支持返乡就业创业的相关政策。截止到 2018 年 3 月，江苏新沂市共有 2552 名务工人员带着打工淘来的第一桶金和先进技术，回乡创办了经济实体。

加强农民培训，制定并实施全省新型职业农民培育规划，有计划地组织农民学习培训，江苏将在 3～5 年内，建立起一支能够初步满足现代农业发展需要的新型职业农民队伍。以江苏句容市为例，该市借助江苏农林职业技术学院、句容市中等专业学校等平台，培育了一批技术型职业农民（江苏农业农村厅调研组，2018）。此外，江苏不断推进乡村振兴专家服务基层系列活动，深入推行科技特派员制度，推动各类专业人员下乡服务乡村建设，鼓励农业科技人员到乡村兼职和离岗创新创业。江苏在 2017 年推行了“惠民 33 条”政策，实施以新生代农民工为重点的职业技能提升计划，向低收入农村家庭子女、农村转移就业劳动力等群体开展职业培训活动，目的就是提升就业质量，提高收入水平。

（三）江苏乡村文化保护与发展现状

江苏是文化大省，农耕历史悠久，水网密布、沃野千里的环境优势使江苏成为了中国农耕文明发源地之一。早在距今六七千年前，北自淮河流域，南至太湖的广大区域，就广泛分布着从事农业生产的原始聚落（村）。源远流长的农耕文明，赋予了江苏乡村文化厚重的历史积淀，很多传统文化与民间习俗绵延传承至今。

独特的地理环境造就了江苏乡土文化的鲜明特征，江苏江海交汇、南北交界的地理位置决定了其乡村文化具有强大的包容性；而作为最早对外开放的地区之一，江苏文化又深受外来文化的影响，特殊的区位环境使江苏乡村文化在融合吸收各种文化优势的基础上积淀升华。长江跨越江苏南北，中国传统的南北分界线——淮河流经江苏北部，天然的分隔使苏南地区、苏中地区、苏北地区在文化传播和自然季候方面形成差异，并由此反映为语言、风俗、建筑、农作物种植类别等方面的差别，更使江苏乡村文化表现出丰富多元、交融并存的特征。江海风貌、荷塘圩田、小桥流水、古树老屋、村落祠堂、戏曲传说、特色工艺已经成为了江苏乡村风貌的典型符号，也是体现江苏乡村文化的表征因子。具有鲜明特征的草庙村、地溪村、明月湾等抑或代表着特色风貌，抑或体现着悠久历史。

具有不同特征的乡土文化已经成为了乡村旅游业的基础，发展乡村旅游是拓宽农业功能的要求之一，因此，保护乡土文化也是农村产业发展的题中之义。江苏徐州市马庄村已经成为了打造乡村文化旅游的模范县，这个村庄拥有丰富多彩的文化活动，积极的进取意识、良好的道德素养、昂扬的精神风貌以及和谐的治理秩序，先后获得全国文明村、中国十佳小康村、中国民俗化村、全国敬老模范村居、中国幸福村等数十项荣誉称号，成为了“两个文明”融合发展的时代标兵。马庄村一直坚持文化立村，村委会积极组建农民音乐乐队和民俗文化表演团，紧扣民俗文化精华打造村民自己的文化舞台，将时代精神融入日常艺术作品，马庄乐团成员贴近农村实际和群众需求，结合神农祭祀等传统文化和时代主题，创作了几百个群众喜闻乐见的小品、快板、歌舞和歌曲，为当地村民提供了丰富多彩的文娱活动。现在的马庄村已经成为乡土文化休闲旅游样板村，未来的江苏将以马庄村为模范建造数个文化旅游村，进而提高休闲旅游业发展水平。

在打造乡土文化特色为代表的乡村旅游业的同时，江苏也在大力推进农村文化设施建设。实施农村公共文化服务阵地建设行动，按照有标准、有网络、有内容、有人才的要求，健全乡村公共文化服务体系，以村民学堂、道德讲堂、文化礼堂等阵地建设为重点，全面推进村级综合性文化服务中心建设。以江苏宿迁市为例，截至 2017 年底，全市建成农村文化大院 75 家、农村文化广场 1045 个；农家书屋实现全覆盖，其中 50% 以上纳入县（区）图书馆总分馆体系，实现通借通还；建成 606 个村（社区）综合文化服务中心，极大地丰富了村民文化生活。

（四）江苏乡村生态保护现状

良好的生态环境是地区发展的根基，是农村的最大优势和宝贵财富。近年来，江苏实施绿色生态农业建设行动，加大农业资源保护力度，落实最严格的耕地保护制度，以永久基本农田为核心，强化耕地数量、质量和生态“三位一体”保护。截至 2017 年，江苏累计建成国家级生态乡镇635个，省级生态乡镇449个，生态乡镇、村数量在全国均位于前列。同时，持续推进绿色江苏建设，充分挖掘造林绿化潜力，提升村庄绿化美化建设水平，开展“千村示范、万村行动”绿美乡村建设活动，截至2018年，江苏已新建381个绿美村庄，全省林木覆盖率达22.9%。加强湿地保护，完善公益林、湿地、重要水源地等生态补偿机制，加大重点生态功能区转移支付力度，推动农业生态资源保护，以苏州市为例，该市建立湿地生态补偿机制，对沿太湖、阳澄湖、澄湖的生态湿地村进行补偿，大大提高了沿线农民主动参与湿地保护工作的积极性。苏州自然湿地保护率从2010年的8%提高到了2017年的56.4%。

农业生产过程中，江苏不断实行能源节约及污染管控。实行水资源消耗总量和强度双控行动，大力发展节水农业。强化渔业资源管控和养护，科学划定江河湖泊限捕区域，在长江流域水生生物保护区实施全面禁捕。同时，不断推进农业清洁生产，实施化肥、农药减量增效行动，推广测土配方施肥和水肥一体化技术，截至2017年底，江苏年推广应用测土配方施肥面积7850万亩次，化肥农药投入量五年分别减少了7.3%和8.95%。规范使用饲料添加剂，推广健康养殖和高效低毒兽药，减少兽用抗菌药物使用量。推进畜禽规模养殖场治理改造，加快小散养殖场（户）畜禽粪便社会化处理体系建设，截至2017年底，江苏畜禽粪便综合利用率达68%。开展农用地土壤污染详查，建立土壤环境质量监测网络，保护各类未污染耕地，严格管控污染耕地用途。同时，深入推进秸秆综合利用，提升机械化还田质量，加强秸秆燃料化、基料化、肥料化等综合利用能力建设，2017年，江苏继续把秸秆机械化还田列入新一轮农村实事工程和年度十大主要任务百项重点工作内容，明确了“秸秆机械化还田面积4180万亩”的目标任务，省级将下达秸秆机械化还田作业补助专项资金8.8亿元，各地落实配套资金将超过2亿元。2017年全年夏季秸秆还田面积超过3100万亩，还田率超过80%。

（五）江苏乡村组织建设现状

根基不牢，地动山摇。农村基层党组织是党在农村全部工作和战斗力的基础，坚持党管农村工作、重视和加强农村基层党组织建设是中国共产党的优良传统。近年来，江苏不断探索农村基层组织建设，以南通市为例，党的十八大以来，南通市新建党支部1425个、党小组4280个，培育党员中心户14000余户；同时，围绕组织设置、班子建设、党员队伍、作用发挥、阵地建设、基础保障6个方面，明确24项工作标准。建立以村党组织为领导核心，党群议事会为议事主体、村民委员会为执行主体、村务监督委员会为监督主体的“一核三体”工作机制，把农村党组织领导核心作用落实到教育、引导、凝聚群众的具体实践上来。建成1834个“江海先锋领航服务站”，通过开展党员全员培训、推行“三讲三理”工作法、实施“十小工程”，教育引导群众听党话、感党恩、跟党走。

在集体经济组织建设方面，自2005年起，江苏积极推进农村集体产权制度改革，截至2015年末，全省完成农村社区股份合作制改革的村5200个，入社成员1291万人，量化集体经营性资产480亿元，苏南地区2/3的村完成了改制。苏州市枫桥街道率先开展“政经分离”探索。自2006年以来，枫桥街道开始对村级集体经济组织进行改制，对集体资产进行了清产核资，对符合条件的集体组织成员的农龄股进行了核算，将集体全部存量资产折股量化到人，实现了“资产变股权、农民当股东”，把“共同共有”的集体经济改造成为“按份额共有”的所有者共同体。以原行政村为单位，组建24个村级股份合作社，并按农民专业合作社进行工商注册。在完成村级集体经济组织股份合作制改造的基础上，为了促进集体经济的可持续发展，让农民共享集体经济发展的成果，枫桥街道2007年吸纳辖区1万户农户按户自愿入股2.3亿元，成立了“枫桥民发富民合作社”，并相继开发了“景山公寓”“木桥公寓”，促进了集体经济发展，拓宽了农民增收途径。

对集体经济组织建设的探索促进村集体经济不断壮大，截至2015年底，全省农村集体净资产2775亿元（乡村合计），村级集体净资产1735亿元，村均981万元；村级集体经营性净资产1106亿元，村均625万元。与此同时，枫桥街道实行的一系列改革为当地居民带来了极大的福利，2013年枫桥街道农民人均纯收入达27350元，较苏州市平均水平高出近6000元，其24个村级股份合作社拥有固定资产市值超过10亿元，实现到账收入7763万元，净收入5468万元，集体经济实力大大增强。从江苏整体来看，苏南地区集体经济发展较快，探索了多样化的村级集体经济发展路子，例如，苏南地区部分村统一建设标准厂房、打工房出租，发展仓储物流业，还有些村结合新农村建设，积极开展土地整理、复垦、开发，利用部分新增土地对外发包招租或开发建设二三产业，取得了较好的成效。

二、江苏农业农村发展面临的问题与挑战

江苏农业农村发展虽然取得了一定的成绩，但仍然存在问题，主要体现在：

（一）产业方面

第一，产业链条有待进一步延长，加工程度有待进一步提升。近年来，江苏农产品加工业发展较好，但相较于全国部分地区以及发达国家，仍然存在重大差距。如表1-3所示，2016年，江苏农产品加工业产值与农业产值之比达到2.80，这一比值高于同期全国水平（1.65），但仍然低于山东、浙江、福建等省份，差距较大。与此同时，发达国家这一比值基本在3.00~4.00，因此，江苏农产品加工业的发展仍然任重道远。分产品来看，相比于畜牧产品和其他经济作物，特别是水产、肉类等，水稻、小麦加工程度偏低，附加价值有待提高。

表1-3　2016年全国部分地区农产品加工业产值与农业产值之比

省份／年份	山东	浙江	福建	江苏	广东	湖南	安徽	重庆	陕西	宁夏	黑龙江	全国
2016	4.45	3.40	2.82	2.80	2.43	2.20	2.10	1.90	1.70	1.60	1.05	1.65

资料来源：根据《2017中国农产品加工业年鉴》整理得到。

第二，农业多元功能有待进一步扩展。目前江苏已建成6000余个休闲观光农业园区，

但是与庞大市场需求相比仍然不够。江苏位于长三角地区，截至 2017 年底，长三角地区内江苏、浙江和上海总人口 1.61 亿人，人均 GDP 分别达到 15595.66 美元、13398.88 美元和 18431.56 美元。当前研究普遍认为，当人均 GDP 达到 1000 美元时，观光游剧增；当人均 GDP 达到 2000 美元时，休闲游骤升；当人均 GDP 达到 3000 美元时，度假游渐旺。因此，当前江苏面对的休闲度假需求非常旺盛，但是农业休闲功能供给无法满足当前需求，农业多元功能仍待进一步扩展，绝大多数地区农业仍以生产功能为主，并未挖掘农业其他功能，业态单一、模式陈旧已经成为江苏部分地区农业功能扩展的一大阻碍。

第三，现有农产品品牌影响力有待加强，稻、麦未形成有影响力的品牌。尽管江苏内目前已形成了 200 多个农产品品牌，但其中多数仍是公共区域品牌，缺乏品牌凝聚力，由于品牌建设的长久性与高成本，公共区域品牌的使用者往往缺乏品牌培育的恒心，甚至出现“搭便车”现象，部分企业违规使用公共品牌，不重视品牌信誉，造成了一定的负面影响。据公开数据，2017 年，阳澄湖大闸蟹真实产量为 1600 吨左右，市值约 3 亿元，但 2017 年阳澄湖大闸蟹的总营销额约为 300 亿元，部分本地企业未获得“阳澄湖大闸蟹”的商标使用权便擅自使用，甚至有些企业将螃蟹过一遍阳澄湖的湖水便称为“阳澄湖大闸蟹”。此外，对于部分品牌，现有影响力仍不够，以粮食类为例，现有的江苏名牌商品中有 54 个粮食类品牌，占比达 24.1%，但是并未形成较强的影响力和知名度。例如“射阳大米”虽然是江苏知名农产品品牌，但与“盘锦大米”“五常大米”相比，知名度、影响力都较弱，而面粉更没有形成较强品牌；畜牧产品中，“高邮鸭蛋”“兴化青虾”等品牌也需要加强。

第四，部分地区集体经济发展滞后，集体经济组织为充分发挥作用。江苏在发展集体经济方面具有丰富的经验，在集体经济组织建立过程中做了很多具有创新性的有益探索。但是，不可否认的是，江苏内集体经济依然面临着发展不平衡的问题，苏南地区的苏州、无锡集体经济发展较好，而苏北地区、苏中地区则发展相对滞后。此外，部分集体经济组织在处理农村事务、发展农村经济等方面未发挥充分作用，部分村集体经营性资产匮乏，导致集体经济组织形同虚设。此外，集体经济组织在管理方面仍存在漏洞：内部管理制度不健全，财务人员监督能力不足，民主理财流于形式，外部审计力度不强，利益分配机制仍需探索改良。

（二）人才方面

第一，尽管当前江苏不断推出政策吸引优秀人才投身乡村建设，取得了一定成果，但从总体来看，江苏依然面临农村劳动力不断流失，人才吸引力差的问题。据江苏统计局数据显示，截至 2017 年末，江苏城镇人口数量相较 2016 年末上升 1.04 个百分点，城镇新增就业 148.6 万人，新增转移农村劳动力 26.3 万人。城乡的巨大差距仍然促使大批农技人才涌向城市，人才缺失成为了制约农业农村发展的重要因素。随着工业化和城镇化快速推进，大批农村劳动力走上进城务工之路，农村逐渐只剩下以老人和儿童为主的留守部队，这成为制约农村发展的“瓶颈”之一。江苏苏中地区、苏北地区农村劳动力流失情况更为严重，大批青壮年劳动力离开乡村，走进城市。农村没有了人，失去了人气，加剧了局面的落后。

第二，农村人才结构不合理，新兴产业人才匮乏。从农村产业发展看，农村中人才大多集中在种养、建筑等行业，而涉及市场营销、技术推广、金融保险、环境保护等领域的有文化、懂技术、会经营的新型职业农民数量偏少，能够承接网络经济时代的旅游文化产业、新业态电商产业的复合型人才更少，掌握现代技术的高层次人才更是凤毛麟角，这些人才的缺失严重阻碍了农村一二三产业的融合进程，进一步限制了乡村振兴战略的实施。从年龄结构来看，农村技术能人等一般年龄偏大，他们大多数依靠长期生产经验的积累，而对现代技术接受能力有限，因此农村当前急需一批年轻、有活力和能力的中青年技术人才。

第三，部分地区技能培训流于形式，培训课程与培训方式不合理。江苏内部分县区将技能培训当作任务，为了完成任务而培训，不注重培训效果，没有解决实际问题；有些从事培训的农技人员年龄较大，知识结构老化，造成技术指导与实践环节相脱离；有些代课教师大多数只有高中学历，却没有农村生产实践经验，课程安排很多也是理论性的，很多农民是报了名、入了班、费了神，结果却收效甚微。此外，培训人员变动性强，有的培训学校没有教室和专业授课人员，农民培训时就借用场地，临时聘请代课教师，培训课程不合理、不系统。同时，参加培训的农民也存在消极应付心理，部分农民被拉去凑人数，并没有接受培训的意愿。

（三）文化方面

第一，部分乡村风貌保护不力，文化遗失情况严重。江苏农业文明悠久，大部分村庄都具有较久远的历史，但是在城镇化和工业化的冲击下，村庄不注重历史保护和文化传承，导致一些村庄失去原有历史风貌。如表 1－4 所示，在被调查的江苏部分乡村中，建筑样式能完全保存的仅有 6.74%，而 93.26% 的乡村的建筑样式都未受到良好保护，有些已经完全被破坏；民俗风情能完全保存的乡村占到了 9.93%，90.07% 的乡村原有民俗在市场经济冲击下发生改变；空间肌理能完全保存的占到了 6.74%，同样，大部分村庄发生了较大改变。因此，注重乡村历史文化保护是当前乡村文化振兴亟待解决的问题。

表 1－4　江苏部分乡村历史文化保护情况

要素	保存完好		有较大改变	
	样本量（个）	占比（%）	样本量（个）	占比（%）
建筑样式	19	6.74	263	93.26
民俗风情	28	9.93	254	90.07
空间肌理	19	6.74	263	93.26

资料来源：根据《江苏乡村文化与风貌特色保护提升策略研究》整理得到。

第二，部分地区乡土文化低俗化倾向严重，迷信思想盛行。在城乡发展二元结构突出、广大农村发展相对滞后的背景下，农村文化素质总体偏低，受到良好教育的年青一代都去了城市，使农村只留下一群文化修养相对偏低的人，他们的审美水平有限，对高雅的娱乐文化方式接受能力不强；相反，对一些低俗的娱乐文化方式反而更感兴趣，更容易接受。此外，部分地区缺少高雅的娱乐休闲方式，打麻将、扎堆聊天依然是一些乡村主要的休闲方式。

第三，尽管当前江苏文化基础设施建设取得了一定成果，但相较于庞大的文化设施需求，当前的文化设施建设情况仍显不足。2015～2017 年，江苏已建成电子农家书屋约 2000 家，但是书籍供应匮乏，部分书籍难以适应部分农民的素质水平，甚至出现农家书屋“搞形式、铺门面”的现象，一些地区的农家书屋尚未与县图书馆实现通借通还，农民借阅仍然不便。此外，部分地区已有的公共文化设施欠缺维护，部分设施出现损坏甚至无法使用的现象，组织的文化活动不足，民间文化大院也没有发挥原有作用。

（四）生态方面

第一，农业生态补偿机制尚未建立。开展生态建设和环境整治额外增加了基层投入成本，若没有得到实实在在的实惠，农民参与新农村建设的积极性和主动性不高。例如，在农业生产方面，为保护生态环境就必须推广采用清洁生产技术，但需要额外增加人工或增加设施设备，对生态环境的改善并没有在农产品价格上体现出来，生态账明显，但经济账不划算，生产企业和农民没有积极性。以农治污工程为例，运行不正常的现象时有发生，基层责任主体受技术、资金和意识等因素限制，“建了不用”“用了不管”等问题比较突出。

第二，部分污染事件仍有发生。尽管当前江苏已经开展秸秆还田、清洁生产工作，但是部分地区仍然能发现焚烧秸秆的问题，根据杨家猛等对江苏农村的调查显示，仍有 29.6% 的被调查村民表示“有时”仍会看到秸秆焚烧，8.8% 的人表示“经常看到”。此外，江苏农村的化肥施用情况普遍而广泛。杨家猛等发现被调查村民中，54% 的人表示“用过”或者“经常用”（杨加猛、季小霞，2018）。就农村主要两种化肥（尿素、复合肥）的施用量和对应农作物进行调查发现，不仅是各个区域施肥量不均，同种作物间施肥量差距也较大。此外，污染源仍然存在，部分乡镇企业违规排放、转移排放的情况时有发生。

第三，在乡村环境治理过程中，政府可以采取购买环境服务的方式治理受污染的乡村环境，但目前环境污染第三方治理的合作与保障机制有待完善。在政府购买环境服务的模式中，政府守法诚信意识、排污企业盈利状况直接决定第三方治理企业投资风险和经营收益。多年来，政府与企业之间、企业与企业之间，普遍存在环境责任边界不清、合同不规范、排污方与治污方扯皮的现象，第三方治理企业普遍担心一旦遇到排污企业破产倒闭、政府换届等问题，后续费用难以保障，顾虑较多。同时，第三方治理企业面临政策风险，合同保障缺乏连续性，极大地挫伤了企业参与环境治理的积极性。与之对应的是，排污企业如果已经采用了第三方治理，且生产企业严格履行合同，如果出了污染问题仍要承担相关排污的主体责任，那么就会极大损害生产企业采用第三方治理的积极性。另外，法律法规制度不健全。第三方治理缺乏完善配套的法规机制和监管措施。对于排污企业和第三方治理企业，违法主体责任难以明晰，对第三方治污企业缺少相应的约束措施，一旦第三方治污企业不按照合同履行义务，排污企业将面临巨大风险。

（五）组织方面

第一，农村基层组织涣散，基层组织领导干部整体素质不高。当前，江苏内部分地区农村基层组织涣散，党组织不能发挥应有作用，党小组会议、党员活动等流于形式。没有制定约束机制，党组织问题查摆，述职评议、问题追责等制度不健全，少数村民主评议党员“走过场”、不规范，把民主评议会开成评先评优会，难以评出不合格党员，对不合格党员没有有效的处理办法和措施，对新进的党员把关不严，严重影响了党员队伍的纯洁性。此外，基层组织领导干部普遍学历层次不高，思想保守，难以带动当地快速发展致富。党员教育活动少，少数村书记认为基层党员教育活动难搞，对党员的教育管理比较松散，致使个别党员放松了对自己的要求，有的党员服务意识淡薄，致使个别党员缺乏活力。

第二，基层工作存在应付思想，缺乏担当意识。基层干部没有经常去听民众所想，缺乏与百姓的正面沟通，在工作上，相互之间沟通协调不够，导致村班子之间凝聚力和战斗力不强，带领群众致富的能力下降，遇到好事都争着上。对于工作担当意识不强，过多地考虑个人利益，不愿意承担责任和义务，想方设法逃避矛盾。

第三，集体经济组织建设仍存在问题。集体经济组织产权不明，集体资产归属权不清晰，收益分配机制仍有争议。村集体财务制度，监督制度不健全，集体经济财务信息仍有不公开现象，公众很难及时了解集体经济发展情况，造成部分村集体经济成为腐败滋生窝点。集体经济开发模式单一，造成部分集体经济效益较差，集体经济组织的经营方式仍需要进一步探索。此外，集体经济财务监管存在漏洞，内部控制体系不明确，外部监管缺失。

第三节　农村一二三产业融合发展的路径、模式与江苏发展的思路

农村的发展必然要有兴旺发达的产业支撑，产业发展是缓和当前城乡差距的最主要措施。只有在乡村实现因地制宜、突出特点、发挥优势，形成既有市场竞争力又能可持续发展的现代农业产业体系，乡村才能有活力，经济才能大发展。当前形势下，实现农村产业振兴就是要贯彻一二三产业融合发展的政策，因此，本章将产业振兴作为主要分析内容，本节将对农村实现一二三产业融合发展的路径、模式及江苏发展的思路进行分析。

中国自古以来就是一个农业大国，但并非农业强国，几千年的文明探索造就了我国农业生产的独特性，但在经济快速发展的今天，传统的种养业已不再适应当今需要，发展现代农业势在必行。现代农业是一个日趋庞大的大供应链体系，其要按照现代产业的理念，以产业关联关系为基础，以科技为支撑，以现代产业组织为纽带，创造一个环境友好、可

持续发展的新型农业，它是一个包括农业产前、产中和产后环节的有机系统。中国农业未来的发展方向就是要将第一产业、第二产业、第三产业有机融合，通过一二三产业融合来延伸并拓宽涉农产业链，增加农业附加值，将农业的增值空间扩展到整个农业产业链体系（周应恒、耿献辉，2017）。

由此，三产融合已经成为了我国农业农村发展，实现乡村振兴的必由之路。一方面，三产融合必须要以提高农民分享比例为最终目的，完善农业产业链与农民的利益联结机制，支持农业产业化“龙头”企业建设稳定的原料生产基地，支持合作社发展农产品加工流通和直供直销，引导农户自愿以土地经营权等入股“龙头”企业和合作社；另一方面，必须要以延长农业产业链为方向，推动农产品加工业转型升级，加强农产品流通设施和市场建设。

一、农村一二三产业融合发展的一般路径与模式

三产融合方式多样，但基本原则就是要延伸农业生产链条，扩展农业多元价值与功能。具体来看：

第一，可以在农业内部各部门之间进行融合。以农牧结合、农林结合、循环发展为导向，调整优化农业种植养殖结构，加快发展循环农业、生态农业。在此过程中，必须坚持因地制宜的原则，立足不同地区的发展实际来促进农业与牧业的结合，农业与林业的结合。离开了各地的实际而简单化一必然影响各地优势的发挥，必将严重损害农民的生产积极性，也必然要影响农民收入的提高，更会影响乡村振兴战略的稳步推进。起源于我国珠三角地区的桑基鱼塘就是农业内部融合的一个典型例子，其将蚕沙（蚕粪）喂鱼，塘泥肥桑，使栽桑、养蚕、养鱼三者结合，形成桑、蚕、鱼、泥互相依存、互相促进的良性循环。句容市戴庄村以农业为主导，大力推动农业各部门之间的融合。村委会因地制宜，优化绿色产业布局，在缓岗坡地建设经济林果＋草＋畜禽的农业生态系统；在岗坡塝田与山下冲田，发展稻（菜）＋草＋畜禽（渔）有机农业生产系统。戴庄村的有效探索为江苏内开展农业内部各部门之间的融合提供了经验，在江苏内有条件的地区，一方面可以在规模化农场开展农牧结合，以种植业为龙头，开展水产养殖业，利用江苏水文优势发展龙虾、螃蟹、鱼类的养殖；另一方面利用江苏独特的气候优势，开展林牧结合，将牲畜粪便用于沼气发电，将深化处理后的沼液、沼渣用于种植的果树及观赏林木的灌溉施肥。

第二，农业各部门与涉农第二产业的两两融合。将农业生产与农产品加工进行整合，通过农业生产得到的初级农产品进行加工、包装，提高农产品价值。坚持“为养而种、为加而养、种养加一体”的原则，推动农产品的加工升级、保证农产品安全优质。江苏鑫缘集团是开展一二产业融合的典型案例，其构建了一条“公司＋基地＋农户＋工厂＋科研院所”的产业化经营体制，形成上下游联动的产业链，实现多方共赢发展。鑫缘集团以集团工业园区为平台，发展深加工，培育蚕桑生产基地，扶持蚕农栽桑养蚕，延伸茧丝绸产业链，实行“以销定产”的生产制度，确定最低保护价格，极大地提高了农民的收益。此外，张家港市南丰镇永联村也在探索一二产业融合方面提供了宝贵经验，其采取

多种措施鼓励居民创业，对具有创业能力的村民，村庄帮助他们创业致富，包括专门设民企工业园，统一建造标准厂房，建立农村副业基地和蔬菜大棚，发展副业生产专业户等多种方式，引导他们增产增收。

第三，农业各部门与涉农第三产业的两两融合。扩展农业多样功能，丰富农业多元价值，由单纯生产横向扩展至旅游、教育、文化等功能。首先，利用农业景观和生产活动，开发休闲旅游观光农业，在满足城市居民娱乐的同时，增强城市居民对农业常识的学习，起到教育目的。其次，利用互联网优势，提升农产品电商服务业，拓展农产品销售渠道，提高农民收益。最后，可以以农业和农村发展为主题，以论坛、博览会、节庆活动等内容展现农业，传承农业文化，扩展农业的文化职能，增强农业附加价值。苏州市东山镇西巷村人口较少，但青蛙品种丰富，当地人利用这一特点，以“村庄环境保护，村民增收致富”为前提，反推村庄“两栖小镇”的主题定位，打造了融合地方生活文化的“西巷栖居”主题民宿，开设了青蛙池塘咖啡馆。与此同时，利用文化小镇带来的客流，拓宽当地特色农产品的销售渠道，实现了第一产业与第三产业的有效融合。由此可见，江苏应充分利用文化资源丰富的优势开展一三产业融合，不同地区的资源禀赋和乡村面貌差异大，生态多样，必须要结合当地优势打造独特景观，才能形成较强的市场竞争力。

第四，农业、第二产业、第三产业各部门之间的跨三次产业的融合。通过三大产业的跨产业融合，建造一条农业全产业链，从建设种植基地，到农产品加工制作，到仓储智能管理、市场营销体系打造，再到农业休闲、乡村旅游、品牌建设、行业集聚，形成一条包含多元价值的大农业链条。无锡阳山田园东方是跨三次产业融合的典型案例，它以农业生产为引领，通过农业、加工业、服务业的有机结合，打造集农业生产交易、乡村旅游休闲度假、田园娱乐体验、田园生态享乐居住等复合功能于一体的东方田园水蜜桃观光旅游基地。田园东方综合体在发展过程中注重乡村环境改善，保持乡村原有自然形态，培育江南水乡自然风光；同时，注重提高农民收益，通过搭建田园综合体这一平台，向农民释放更多红利。因此，江苏实现乡村产业振兴，务必要以农民为主体，提高农民积极性，改善乡村生态环境，打造优越营商条件。

二、江苏推进农村一二三产业融合发展的思路

实现三产融合，必须要以农业新型经营主体为依托，以利益联结为纽带，通过产业联动、要素集聚、技术渗透、体制创新加以推动，一方面从扩展农业功能入手；另一方面以延伸农业产业链为基础，最终实现三产紧密相连、协同发展。江苏地处气候过渡地带，降水充沛，农业生产具有优越的自然条件，省内各地区应因地制宜丰富本地农产品种类。在湿地资源丰富地区开展“种养结合”，增加鱼类、龙虾、螃蟹等水产养殖；在小规模养殖户周围发展种植业，可以利用牲畜粪便作为肥料，同时将水稻秸秆作为青贮饲料用于喂养牲畜；在合适的地区开展农林复合经营，例如里下河地区的林—渔—农复合经营系统。具体来看，如表1－5所示，各地区应发挥比较优势，有侧重地发展适合的产业，推进农业优化布局。

表1-5 江苏农业布局

区域	粮食种植	果蔬种植	畜牧业	水产养殖	经济林木
苏南	打造优质粳稻产业基地，推进水稻生态补偿政策，保障生态粮食安全。与大型龙头企业合作，延长产业链	主抓南京都市圈蔬菜区、苏南城郊精细蔬菜产区，向高端蔬菜、精致叶菜等方向调整。重点培育水蜜桃、草莓、梨三大优势果品。借鉴阳山水蜜桃品牌之路，打造品牌果业	奶牛、家禽等养殖业要向南京、苏州等优势地区集聚。重视生产、环境、资源的协调	发挥当前品牌优势，重视水产品质量，保护现有品牌，维护市场声誉	—
苏北	发挥原有粳稻种植优势，发展优质小麦种植与加工。引导徐州、连云港、宿迁、盐城建立标准化玉米种植体系	以淮北设施蔬菜区及沿海滨江蔬菜区为重点，加强标准化生产，构建稳定物流渠道。在徐淮农业区布局水果种植，延长产业链	在区域内发展规模化、集约化的养殖产业。重点发展徐宿淮、沿海肉羊养殖区及奶业经济带。以洪泽湖等地作为家禽主要区域	利用沿海地区发展海水养殖	—
苏中	利用水网特色，发展水稻种植	以南通为重点，生产速生叶菜、豆类蔬菜等，建成长三角地区“菜篮子”	—	利用里下河地区水网特点，发展淡水水产养殖	保持如皋市作为知名花木之乡的优势，建设苗木基地，利用科技优势培育新苗木

资料来源：根据《江苏农业结构战略性调整研究》（易中懿等著，2017）整理得到。

具体来看：

第一，提高粮食作物的加工程度，打造粮食作物优势品牌。当前江苏应努力提高粮食作物的加工程度，提高粮食作物生产、加工质量。发挥稻、麦加工企业的引领作用，构建“产加销”紧密连接的生产链，强化对粮食作物加工企业监管，保证粮食产品的质量，同时根据市场需求生产不同的粮食产品，满足人们日益多样化的需要。对于当前粮食作物品牌建设相对滞后的问题，可以以当前具有一定品牌效应的射阳大米、淮安大米等为基础，强化宣传推介，提高展销力度，利用农产品交易会、洽谈会等契机进行宣传。

第二，提高水果的标准化生产程度，构建有影响力的水果品牌。对于水果产品，应提高其生产的标准化程度，借鉴国内先进经验，例如农夫山泉17.5°橙，保证了每一个橙子都是一样的酸甜度。同时，为每一个水果增加“户口”，应用农产品动态质量追溯系统，将水果生产的各种信息存入一个条形码中，然后将条形码贴在外包装上，消费者可以通过电脑、电话、网络等多种形式查找到该包装袋内水果的生产者、检验者及用药、施肥、采摘日期等内容，甚至可以查到该批水果的种子、育苗情况。对于水果品牌的创建，不仅要加大宣传力度，同时也需要推进“三品一标”认证规模，提高品牌竞争力。

第三，发挥水产养殖品牌优势，提高水产养殖的精细化程度。随着人们生活水平的提高，对水产品的需求越来越大，需更快更好地发展现代水产养殖业，以满足人民群众的食品需求，是现代渔业的时代要求。现代渔业必然要从技术智能化、管理精细上进行面对，以满足时代的需要。因此，要利用现代技术，将工程技术、机械设备、监控仪表等现代工业技术用于渔业生产，结合软件技术和网络技术，实现高密度、高产值、高效益、低风险、高可控的养殖模式。对于目前已经形成的较强品牌，如阳澄湖大闸蟹、盱眙龙虾等，要注重发挥品牌优势，保护品牌声誉，同时，要不断打造新的水产品牌，提高水产品知名度。

第四，扩展农业多元功能，满足消费者休闲需求。有条件的地区利用各自独特的人文环境开展跨三产业的融合，打造全新业态，全力发展休闲农业，支持建设历史、地域、民族和文化特色鲜明的特色旅游村镇，打造形式多样、特色鲜明的农家乐、休闲农庄、休闲农业园区等乡村旅游休闲产品，挖掘乡村生态休闲、旅游观光、农耕体验、康体养生、教育科普、文化节庆等价值。扶持创意农业发展，借鉴国内外先进经验，推动农业产品符号化、品牌化、仪式化，创新应用科技、人文、节庆等创意元素，因地制宜发展农田艺术景观、农业主体公园、农业节庆活动和农业科技创意（马晓河，2016）。

第四节 加快江苏乡村振兴的政策措施与建议

一、实现精细化生产，提高标准化程度，推进品牌化建设

江苏当前农产品产量不断上升，2017 年，盱眙县龙虾产量上升到了 3.5 万吨，全省螃蟹产量达到全国总产量的 44%，部分产品打造出了有一定影响力的品牌，但仍然存在产品标准化程度低、品牌影响力弱的问题。对特色农产品实行精细化管理、精细化生产是当前江苏农业生产亟待解决的问题，江苏应利用现有的农业科技优势以及先进的农业机械化水平，引入智慧农业理念，利用物联网技术完成农作物生产过程、运输过程、加工过程的监控，以精准的数据作进一步分析，从而作出科学、适宜的施肥、施药决策。特别是对于龙虾、螃蟹、水蜜桃等特色农产品，借助精细化管理实现产品标准化生产、产品质量提升势在必行。此外，推广农业物联网技术对于实现农产品质量追溯、农产品分等分级，推动农产品品牌化建设具有重大意义。与此同时，江苏在推动品牌化建设的过程中，可以充分利用省内旅游资源吸引到的游客扩大销量，发挥自媒体时代优势，使每一名来苏旅游的游客成为宣传江苏特产的主力军。

二、培育多元主体，发展新兴业态

农村一二三产业融合发展是以农业为依托，以利益联结为纽带，通过产业联动、产业

集聚、技术渗透、体制创新等方式，推动农业产前、产中、产后以及休闲服务各环节的有机整合，实现产业链的延伸、价值链的跃升、功能的拓展、多主体的共赢（李俊超，2016）。在实现三产融合过程中，江苏应积极培育多元主体，构建以家庭承包经营为基础，专业大户、家庭农场、农民合作社、农业产业化“龙头”企业为骨干，其他组织形式为补充的新型农业经营体系。其中，强化农民合作社和家庭农场基础作用，对农民、大学生返乡创业加以支持，促进乡村人才振兴，保障“龙头”企业发挥引领示范作用。搭建全国性和区域性电子商务平台，积极发展行业协会和产业联盟，创建农业产业化联合体，鼓励各类社会资本投向农业农村。此外，立足于省内农业产业化示范基地、省级农产品加工集中区以及各类农业园区，发展一村一品，引导农产品加工业向主产区、优势产区和关键物流节点集中；并引入新技术、新业态和新模式，推进农业生产智能化，特色产业电商化，信息服务数字化。

三、调动农民积极性，提高农民参与度

我国农村改革四十多年的经验多数是由农民创造的。正像邓小平同志所指出的：“农村搞家庭联产承包，这个发明权是农民的。农村改革中的好多东西都是基层创造出来，我们把它拿来加工提高作为全国的指导。”乡镇企业也是农民创造的。邓小平同志指出：“农村改革中，我们完全没有预料到的最大收获是乡镇企业发展起来了。”此外，土地股份合作制、适度规模经营、农村土地“三权分置”以及外向型农业和生态农业等，都是农民在实践中不断总结创造出来的。因此，把尊重农民首创精神、调动农民积极性、提高农民参与度作为农村改革的出发点和落脚点，是决定农村改革成败的关键。

现阶段，江苏调动农民积极性应从以下三个方面展开：

首先，完善利益联结机制，让农民真正享受到发展福利。农民在发展过程中的核心需求在于提高收入水平，改善生活状态。要实现乡村振兴，必须要切实为农民增加收入，在三产融合过程中要完善利益联结机制，让农民真正能够分享收益。可采用股份合作方式，引导企业采取“保底收益 + 按股分红”等形式，探索形成以农户承包土地经营权入股的股份合作社、股份合作制企业利润分配机制，让农户分享加工、销售环节收益。

其次，提升农民群众自主管理能力。从农民切实关注、能让农民真正获益的项目入手，激发农民建设热情，提高农民参与度。目前来看，农村基础设施建设依旧是农民最关注的问题，因此，要加强基础设施建设水平，改善农民生产生活条件，让农民真正得到实惠。

最后，制定长远规划，让发展有据可依。农村基础差、底子薄，最怕瞎折腾。农民盼望针对本村实际情况，研究制定科学合理、长远的整体性规划，包括经济发展、村容村貌、社会文化建设等方面，并坚持把这个规划循序渐进地逐步落实下去，不要变来变去、朝令夕改，不能前建后拆、劳民伤财，也不能揠苗助长、贪功求快。

四、完善人才工作机制，吸引人才资源

首先，要制定相关的人才引进政策并通过多种渠道传播该政策，吸引拥有技术、学历

和丰富经验的人才向乡村回流。合理引导高校毕业人员、高新技术骨干、退役军人、乡村企业家以及外出务工返乡农民回乡建设家园，在乡村振兴的历史舞台上贡献出自己的一分力量。我国的乡村振兴目的是提高农村人口的生活水平，因此也要充分依靠农村人口，尤其是乡村培养出的高素质人才。成功吸引高素质人才返乡要靠政府部门出台政策支持，敢担当、善作为，营造出良好的创业环境，制定人才、财税等优惠政策，为人才搭建干事创业的平台，吸引各类人才返乡创业，激活农村的创新活力；此外，政府工作部门还需加强乡村基础设施，提高乡村公共服务水平，满足高素质人才返乡后的基本生活需求。

其次，建立引导和鼓励高校毕业生到基层工作“下得去、留得住、干得好、流得动”的长效机制，为乡村振兴提供持续不断的新生动力。当前，大学生村官计划是乡村振兴工作中人才输入的重要渠道，通过引进大学生村官初步实现了在乡村建立一支高素质、专业化“三农”工作干部队伍的目标（孙孝武，2016）。实践证明，大学生村官在实际工作中发挥着积极作用，他们利用自身有文化、懂技术、会经营、善管理的优势，将青春奉献在最需要他们的落后乡村地区。

五、加强农业技术培训，增强农民自我发展能力

增加农业技术培训次数，规范农业技术培训流程和课程设计。加快农民转型，培育新型农民。加快乡村振兴，必须促进他们的思想观念转型。教育引导农民敢富、快富、大富，勇于进取，积极创业，树立与市场经济和新时代要求相适应的思想理念。促进他们的素质能力转型。以农村基础教育、职业教育、成人教育等模式为基础的职教体系，保证绝大多数农民掌握一项到两项生产技能和本领。教育引导农民保持传统良好的风俗习惯，树立向上、健康、文明、道德的新风尚，破除陈规陋习，塑造新型农民形象。

要全面建立职业农民制度，就地培育一批以农业为职业、具有相应的专业技能、收入主要来自农业生产经营并达到相当水平的“土专家”“田秀才”。要大力推进农民职业化，可以将新型职业农民分为生产经营型、专业技能型和社会服务型三种类型，通过明确新型农民的职业定位，促进劳动力资源在更大范围内的优化配置，推动农业农村的可持续发展和城乡融合发展（吴兴德，2018）。

六、加强乡村风貌保护，提高乡村文化基础设施建设力度

首先，积极开展国家和省级历史文化名村申报，扩大保护范围；确保落实江苏历史文化名村保护条例，切实加强对历史文化名村的保护；建立健全历史文化资源信息档案和数据库，为科学保护和管理提供依据；科学编制、严格实施历史文化名村保护规划，加快实现历史文化名村保护规划全覆盖，对历史文化名村的经济发展、规划建设、消防设施、土地管理和遗产的保存修复做出明确规定；在积极推动历史文化名村旅游发展时，协调好历史文化遗存保护与村庄建设、经济发展的关系，防止“开发性破坏”。

其次，统筹城乡公共文化设施布局、服务提供、队伍建设和资金保障，推动公共文化资源向农村倾斜。大力推动农家书屋、乡村礼堂的建设，全面推进村级综合性文化服务中

心建设，完善服务功能，提升管理水平。加快发展农村体育事业，建设体育活动室和多功能运动场，增加农民休闲娱乐活动方式。此外，政府应增加文化下乡活动，实施文化惠民活动，提升群众幸福感。组织实施重大文化惠民工程，积极搭建群众自娱自乐舞台，广泛组织开展广场舞大赛、全民阅读、民办文艺团体大赛丰富多彩的群众文化活动，将高雅文化带进农村。

七、因地制宜发展文化产业，传承文化，富民增收

发展乡村文化产业，必须坚持创新观念，不仅要创新发展理念，更要创新发展路径。首先，可以与传统农业相融合，增加农产品的精神文化价值，提高附加值；其次，可以与传统服务业融合，增加产值，拉伸产品线，创造新的价值增长空间；最后，乡村文化产业之间融合，延伸产业链条，真正实现文化产业化。通过发展景观农业、会展农业等具有文化内涵的农业产业同农村文化产业相互融合，增加创意，延伸体验链条，实现文化的价值提升和增值效应，形成市场经济效益和文化品牌效益，铸造产品的竞争力，促进乡村产业的价值实现和持续发展（李建军，2018）。对于江苏来说，省内各乡村可立足于自身文化特点，发展文化产业，推动传统工艺振兴计划，以非物质文化遗产传统工艺技能培训为抓手，帮助农民掌握技术，将民间手工艺发扬光大的同时传承技艺。对有条件的地区可搭建平台，整合手工艺资源，提高传统工艺设计技术和制作水平，同时形成具有影响力的工艺品牌。

对于省内少数民族聚居村落要保护民族特色，打造少数民族特色村寨，以此为基础发展特色旅游。古村落可利用自身优势，在“拯救老屋”的基础之上发展乡村文化旅游，推动地方经济发展。

八、建立完善的生态补偿机制，加强污染监控和环境治理力度

首先，为达到建设美丽乡村的目的，建议江苏各级政府应建立健全相关的体制机制，出台具有针对性的扶持政策与工作措施，加强管理，创新组织、服务和生态补偿机制等。政府要进一步加大资金投入力度，重点倾斜于生态设施的建设与使用方面，尽量做到弥补其高使用成本。要完善相应的问题反馈机制，加大污染监控和环境防治力度，对发现的问题及时处理，加大处罚力度，避免类似问题的发生。要鼓励科技创新，并将科技成果转化应用于实际，对于一些棘手的领域，比如说废物资源再利用、净化水资源、外来物种防治等，更应该加大创新投入。其次，农业发展方式要逐渐过渡到循环发展的道路上，变废为宝，将生活垃圾、污水和畜禽粪便等经过处理后，变成农民所需的资源，这样一来，不仅可以解决污染问题，还可以降低农民的生活成本，提升其生活水平。要大力推广使用节约型技术，避免资源的浪费，建立清洁的生活生产方式，以达到节约资源和保护环境的目的。最后，要严格把控“三废”的去向问题，避免其向农村转移，对将城镇垃圾用作肥料、向农产品地排放废水等问题要进行严厉打击；同时要加强监管，制定统一标准，最终实现城乡环境协同治理。

对于仍然存在的秸秆焚烧问题，可以借鉴黑龙江的做法。首先，要促进秸秆利用的各个方面的产业化。例如：在秸秆运输和处理上，可以直接将整村的秸秆废料等承包给企业，由企业进行统一的运输和处理，形成规模化发展，不仅能够解决秸秆燃烧问题，同时能降低企业的成本，增加企业的利润。其次，要加强对秸秆综合利用的技术研发，构建产学研用一体的模式。鼓励江苏高校与环保产业进行秸秆利用的研发，提升秸秆综合利用的技术，有效地将秸秆变废为宝，提升秸秆的产品附加值。鼓励环保产业大力收购农村剩余秸秆进行产品的研发制造，以较低的收购价格进行原料采购，通过一系列技术生产高附加值产品，能够有效地减少农民燃烧秸秆的概率；同时极大地促进企业经济的发展，有效地实现了大气污染的改善和经济的协调发展。最后，农户秸秆资源化利用行为，不仅需要内部的自我约束，同时需要有效的外部监督，这需要有效的政府干预，即在对秸秆资源化利用主体进行财政补贴、税收优惠的同时，加大对秸秆焚烧、废弃等行为的监督和惩罚力度。因此，加大政府对秸秆焚烧的督察与惩罚力度也能有效促进秸秆资源化利用行为的实施。

九、引入社会资本，推进乡村环境污染第三方治理

自2014年国务院发布《关于推行环境污染第三方治理的意见》之后，环境污染治理第三方在各地都积极地推行起来，通过第三方进行环境污染的治理能够提高污染治理效果、减轻环保部门压力、促进绿色经济的发展。因此，江苏要做到乡村振兴，需要大力引进社会资本，推动乡村环境污染第三方治理。首先，需要加强市场培育。江苏各地要增加环境基本公共服务有效供给，加大环保投入，增强乡镇排污企业委托第三方治理的内生动力。鼓励政府投融资平台和社会资本建立混合所有制企业，参与第三方治理。第三方治理取得的污染物减排量，计入排污企业的排污权账户，由排污企业作为排污权的交易和收益主体。同时要引入社会投资者转让、出售资产或股权等要按项目属性进入相应交易场所，按照统一交易流程和交易规则进行竞价交易。其次，要培育第三方治理的骨干企业。支持第三方治理企业做大做强，支持省内研发能力强、技术水平高的环境服务公司做专、做精，加快扩大第三方治理市场份额。鼓励省内拥有核心技术的环保企业与省内大型企业集团合作，发挥环保企业的技术、产品优势和大型企业集团的资金、市场优势。支持第三方治理企业加强科技创新、服务创新、商业模式创新，通过兼并、联合、重组等方式，实行规模化、品牌化、网络化经营。还可以引进知名环保企业，优化投资环境，加大招商力度，重点引进一批国际国内知名环保企业集团，采取设立分公司或与省内企业合资建厂等方式开展合作，参与江苏第三方治理。最后，要加大财税扶持力度。各地视财力状况可对符合条件的第三方治理项目投资和运营给予补贴或奖励，充分利用国家出台的有关第三方治理税收优惠政策，积极探索以市场化的基金运作等方式引导社会资本投入，健全多元化投入机制。此外，要拓宽投融资渠道，引导商业银行为第三方治理企业提供融资服务，对资信良好的第三方治理企业，简化信贷申请和审核手续。鼓励融资担保机构为第三方治理企业提供融资担保，推行第三方治理重大项目履约保证商业保险。支持符合条件的第三方治理企业通过发行公司债等方式募集资金。积极运用PPP（政府和社会资本合作）开发

性基金，加大对符合条件的第三方治理项目的支持力度。

十、积极培育集体经济组织，引导工商资本流入

新型集体经济组织是我国农村社会中最主要的组织形式，它应在实现乡村有效治理，推进乡村发展振兴中发挥重要作用。事实上，改革健全农村集体经济组织，增强其经济发展的功能作用，不仅有利于激发村民之间的共同体的主体意识，增强村民之间的经济纽带联系；同时也激发了乡村发展的内生动力和活力，成为了各地创新乡村治理体制机制的重要举措。新型集体经济组织在组织资源开发、资产积累、生产服务、管理协调方面应起到了重要作用，它一方面能有效降低工商资本和小农对接的交易成本、交易风险，解决小农分散的问题；另一方面通过农民入股分红还能克服贫富不均的问题。

新型集体经济组织作为特殊的合作经济组织，兼具股份制以及村民自主管理的双重特点。它由村民集体控制，这意味着农村集体经济组织在参与经营性事务的同时，也是农民集体在经济事务方面的总代表。在推动一二三产业融合发展，壮大农村经济事业的过程中，新型集体经济组织理应成为工商资本进入农业农村的重要对接主体。集体经济组织的存在将会改变过去工商资本与农户一一对接的局面，降低交易成本与信息不对称性；同时新型集体经济组织可以更方便地获取财政支持，有效改善工商资本在农村经营活动的环境条件，实现可持续发展，为农村发展注入动力。当前，江苏实现乡村振兴在组织方面应从以下四个角度着手：

第一，深化农村集体产权制度改革。在充分尊重农民意愿的基础上，扎实推进清产核资、成员界定，推进集体经济组织成员和集体资产股权固定化。探索“确权不确地”模式，即明确各农户拥有耕地承包经营权的份额，但不确定具体地块，土地全部流转至集体经济组织，实现规模经营，进而完善生产体系，推动农业现代化。此外，应按照集体资产收益由全体集体成员共享的基本原则，探索建立集体经济的收益分配机制。

第二，建立多种形式、多种渠道的集体经济开发模式。规范发展新型集体经济组织，鼓励以集体资产股权入股等形式组建集体资产管理公司、股份经济合作社等经营实体，打造多样化的集体经济组织产业业态，不断发展壮大农村集体经济。探索集体资产出租、集体入股分红、集体经营收入等多种经营方式，充分用好“四荒”资源开发和利用的相关政策，探索“四荒”资源开发的新模式。

第三，探索财政资金注入集体经济组织的模式，丰富集体经济组织资金来源渠道。针对部分缺少集体经济资源的乡村，由财政投入首先向集体经济组织注入资金，以此为杠杆引入社会资本从而盘活集体经济。在此基础上，要鼓励集体经济组织采取独立或与龙头企业、专业合作社合作入股、合作经营等多种方式，实行市场化运作，拓宽资本来源渠道。

第四，在优化利益分配机制的基础上，完善集体经济组织的监督监管机制。首先，提高财务人员选聘制度，加强财务人员培训，从而充分发挥财务人员监管作用。其次，建立健全集体经济组织内部控制体制，完善收支管理、预算管理、集体经济审计、财务公开等制度。最后，完善外部监管，建立责任追究制度。

十一、提高乡村治理水平，实现“三治”结合

小农的广泛存在是中国农村社会的基本格局，实现基层乡村的有效治理是开展一切农业农村工作，包括实施乡村振兴战略的前提和保障（周应恒、刘余，2018）。现阶段，要实现乡村有效治理，就必须健全自治、法治、德治相结合的乡村治理体系，实现“三治”结合。陈文胜指出，“三治”结合是我国新时代对乡村治理模式的重大理论创新，法治是保障乡村治理有序的根本，德治是实现乡村治理有魂的路径，自治是乡村治理的核心，能够实现乡村治理有力（陈文胜，2018）。现阶段开展“三治”结合，要从以下三个方面入手：

第一，健全基层党组织，发挥党员引领作用。在自然村中建立党支部，实现党组织对农业农村活动的领导，有效发挥党员的积极带头作用，密切党群关系，增强基层党组织的活力。同时，可将党组织与优势主导产业发展相结合，依托产业链建设党组织，促进产业的协调发展，增强了农村的经济发展活力。

第二，调整乡村自治范围，增强农民主体意识。缩小乡村自治单元，下移村民自治重心，解决村委会行政化、群众分散化的难题。缩小乡村自治单元的目的在于提高村民对乡村的认同感与归属感，只有提高了认同与归属感，才能真正地激发农民的自我意识，提高乡村建设水平。

第三，培育乡村能人，保持发展活力。充分发挥能人在自治组织中促进农村经济发展和改善民生的作用。在能人的产生过程中应充分发扬基层民主，建立有效的村规民约以及管理监督机制，使村民自治真正落地生根。同时注重从外部引进具有能力的自治组织管理者，例如大学生村官、成功经商业者等，以此保持乡村发展的活力。

十二、改变政府支持方式，提高农村内生动力

长期以来政府采取不对称的支持方式，对龙头企业实行持续性补贴，这种做法在一定程度上形成了“龙头”企业对财政补贴的依赖，减少了自身发展的动力。因此，政府在今后应对龙头企业实行一次性补贴措施，避免对龙头企业过度支持而造成其对财政资金补贴的过度依赖（张丙宣、华逸婕，2018）。

在提高内生动力过程中，江苏部分地区面临着资金短缺问题，因此，应从如下三个方面入手：第一，对于公共项目可以让集体经济组织来承担，优先以农村集体经济组织为政府涉农项目的承接主体，保障政府资金直接流向集体经济组织。一方面，由本村的集体经济组织进行公共项目建设，可以发挥其对本地区比较了解的优势，同时本村集体经济组织会更有动力建设好自己村内的项目；另一方面，对于目前部分地区存在的集体经济组织空壳化的问题，采用这一方案将更有助于增加集体经济组织收入，盘活地区集体经济组织，与此同时，可以促进该地区农民就业，提高农民收入。此外，依靠集体经济组织建设公共项目可以有效提高农村发展内生动力，通过带动就业提高人民群众的“参与度”和“获得感”，从根本上提升其发展意愿。第二，在金融方面，增强农村金融服务普惠度，提高

金融服务覆盖面与可得性，保障农业生产资金需求，争取推广产业链金融模式，改变传统信贷担保体系，推进以农村承包土地的经营权、农民住房财产权作为抵押物进行贷款。第三，搞好乡村生态建设，吸引社会资本，提高发展内生动力。努力提高乡村基础建设水平，优化乡村生态环境，完善休闲农业和乡村旅游道路、停车场、观景台、游客接待中心等配套设施，解决当前乡村公共厕所脏乱问题、生活垃圾堆放问题，建设美丽宜居乡村。

参考文献

［1］陈美球，廖彩荣，刘桃菊．乡村振兴、集体经济组织与土地使用制度创新——基于江西黄溪村的实践分析［J］．南京农业大学学报（社会科学版），2018（2）：27－34.

［2］陈文胜．以“三治”完善乡村治理［N］．人民日报，2018－03－02.

［3］陈运贵．关于乡村文化振兴的理论检视与现实思考——基于乡村振兴战略的研究视角［J］．皖西学院学报，2018，34（6）：30－34.

［4］费孝通．乡土中国［M］．南京：江苏文艺出版社，2011.

［5］高红贵，赵路．探索乡村生态振兴绿色发展路径［J］．中国井冈山干部学院学报，2019（1）：133－138.

［6］谷中原．农村社会学新论［M］．武汉：武汉大学出版社，2010.

［7］江苏省农业农村厅调研组．句容市4个村庄推进乡村振兴的实践与思考［R］．江苏省农业农村厅，2018（20）：4－5.

［8］李建军．乡村文化产业要发展，如何把握好方向？［EB/OL］．http：//www.sohu.com/a/255630824_160257，2018－09－23.

［9］李俊超．融合发展农村一二三产业加快推进江苏农业产业化［J］．江苏农村经济，2016（5）：4－7.

［10］刘思华．生态马克思主义经济学原理（修订版）［M］．北京：人民出版社，2014.

［11］龙晓涛，崔晓琴．乡村文化治理［J］．重庆职业技术学院学报，2007（5）：108－109.

［12］马晓河．推进农村一二三产业融合发展的几点思考［J］．农村经营管理，2016（3）：28－29.

［13］孙孝武．江西省“一村一名大学生工程”实施现状与对策研究［D］．南昌：江西农业大学，2016.

［14］谭金芳，张朝阳，孙育峰，李书民．乡村振兴战略背景下人才战略的理论内涵和制度构建［J］．中国农业教育，2018（6）：17－22.

[15] 万宝瑞．我国农村改革的光辉历程与基本经验［J］．农业经济问题，2018（10）：4－8.

[16] 王丹．生态兴则文明兴 生态衰则文明衰［N］．光明日报，2015－05－08.

[17] 王磊．乡村文化振兴的国学思考［N］．光明日报，2018－07－07.

[18] 吴刚，张丹．“三产融合”助力农业供给侧结构性改革［J］．政策，2018（9）：49－50.

[19] 吴兴德．实施“四大工程” 推动乡村人才振兴［N］．巴中日报，2018－11－28（3）．

[20] 杨加猛，季小霞．基于“两山”理论的江苏美丽乡村建设思路［J］．林业经济，2018（1）：9－13.

[21] 易中懿．江苏农业结构战略性调整研究［M］．南京：江苏凤凰科学技术出版社，2017：170－175.

[22] 张丙宣，华逸婕．激励结构、内生能力与乡村振兴［J］．浙江社会科学，2018（5）：56－63.

[23] 郑文兵．技术选择和企业的内生成长［J］．科学管理研究，2003（3）：72－74.

[24] 周应恒，耿献辉．江苏省一二三产融合发展研究报告［R］．江苏省哲学社会科学界联合会，2017：4－6.

[25] 周应恒，刘余．乡村治理有效的实现路径：农村改革试验区的经验探索［J］．财经智库，2018（7）：118－130.

[26] 周应恒等．现代农业发展战略研究［M］．北京：经济科学出版社，2012.

第二章　优化农业供给侧治理结构

摘要：研究报告在把握农业供给侧结构性改革的内涵特征的基础上，分析当前江苏开展农业供给侧改革的必要性，并厘清江苏农业供给侧结构性改革的思路，在此基础上提出推动江苏农业供给侧结构性改革的具体措施。江苏优化农业供给侧治理结构需要政府、市场与社会三方主体的共同参与和协同治理。发挥市场主体作用，通过品牌建设、产销对接和第三方权威认证，实现农产品的质量安全与优质优价。发挥政府宏观调控作用，通过维护市场的公平竞争、采取有效监管、落实惩戒机制，保障农产品的质量安全与优质优价。发挥社会协同作用，以利益攸关主体角度，发挥社会公众监督职能、构建社会诚信体系、维持第三方检测的客观性，促进农产品的质量安全与优质优价。

2015 年 11 月习近平总书记主持召开的中央财经领导小组第十一次会议提出，“在适度扩大总需求的同时，着力加强供给侧结构性改革”。2015 年 12 月召开的中央经济工作会议，将推进供给侧结构性改革提到了新的战略高度。“十三五”规划纲要进一步明确要求，“以提高发展质量和效益为中心，以供给侧结构性改革为主线，扩大有效供给，满足有效需求，加快形成引领经济发展新常态的体制机制和发展方式”。2015 年 12 月召开的中央农村工作会议要求“着力加强农业供给侧结构性改革，提高农业供给体系质量和效率，真正形成结构合理、保障有力的农产品有效供给”。2016 年中央一号文件进一步提出，“推进农业供给侧结构性改革，加快转变农业发展方式，保持农业稳定发展和农民持续增收”。2016 年 4 月，江苏省人民政府发布 16 号文《关于推进供给侧结构性改革的意见》，提出了江苏要大力推进农业结构战略性调整，构建现代农业生产和经营体系，加快发展现代农业的路子。

2017 年中央一号文件指出，推进农业供给侧结构性改革，要在确保国家粮食安全的基础上，紧紧围绕市场需求变化，以增加农民收入、保障有效供给为主要目标，以提高农业供给质量为主攻方向，以体制改革和机制创新为根本途径，优化农业产业体系、生产体系、经营体系，提高土地产出率、资源利用率、劳动生产率，促进农业农村发展由过度依赖资源消耗、主要满足量的需求，向追求绿色生态可持续、更加注重满足质的需求转变。江苏历来重视农业经济的发展，作为农业大省，非常重视中央提出的农业供给侧结构性改革的执行与创新，随后江苏省人民政府也出台了《关于深入推进农业供给侧结构性改革促进农民持续增收的意见》，对江苏的农业供给侧结构性改革提出了要求。

第一节　农业供给侧结构性改革的内涵特征

一、农业供给侧结构性改革的内涵

当前，我国经济领域在进行供给侧改革，其中，农业的供给侧结构性改革存在与工业和其他领域相类似的地方，但是，农业也有自身的特殊性。农业的特殊性在于农业的产业性质和其他的产业存在较大差异。工业生产基本不受资源环境的影响，生产的周期也不一样；同时工业领域在开展供给侧改革时，不仅可以立足于国内，还可以利用国际产能的合作来解决当前困境。但是，农业生产受自然的影响程度较大，原有生产方式落后，生产周期比较长；同时在利用国际资源和市场方面更加敏感，尽管我国农业走出去战略实施已久，但农业走出去和其他行业不同，受国外政治环境影响产生的变数巨大。另外，农业是国民经济的基础，和其他产业的关联度很高，在供给侧结构性改革过程中需要考虑诸多因素。

当前我国开展农业供给侧的结构性改革，重点是要进一步解放和发展生产力，用改革的办法推进结构调整，减少无效和低端的供给，扩大有效和中高端的供给，增强供给结构对需求变化的适应性和灵活性，提高全要素生产力。落实到具体任务上，可表述为：去库存、降成本、补短板。但考虑到农业本身的复杂特征，不能简单地一一对应，必须从农业的实际出发，解决当前我国农业面临的问题。

此次农业供给侧结构性改革与过去的农业结构改革、结构调整也存在部分差异，现行的农业供给侧结构性改革中更加突出需求的导向作用。尽管在过往很长一段时间内，我国也开展了农业结构改革，但是在农业发展初期我国所开展的农业改革、结构性调整往往是围绕需求量来进行的，当时农产品总量不足的问题更为突出，人们的生活水平还不高，对农业品质的要求、对农业多功能的要求还没有提上日程。在当前阶段的农业供给侧结构性改革中，不仅要调整结构，更重要的是转变农业发展观念和发展方式，把转方式和调结构结合起来，解决农业的效益、农业的质量、农业的竞争力、农业的可持续等问题，避免农业供给侧结构改革重复过去的改革内容，真正走上产出高效、产品安全、资源节约、环境友好的现代农业道路。此外，农业供给侧结构的改革不仅仅是生产关系的问题，还有制度的创新。通过对农业进行制度的创新，提高农业供给体系的质量和效率。

2017 年中央一号文件《关于深入推进农业供给侧结构性改革加快培育农业农村发展新动能的若干意见》明确要求农业农村工作“以推进农业供给侧结构性改革为主线”，并就推进农业供给侧结构性改革的内涵进行了清晰界定，即“在确保国家粮食安全的基础上，紧紧围绕市场需求变化，以增加农民收入、保障有效供给为主要目标，以提高农业供给质量为主攻方向，以体制改革和机制创新为根本途径，优化农业产业体系、生产体系、经营体系，提高土地生产率、资源利用率、劳动生产率，促进农业农村发展由过度依赖资源消耗、主要满足量的需求，向追求绿色生态可持续、更加注重满足质的需求转变”。随后，农业部印发《关于推进农业供给侧结构性改革的实施意见》、国家发展与改革委员会制定《关于深入推进农业供给侧结构性改革的实施意见》，为科学把握农业供给侧结构性改革的深刻内涵提供了重要指引。要深刻理解推进农业供给侧结构性改革的内涵，需要全面把握“紧紧围绕市场需求变化”的含义，深刻把握“以提高农业供给质量为主攻方向”的精髓（姜长云，2017）。

（一）紧紧围绕市场需求变化

推进农业供给侧结构性改革的最终目标是满足人民群众日益增长的对农业的物质、文化和生态需求。在发展市场经济条件下，满足这一需求，只能更多依靠发挥市场对资源配置的决定性作用，主要通过市场化办法来满足人民的需求。因此，推进农业供给侧结构性改革，要做好“紧紧围绕市场需求变化”的大课题。

“紧紧围绕市场需求变化”，首先要注意增强农业面向需求、适应需求的能力，但仅有这一点还远远不够，还要顺应收入水平提高和消费结构升级趋势，增强供给体系对需求体系和需求结构变化的动态适应性和灵活反应能力，包括增强农业供给体系的创造需求和引领需求能力。由此，可促进农业更好地增加有效供给、减少无效供给，促进农业供求协调发展。近年来，我国粮食产量、进口量、库存量“三量齐增”，究其原因，主要是由于粮食供给体系面向需求、适应需求的能力不足，造成库存积压和产品滞销，进而造成粮食无效供给，这是农业供求结构性失衡问题。

与此同时，随着收入、消费水平的提高和消费结构升级，消费需求细分化、品质化和体验化已成大势所趋，专业化、时尚化、品牌化农产品和涉农服务将日益受到青睐。对农业生态产品、绿色产品及农业服务性、安全性、功能性、体验性消费将成为农业消费需求的新增长点。2017 年中央一号文件也提出“促进农业发展由主要满足量的需求向更加注重满足质的需求转变”。其中，“质的需求”不仅包括农产品优质化的内容，还包括个性化、多样化、细分化的新消费需求。引导农业发展由生产导向向消费导向转变，与当前农业消费需求结构变化和加快分化密切相关。上述新的消费需求，有些处于显性状态，需通过农业发展更好地面向需求、适应需求，实现供求有效对接；有些则处于潜在状态，需通过创新供给以引导和激发。总体来看，当前我国农业供给体系还难以有效适应新的消费需求，对新消费需求的变化尚缺乏动态适应和灵活反应能力。

（二）以提高农业供给质量为主攻方向

推进农业供给侧结构性改革要“以提高农业供给质量为主攻方向”，着力增加有效供给、减少无效供给，并通过深化体制改革和机制创新为此提供保障。以提高农业供给质量为主攻方向，要科学把握生产与供给的关系。农业供给是农业生产、加工、流通等环节有机结合的产物，也是农业产前、产中、产后环节有机结合的成果。不能将农业产品和服务供给简单地等同于农业生产和服务生产。尽管农业生产和服务生产对农业产品和服务供给具有重要的基础作用，但加工和流通等服务环节的协调状况，对农业产品和服务供给的影响也同样不可轻视，甚至其作用将逐渐变得更加重要。总体来看，当今世界农业产业链价值增值的主要源泉，已由农业生产环节转向加工特别是流通等服务环节。例如，在美国消费 100 美元的食物，农场初级产品生产环节只占价值增值的 10.4 美元，其他各环节价值增值分别为：食物加工环节占 15.3 美元，包装环节占 2.5 美元，交通环节占 3.2 美元，批发环节占 9.1 美元，零售环节占 12.9 美元，饮食服务环节占 32.7 美元，能源环节占 5.1 美元，金融保险环节占 3.1 美元，广告环节占 2.5 美元，其他环节占 3.2 美元（韩俊，2017）。

要提高农业供给质量，农业供给体系的效率和效益就需要不同程度的改善。农业供给体系效率提高，具体表现为农业土地生产率、劳动生产率、资源利用率及农业全要素生产率的提高。农业供给体系效益改善，具体表现为农业经营效益提高和农业价值链升级。

二、农业供给侧改革的现实依据

伴随着经济发展水平的不断提高，我国社会对于农产品的需求结构发生了一定的变化，这就要求改变传统的农业经营模式。但由于多方面因素的影响，导致我国农业在迈向现代化的进程中还面临着一些结构性矛盾，成为了阻碍我国农业振兴的重要因素和深化我国农业供给侧改革的现实依据。

（一）农产品的结构性矛盾

第一，农产品供需结构性矛盾。近年来，由于国家政策的倾斜，我国主要的农副产品，无论是在总量上，还是在品种上都呈增长趋势，农产品总量不足的问题基本得到了解决，农产品供求关系实现了基本平衡。但是，在不同品种的供求关系中又出现了新的矛盾，且供过于求与供不应求矛盾并存（陈锡文，2016）。一些农产品国内生产不足，绿色、安全、优质的农产品对进口的依赖程度依然较大，如 2017 年大豆产量为 1455 万吨，进口量则达到了 9553 万吨，约为产量的 7 倍。相反，国内生产的一些普通农产品每年都会发生滞销现象。这充分反映出我国优质农产品面临供不应求的矛盾，普通农产品面临供过于求的矛盾。第二，农产品价格结构性矛盾。近年来，我国粮食出现了产量、进口量、库存量“三量齐增”的局面（江小国、洪功翔，2016），农产品价格出现国内外倒挂现象，国内部分农产品的价格远远高于国际农产品，很容易导致国内农产品滞销，不利于国内农产品的出口（王家显，2018），例如，尽管美国墨西哥湾硬红冬麦到岸税后价有所上涨，但与国内优质小麦销区港口价仍有每吨 500～1000 元的价差；2017 年上半年，国内外糖价价差从 1366.5 元/吨增至 2701.4 元/吨，增长 1 倍多，导致 2017 年上半年食糖进口保持增长（韩一军、郝晓燕，2018）。第三，农产品质量的结构性矛盾。与西方发达国家相比，我国农产品的质量安全标准还相对较低，质量安全标准体系还不完善，导致国内农产品出口面临严峻的质量标准门槛，这降低了国内农产品在国际市场上的竞争力。

（二）农业生产经营的结构性矛盾

第一，农业分散经营与农业产业化的矛盾。农业振兴必须实现农业的产业化经济，实现农业发展的规模效应，但受长期小农经济的影响，我国农业生产方式主要采取农户或家庭生产模式。加之农业科技投入不足和农产品技术含量低，导致我国农业生产的特点为规模小、碎片化、不集中，不能实现大规模的机械化作业。世界银行把土地经营规模在2公顷及以下的农户称为“小土地所有者”；而中国农户平均土地经营规模只及这一标准的1/3，被学界称为“超小规模”或“超小的土地经营者”（蔡昉，2016）。与发达国家相比，我国农业生产经营结构产业化、规模化程度低，直接导致农业生产成本高、市场竞争力差，这将严重制约我国农业发展的转型升级（魏后凯，2017a）。第二，农业经济效益与生态效益之间的矛盾。由于一些地区农民的生态环境保护意识较为薄弱，加之当地政府缺乏对绿色农业、生态农业的有效宣传和引导，导致目前农业发展过程中经济效益与生态效益呈现出一定的分离态势，背离了生态振兴对我国农业发展的要求。

（三）农民收入增长的结构性矛盾

农民收入增长状况是衡量我国农业发展的重要指标，但目前我国农民在农业方面的收入也陷入了结构性矛盾。第一，农业生产的投入成本高。当前一些农业生产资料，例如化肥、农药、种子、农业机械工具等方面的价格呈现出不断上涨的态势，其涨幅高于农产品价格的涨幅。在这样的背景之下，农民在农业生产投入方面的成本呈现出持续上升的趋势，这压缩了农民收入增长的空间（江小国、洪功翔，2016）。第二，农产品附加值低。我国一些农村地区农产品加工业发展较为滞后，农产品深加工产业落后，农产品附加值不高，使农民难以获得农产品加工过程中的增量收益。

三、江苏农业供给侧改革的紧迫性

江苏既是经济大省也是农业大省，进入21世纪以来，江苏围绕推进现代农业建设、转变农业发展方式、优化农业结构取得了显著成效，为保障省内粮食自给和国家粮食安全，保证全省城乡居民菜篮子产品的有效供给，促进农业增效、农民增收及农村发展做出了重要贡献，为经济社会发展大局提供了有力支撑。但同时也必须看到，江苏农业发展中也积累了一些矛盾和问题，这些矛盾和问题一方面带有周期性，另一方面也带有结构性。从农业的情况来看，结构性的矛盾更突出一点。主要表现为以下四个方面：

第一，农产品供给如何有效地适应消费结构加快升级的需要，实现市场导向的生产。生产的目的是满足需求，而需求在随着经济社会发展和人们收入水平的提高不断变化。2017年江苏人均GDP超过107189元，全省城镇居民人均可支配收入达到43622元，农村居民人均可支配收入达到19158元。按照世界银行标准，江苏已经实现第三次跨越，总体上进入了“高收入阶段”，粮食和主要农产品消费已经进入结构转型和提档升级阶段。同时，江苏地处长三角经济发达地区，毗邻上海等大城市，居民消费结构升级加快，消费需求多样，对农产品质量、品质及口感等要求更高，中高档农产品与食品消费市场潜力巨大，农业观光旅游休闲服务产品需求日益增长。迫切需要创新农产品供给方式，增强供给结构的适应性和灵活性，不仅要满足数量上的要求，更要在结构、品种、品质、质量等方面适应消费需求出现的新变化，使供给更加契合消费需求。

第二，农产品供给如何有效提升农业生产经营效果和收益，实现有效益的生产。近年来，江苏农业生产受到农产品价格“天花板”压顶和生产成本“地板”抬升的双重制约，现代农业发展面临生产效益下降，农民增收乏力等问题。近5年来，在物价不断上涨的市场环境下，江苏农民人均家庭净收入中来自农产品种植的收入增长率由15.9%下降到6.2%，农业生产总体效益呈现逐年下降趋势；传统农产品价格不稳定，受市场打击，比如苏北的大蒜2018年上半年的价格每公斤最低只有0.7元左右，让农民的信心和收益受到了双重打击（刘永伟、刘雨花，2018）。围绕实现农村全面小康的目标，迫切需要构建现代农业产业体系，提高农业供给体系的质量与效率，促进全要素生产率和农业产业综合素质稳步提升，降本增效，增加农业生产经营效益。

第三，如何在保证农产品有效供给的前提下缓解资源环境面临的压力，实现可持续生产。江苏人多地少，人均耕地面积相比于全国平均占有量少0.45亩，仅为世界平均水平的30%左右；为防止化肥对水体污染，国际公认的设置标准为225千克/公顷，但我们绝大部分地区单位耕地负载的氮素水平超过500公斤，超过标准上线（刘永伟、刘雨花，2018）。农业面源污染问题突出，已经出现资源环境透支，迫切需要转变农业发展方式，实现资源节约、环境友好、生态良好的可持续发展。

第四，如何根据区域农业发展阶段的实际，明确供给侧结构性改革的重点，实现区域协调生产。江苏农业现代化总体发展水平走在全国前列，但省内区域发展不平衡问题仍相当突出。苏南地区、苏中地区和苏北地区农业资源生态特点不同、农业发展阶段与重点不一样，农业供给侧结构性问题与矛盾也不同，需要分区施策，分类解决。

农业领域面临的这种情况与当前制造业、服务业面临的情况非常相似，是供给侧结构性矛盾的集中显现。推进农业供给侧改革，必须在化解供给侧结构性矛盾上着力，核心是围绕市场需求进行生产，扩大有效供给，增加供给结构的适应性和灵活性；围绕提高全要素生产率，优化资源配置，增加农业产出效益，促进农民增收；依据资源环境承载能力，转变发展方式，合理布局主要农产品产能。真正形成契合消费需求，更有效率、更有效益、更可持续的农产品供给体系。

第二节 江苏农业供给侧改革需要解决的现实问题、目标与动力

2016年中央一号文件明确指出，“十三五”时期推进农村改革发展，要深入贯彻习近平总书记系列重要讲话精神，把坚持农民主体地位、增进农民福祉作为农村一切工作的出发点和落脚点，用发展新理念破解“三农”新难题，加大创新驱动力度，推进农业供给侧结构性改革，加快转变农业发展方式，保持农业稳定发展和农民持续增收，走产出高效、产品安全、资源节约、环境友好的农业现代化道路。“十三五”期间，江苏现代农业发展的基础比以往任何时候都更加坚实，面临的形势比以往任何时候都更加复杂，各方面的机遇也比以往任何时候都更加难得。与全国其他省份相比，江苏现代农业基础总体较

好，有着多重战略利好，面临重大历史机遇，但农业基数也相对较高，人多地少等资源环境制约表现得更加突出，农民对务农收入的期望值更高。为实现江苏农业的现代化发展，推动江苏农业供给侧改革，需要厘清江苏农业供给侧改革面临的主要问题，结合江苏农业发展实际情况，突出农业供给侧改革的江苏特点，并阐明江苏农业供给侧改革的内涵和动力，为政府相关工作的进行提供参考。

一、江苏农业发展面临的约束

自改革开放以来，江苏农业基础建设取得了令人瞩目的成就：一是区域性大中型水利工程建设卓有成效，防洪保安能力大大增强；二是农业水源工程建设受到重视，保障水资源供给；三是农机装备水平和作业水平不断提高；四是基本农田保护力度加大，耕地质量提高（张晓勇、徐峰增，2018）。“十二五”期间江苏整合水利、农业综合开发、农机、国土资源等部门资源，累计投入超过600 亿元用于农田水利、农村道路、农业机械化和信息化等方面的农田基础设施建设，取得了良好的经济效益和社会效益。但是在当前新型城镇化、农业现代化的大背景下，巨大的资金投入并未能很好地解决农业成本较高、农产品销路不畅、农村劳动力减少、城乡发展差距不断拉大等问题，导致农村农业生产效率依然不高、耕地撂荒的情况时有发生。

2007 年江苏耕地面积为 7095.7 万亩，到 2017 年，江苏耕地面积减少为 6875 万亩，十年间减少了 3.1%，城镇化规模的不断扩大以及工业化进展速度的加快，全省耕地数量在日益减少。但连续多年的粮食增产告诉我们耕地的减少并没有影响到粮食的产量。在我们丰衣足食的同时，可以看到另一个尴尬的实际情况：大宗农产品，比如我们熟悉的玉米，积压严重，价格更是一降再降，在当前农业供给侧矛盾中非常突出。从品质结构看，农产品优质品牌较少，尤其是高端品牌更少，普通货较多。虽然当前农产品市场总体平淡，优质高端品牌价格较高。这就充分说明了我们的农产品供求结构是错位的。耕地的减少在一定程度上制约了高质量农产品的产出量。

同时，耕地质量不断退化，退化指数达到 7.4，高居全国第二（刘永伟、刘雨花，2018）。目前来看，江苏化肥、农药的使用量在全国均居前列，这些化学品造成了土壤和地下水的严重污染，加上农村的生活垃圾、农村部分企业带来的水污染、大气污染等，使江苏农业资源环境每况愈下。这在一定程度上严重影响了农产品的质量。耕地的减少、退化，环境的污染，农产品和市场需求出现严重的不对称，造成了江苏目前供求结构性的错位。

在“十三五”时期，国内外发展环境依然错综复杂，全球经济结构深度调整，经济贸易增长乏力；国内经济发展长期向好的基本面没有变，但在宏观环境复杂性、“三期叠加”阶段性、政府调控主动性的综合作用下，江苏经济也较早遇到一些结构性、深层次矛盾。农业全球化影响日益加大，部分农产品国内外价格倒挂、价差扩大，国内农产品价格优势弱化，江苏农业面临的冲击更加直接，统筹利用国际国内市场资源和保护省内产业安全的难度加大；江苏人多地少、资源紧缺，突破资源约束日益趋紧和环境承载超负荷

"双重制约"的任务更为紧迫；江苏农业劳动力结构性短缺情况逐步凸显，老人农业现象更为明显，亟待破解"谁来种田"的难题；农产品需求、劳动力转移、财政收入增速趋缓，农民依靠农产品提价增收、转移就业增收的空间收窄，促进农民收入持续较快增长难度加大，协调资源要素在城乡、工农之间均衡配置的任务艰巨。

（一）国内外农产品价格倒挂加剧竞争

随着2004年我国粮食市场的全面放开，尤其是2006年我国"入世"过渡期结束后，因劳动力成本、土地成本等持续攀升的原因，国内外农产品价格倒挂呈现出由波动性转向持续性、由部分转向全面的趋势，如2014年粮棉油糖肉等主要农产品全面倒挂，其中大米、小麦、玉米、猪肉、大豆和棉花分别比国际价格高出约47%、28%、25%、98%、30%和52%。2004～2015年，我国三种粮食（大米、小麦和玉米）亩均成本大幅攀升，从395元增至1090元，增长175.6%；其中亩均物质与服务费用增长112.4%，亩均人工成本增长216.6%，亩均土地成本增长302.7%。在粮食成本大幅攀升的情况下，政府以托底收购（2004年开始）和临时储备政策（2008年开始）保障种粮积极性。加之国际粮价从2012年开始大幅下跌、石油价格在2014年下半年开始暴跌（影响国际航运成本）、人民币兑美元汇率自2005年以来总体升值，当前中国国内粮价高于国际市场30%～50%。比如，2016年11月国内小麦价格较进口价格高43%；2015年1月至2016年6月国内大豆价格（国产二等，济南）较进口价格（进口二等，青岛）高31.1%，2016年12月收窄至4.1%。在这样的背景下，农业竞争力缺乏，农业生产效益低而不稳，小规模、高成本的农业生产模式难以持续。随着江苏农业外向度不断加深，农产品价格"天花板"效应日益显现。

（二）资源环境承载压力越来越大

江苏土地资源的特点是"两少一下降"，即人均耕地少，可开发后备资源少，耕地质量下降。目前，全省人均耕地面积只有0.058公顷，不足全国平均水平的70%。随着工业化、城市化进程的快速推进，江苏人口继续增加，耕地数量连年减少。与此同时，工业造成的大气、水体污染加重，农田化肥农药使用量持续增加，农业面源污染加大；以塑料大棚为主体的设施农业面积大幅扩张，也导致了农村生态环境污染，农田质量下降。多方面的因素，影响农产品品质，制约了现代农业的可持续发展。

（三）农业劳动力缺失和老龄化问题日益严峻，新型农业经营主体不足

随着工业化、城镇化的步伐加快，大量青壮年农村劳动力转移至非农产业，农户兼业化、村庄空心化、人口老龄化日趋明显。目前农村劳动力的现状，一是70%的农村劳动力实施了转移，二是在农村的劳动力中70%是50岁以上的老人和妇女，农业劳动力缺失和老龄化问题日益突出和严峻。现行的城镇化推进方式和引导政策，让农民住进了公寓楼、没有了自留地、转让了承包地，与农业生产之间联结的"纽带"被彻底割断，将对未来农业劳动力的供给产生长期而重大的影响。

据统计，全省专业务农农民平均年龄58.6岁，持专业证书农民比重只有8.3%，高中及高中以上文化程度的不到5%，小学及未上学的占56%。不仅一般农户种地农民年龄

偏大，而且新型经营主体，包括合作社社长、家庭农场主，青壮年农民也是凤毛麟角，培育新型职业农民、保证农业后继有人的现实要求显得十分迫切。

（四）农业基础设施依然薄弱，设施装备水平不高

江苏地处长江中下游平原，属南北气候过渡地带，干旱、洪涝、冰雹、龙卷风等自然灾害频繁发生，给农业生产造成了较大的经济损失。随着全球气候变暖加剧，各种灾害将呈现逐步增加趋势。目前，全省耕地中低产田仍占一定比例，部分农田灌溉设施老化，有的灌区末级渠系损毁严重，影响灌溉效果。有些地区中小型农田水利设施建设不足，设备折旧损耗过快，部分设施维修困难，农田抗旱排涝能力不强。农田道路桥梁建设滞后，与农业机械化作业相配套的交通设施条件比较落后，无法满足农业机械发展要求。

此外，农业设施的装备水平较低。一是设施农业现代化水平低。2013 年江苏设施农业面积达 1050 万亩，居全国首位，但是设施装备水平较低，多数设施仍以普通简易塑料大棚和玻璃温室为主，对环境的调控能力有限，抵御自然灾害能力差。二是农田基础设施建设较为落后。据统计，农业灌溉有效利用率只有发达国家的一半左右，每立方米水的粮食生产能力为 0.87 公斤，远低于 2 公斤以上的世界平均水平。三是农业机械化存在结构性问题。2014 年江苏农业机械总动力 4650.0 万千瓦，处于全国领先水平，但与发达国家和地区相比，仍有较大差距。大型拖拉机、大型植保机械化比重较低，油菜、棉花等作物机械化程度还较低，农作物施肥机械应用随着新型经营主体的建立刚刚起步。

（五）小农户与大市场矛盾仍然存在，且农业园区同质化明显

农业龙头企业、农村专业合作经济组织等新型农业经营主体虽有发展，但规模普遍较小，运行不够规范，带动能力不强；“户户都种田、家家小而全”的小农经济模式，很难在短期内得到根本改变；亦工亦农，既做产业工人又做兼业农民的现象比较普遍，规模化、组织化程度不高；未来农业生产成本“地板”和农产品价格“天花板”效应可能进一步增强，农产品市场不确定因素增多，农民持续增收的难度不断增大。

近年来各地现代农业园区如雨后春笋般不断出现，提高资源利用效率，加快农业现代化发展进程，但园区之间同质化比较明显、主体农产品“小而全”现象突出，偏重一产，缺少稳定的农产品加工和流通业，缺乏竞争优势。多数园区以政府主导为主，市场化运行机制不健全，导致园区自身发展动力缺乏，综合效益偏低，发展后劲不足。

（六）农业科技创新不足、贡献率不高

一是农产品科技含量低。二是农业科技成果转化率低。农业科技成果存在脱离生产实际及有效需求不足、转化中间环节较弱等现象，造成科研资源浪费和科研活动效率低等问题。三是基层农技推广人员数量少、知识层次低。基层农技推广体系队伍主要依赖乡镇农技推广机构工作人员，人员结构单一，技术支撑单一。据统计，目前全省乡镇农技推广综合服务中心共有研究生 168 人，占 1.2%；本科 2112 人，占 15.6%；大专 6927 人，占 51.2%；中专及以下 4324 人，占 32.0%，大专及以下的占 83.2%，知识陈旧，缺乏发展后劲。

（七）融资难问题依然存在

现代农业需要大量投入技术装备、种养设施及道路、水、电等基础设施，加上土地流转费用，资金需求量大。各地政府主办的担保公司少、担保金额小、担保手续繁琐，而民间担保公司利率高、风险大，种植大户、家庭农场、农业企业等经营主体往往只能选择抵押贷款，而农业项目的经营性设施（如大棚）及土地流转合同等作为抵押品向银行贷款处于尝试阶段还未全面推开，面广量大的经营主体融资依然困难。

二、江苏农业战略竞争力的核心目标

当前开展农业供给侧的结构性改革，重点是要进一步解放和发展生产力，用改革的办法推进结构调整，减少无效和低端的供给，扩大有效和中高端的供给，增强供给结构对需求变化的适应性和灵活性，提高全要素生产力。农业供给侧结构性改革，不仅要调整结构，更重要的是转变农业发展观念和发展方式，把转变方式和调整结构结合起来，解决农业的效益、农业的质量、农业的竞争力、农业的可持续等问题，真正走上产出高效、产品安全、资源节约、环境友好的现代农业道路。

江苏人多地少，人均水土资源占有量低，即使通过农村人口转移与土地流转，仍面临要素禀赋相对短缺的困境。在农产品单位成本上，无法与欧美大规模经营、大机械投入的专业化生产相竞争。江苏农业种养经营历史悠久，具备诸多特色、优质的区域农产品。应当发挥比较优势，以高附加值为目标，构建江苏农业战略竞争力。

因此，江苏农业供给侧治理结构优化应以提升市场竞争力为目标，提升农产品质量安全水平，实现农业的可持续发展。在保证农产品质量安全的基本前提下，提升农产品品质，增加农产品附加值，结合当前消费转型升级背景，满足消费者对特色优质农产品个性化、多样化、高档化的消费需求；转变农业发展观念和发展方式，大力发展环境友好型、资源节约型农业，践行农业绿色发展理念，增强农业可持续发展内生动力。

三、江苏农业供给侧改革的动力

（一）通过农业资源、要素供给质量提升及其供给结构升级提高农业供给质量

一般而言，对农业供给质量影响较大的资源和要素主要包括耕地、资本、技术、劳动力、水资源和农业基础设施等。随着农业多功能性特别是生活、生态功能的迅速凸显，生态环境作为农业资源或要素的重要性迅速增强；文化、创意等服务要素对农业发展的影响不断深化，也会诱发支撑农业发展的“技术”要素的内涵、外延发生深刻变化。资源和要素边界拓展，有利于农业功能拓展。

（二）通过农业供给侧制度创新和组织创新提高农业供给质量

一般而言，在农业资源、要素供给结构既定的条件下，通过制度创新和组织创新，增强农业创新驱动能力，优化农业资源、要素组合关系，有利于解决农业资源和要素错配问题，进而提高农业土地生产率、劳动生产率、资源利用率及农业全要素生产率。

推进农业供给侧制度创新和组织创新，优化新型农业经营体系，核心在于发挥多种形

式农业适度规模经营在现代农业发展中的引领作用，应重点把握以下三点：第一，为新型农业经营主体、新型农业服务主体的成长扫清制度障碍，优化其成长发育环境，促进土地规模经营与服务带动型农业适度规模经营并行发展、竞争发展。鼓励新型农业经营主体成为发展现代农业的生力军和增强农业创新驱动能力的“尖刀班”。第二，引导新型农业经营主体和各类农业服务主体发挥对普通农户发展现代农业的示范和引领作用，完善农村基本经营制度。第三，优化不同类型经营主体间分工协作、优势互补、竞合发展、网络发展关系，鼓励探索现代农业产业化联合体、“生产基地 + 中央厨房 + 餐饮门店”、农业共营制、“生产基地 + 加工企业 + 商超销售”等复合型农业组织创新，着力培育“新型农业经营主体 + 农业生产性服务业 + 普通农户”的新型农业经营格局。借此加快构建集约化、专业化、组织化和社会化相结合，以农户家庭经营为基础、新型农业经营主体为龙头、分工协作为纽带、农业生产性服务业为引领支撑的立体式、复合型现代农业经营体系，为现代农业生产要素有效植入农业产业链和价值链、为增强农业竞争力和抗风险能力，提供有效的组织载体。

（三）坚持用新发展理念推进农业供给侧结构性改革

新发展理念的要义是创新、协调、绿色、开放、共享，这五个维度应相互依存、相互制约、有机结合，推进农业供给侧结构性改革要用新发展理念引领新发展行动，在推进农业供给侧结构性改革的过程中，要坚持新发展理念。

以创新发展理念推进农业供给侧结构性改革。以创新发展理念推进农业供给侧结构性改革，关键是解决农业发展的动力问题，促进农业发展由要素驱动向创新驱动转变，由片面追求增加化肥、农药、耕地、水资源等投入向全面依靠科技进步和提高全要素生产率转变，由过度依赖资源消耗、主要满足量的需求向追求绿色生态可持续、更加注重满足质的需求转变。我们应具备变革创新思维，超越传统农业思想的束缚，促进对传统农业具有颠覆性的新技术、新方法的诞生，这些新技术、新方法不仅改变了农作物的生长条件、改变了传统农业具有的双重风险特征，而且可以实现对农产品质量安全性的跨越式提高（翁鸣，2017）。

以协调发展理念推进农业供给侧结构性改革。以协调发展理念推进农业供给侧结构性改革，要促进区域协调发展和经济社会协调发展。一方面，推进农业产业“接二连三”，不断延伸农业产业链，实现三产融合发展，其他还有粮经饲统筹、农林牧渔结合、种养加一体、一二三产业融合发展的思路；另一方面，推进新型工业化、城镇化带动农业现代化和城乡一体化协调发展。推进农业供给侧结构性改革需要跳出农业领域探寻改革的新路径，农业供给侧的改革发展和提质增效，离不开新型工业化和城镇化的带动与引领，离不开城乡一体化的融合发展（张海鹏，2016）。

以绿色发展理念推进农业供给侧结构性改革。以绿色发展理念推进农业供给侧结构性改革，要推行农业绿色生产方式，为农业绿色转型提供政策支持。长期以来，中国化肥、农药等农业化学品的使用处于较为过量的状况。推进农业供给侧结构性改革，必须坚持农业发展的绿色化方向，从根本上改变过去那种主要依靠化学农业支撑产量增长的农业发展模式，构建一个以有机、生态和绿色农业为支撑，追求质量和效率的新型农业发展模式。这不仅是顺应消费结构升级的需要，而且是增强农业可持续发展能力的需要（魏后凯，2017b）。

以开放发展理念推进农业供给侧结构性改革。中国作为全球最大的农产品进口国，经济总量位居全球第二，但是整体发展水平仍然不高，国内农业发展仍有很大空间。从传统意义上看，国内农业政策需要协调农业增效、农民增收、农业可持续三元目标。在开放条件下，由于全球市场整合程度提高，同时实现三元目标的难度越来越大，由此导致的政策扭曲也带来了“高产量、高库存、高进口”的三高并存现象。农业供给侧结构性改革从目标层面需要放弃理想化政策措施，在现阶段通过将三元目标降为二元目标，即追求农业增效与农业可持续发展，从而确保“去库存、降成本、补短板”任务的实现。

以共享发展理念推进农业供给侧结构性改革。推进农业供给侧结构性改革的一个重要目标是促进农民增收，来自农业收入的稳定增长对于促进农民增收具有重要影响。以2017 年为例，农村居民人均可支配收入为 13432. 4 元，其中来自经营净收入为 5027. 8 元，占 37. 4%，农村居民人均可支配收入和经营净收入分别较 2016 年增长 8. 6% 和 6. 0%，由此可见，经营净收入增长慢于农民人均可支配收入的增长。当前，在经济发展进入新阶段、农产品价格形成机制改革加快推进的背景下，农民增收的难度以及出现区域性、群体性减收的风险显著增大（姜长云，2016）。因此，通过加快推进农业供给侧结构性改革，帮助低收入农户增强农业增收能力和抗风险能力，不仅有利于推进全面小康社会建设，而且有利于提升农业共享发展水平。

第三节 江苏农业供给侧治理结构优化的思路

中央经济工作会议提出，结构性改革要“去产能、去库存、去杠杆、降成本、补短板”。农业供给侧结构性改革既具有供给侧结构性改革的一般特点和要求，又有自己的特殊性和改革重点。2015 年 12 月 24 日至 25 日召开的中央农村工作会议指出：“要高度重视去库存、降成本、补短板。”会议强调：“要着力加强农业供给侧结构性改革，提高农业供给体系质量和效率，使农产品供给数量充足、品种和质量契合消费者需要，真正形成结构合理、保障有力的农产品有效供给。”

江苏要解决农业供给侧结构性失衡问题，根本的、首要的任务是转变农业发展方式，调整发展思路。在发展思路上，要从源头牢固树立围绕需求、围绕消费进行生产和调整的观念，充分发挥市场这只手的作用，让农业生产者真正成为市场经营主体，使种养殖结构与市场需求匹配。同时，更加注重政策的长远导向作用，在现代农业进程中，哪些是政策确保的，哪些是市场做主的，既要保障粮食安全和农民利益，也要从源头增强盈利能力和抗市场风险能力，增强对价格涨跌的容忍度，推动现代农业真正强壮起来。

一、去库存：加快消化过大农产品库存量，加速粮食加工产业发展

（一）要加快消化江苏居于高位的农产品库存量

2004年以来，我国实行最低收购价和临时收储政策，借此提高农民种粮积极性来稳定粮食生产。随着收购价的逐渐上涨，国内粮食市场价格跟着水涨船高。而近年来，国际市场粮食价格却掉头向下，国内外农产品价格倒挂日趋明显。从2012年起，国内粮价开始逐渐高于国际市场。目前，大宗农产品价格已全面高于国际市场，大米、小麦和玉米等主粮价格均超过国际市场的50%，粮、棉、油、糖等大宗农产品的进口完税价每吨大体比国内低1000元，导致粮、棉、油、糖等进口不断增加，出现了“边进口、边积压”，“洋货入市、国货入库”现象。农产品生产呈现出明显的“生产过剩”态势，国库中的农产品库存不断增加，不仅影响到农产品价格的合理回归，而且需要大量的利息费用补贴。

2015年，江苏全年进口谷物145万吨，同比增长30.5%，其中进口稻米与小麦各7.8万吨、大麦106万吨、高粱18.5万吨，同比分别增长23.8%、36.6%、14.6%、167.7%；进口食用油料1194万吨，同比增长102%；进口食用油脂165.5万吨，同比增长30.7%；进口大豆首次突破1000万吨，达1154万吨。同时，截至2016年1月20日，全省累计入库秋粮745万吨，完成预计收购量的78%，同比增加42.5万吨（江苏省统计局，2016）。一方面库存量急剧增长，超出负荷，比如玉米；另一方面部分农产品却存在供给缺口，长期依赖于进口，比如大豆。“三量齐增”反映出总供求关系存在不平衡，不仅加大了国家财政压力，更抑制了农民收入的增长。

过高的粮食库存，不仅加大了国家财政压力，更将导致整条粮食产业链的“政策失灵”与“市场失灵”：上游的农民增产难增收，下游的加工企业成本高企，而中段的收储环节却仓容紧张。另外，沉淀在粮仓之中的陈粮损耗加重。2016年的中央一号文件提出，“要完善粮食等重要农产品价格形成机制和收储政策，为农业结构性改革提供动力”。

（二）要增加满足市场日益增强的品质需求的农产品生产

生产的目的是满足需求，而需求则随着经济社会的发展和人们收入水平的提高在不断地变化。近年来，江苏粮食产量是波动性微增，但消费总量却持续上升。粮食消费持续上升的原因：一是人口的增加。从2003年到2015年底，江苏全省常住人口增加571万，按照人均消费粮食400公斤计算，每年增加粮食需求20万吨左右，导致粮食需求总量的刚性上升。二是城乡居民消费结构改变。越来越多的农民转移到城镇，由粮食生产者变为粮食消费者，消费结构也随之改变，即口粮消费减少、肉蛋奶消费增加。据测算，一个城镇居民每日的肉蛋奶消费，折合成产出这些肉蛋奶所消耗的饲料粮约713.7克，比农村居民的463.6克高出约250克。随着人口总量增长、城镇人口比重上升和生活水平提高，城乡居民对农产品数量、质量、安全性和多样化的需求不断提高，保障粮食和重要农产品有效供给的任务越来越重。与此同时，越来越多的消费群体（城市白领群体、中产阶层等）更加关注农产品的品质与质量安全水平，推动优质农产品消费增加和绿色有机农产品消费群体扩大与消费数量增加。

消费需求的变化是供给侧结构性改革的重要动力，迫切需要通过科技创新改变农产品供给方式，增强供给结构的适应性和灵活性，不仅要满足数量上的要求，更要在结构、品种、品质、质量安全等方面适应消费需求出现的新变化，使供给更加契合消费的需求。

（三）要加快农产品加工业的发展

在我国农业去产能的过程中，不能一味依赖消费者直接消费农产品，应当通过刺激农产品加工业发展来消化部分过剩产能。农产品加工业具有天然的“接一连三”的属性，基在农业、利在农民、惠在农村。发展好农产品加工业，通过产业间相互渗透、交叉重组、前后联动、要素聚集、机制完善和跨界配置，将农村一二三产业有机整合、一体推进（陈晓华，2017）。

江苏经济发达，新技术、新产业的发展也走在全国的前列，怎样才能使新技术、新产业快速地反哺农业是需要考虑的问题。针对农村新产业、新业态不断涌现的情况，要打破产业界限，把新技术、新业态、新模式引入农业，发挥市场配置资源的决定性作用，培育多元化的农村产业融合主体，创新产业链和农户利益联结模式，让农民真正分享产业链延伸、产业功能拓展的好处。通过农产品加工产业链的前伸后延，推动农业产业融合。加强农产品加工集中区建设，完善集中区发展规划，强化基础设施、科技研发、信息服务等公共平台建设，加快农产品加工技术转型升级，创建一批全国农产品加工示范园区和国家级农业产业化示范基地，促进集群集约发展。培育一批产业优势突出、带动能力强的重点企业，完善与基地、农户的利益联结机制。

重点发展农产品加工业，一是加快发展农产品产地初加工。完善农产品初加工补助政策并高效廉洁规范实施，加强初加工设施和装备建设，积极推进粮食加工减损增效，加强菜篮子产品和特色农产品产后商品化处理。二是推进精深加工。积极采用生物工程等精深加工技术，在提取蛋白质、脂肪、纤维、新营养成分、药用成分及活性物质等方面取得突破。推动发展优秀国产农产品加工设备装备，逐步实现进口替代。三是提升主食加工水平。培育一批产权清晰化、生产标准化、技术集成化、管理科学化、经营品牌化的主食加工示范企业，推动主食加工技术、产品研发推广，加大品牌培育。四是推动综合利用。重点针对秸秆、稻壳米糠等外果及皮渣、畜禽骨血、水产品皮骨内脏等副产物，主攻循环利用、全值高值利用和梯次利用。同时，通过农产品加工业的快速发展来生产多样化、高品质化的产品，以满足消费者需求的变化。2016 年中央一号文件也明确提出，要通过规划和政策引导以“推动农产品加工业的转型升级”，缓解农业产能过剩问题，满足日益高级化的消费者需求。

（四）要调整完善农业补贴政策

我国农产品部分产能过剩的问题根源在于粮食的托收政策。粮食最低收购保护价导致农民收益与市场脱钩，不受市场价格影响，而仅仅依赖于最低收购价格，与此同时，我国粮食最低收购价逐年上涨，最终导致成本地板突破价格“天花板”，农业生产领域出现重要问题。

江苏推进农业供给侧结构性改革，要在现有农业补贴政策的基础上，进行有留有舍的改进，即将原来的农资综合补贴、种粮农民直接补贴、农作物良种补贴合并为农业支持保护补贴，充分发挥补贴对农业供给侧结构性改革的促进作用（杨建利、邢娇阳，2016）。将种粮农民直接补贴、农作物良种补贴及农资综合补贴存量资金的80%用于耕地的地力保护。补贴对象为种地农民，真正体现“谁种粮，补贴谁”，让种地的农民不吃亏，享受补贴的农民要做到耕地不撂荒，地力不降低；补贴资金与耕地面积或播种面积挂钩，对所有非农业用地不再给予补贴。各地要不断创新补贴方式方法，引导农户采用绿色生态的新型农业生产方式，通过鼓励秸秆还田、减少化肥农药施用量、施用有机肥等措施，切实加强农业生产资源保护，不断提升耕地的地力水平。

同时，新型农业经营主体掌握着现代农业的生产要素，加大对新型农业经营主体的财政补助力度，允许新型农业经营主体承担部分财政项目，如现代农业示范和先进农业科技项目。同时给予新型农业经营主体贷款、贴息贷款等支持。对于易灾地区和经营风险较大的农业产业，如养殖业、育种业等，应提供更加优惠的保险政策。

二、降成本：发展适度规模经营，开展社会化服务以降低农业生产成本

农产品（主要是粮食）之所以会出现结构性过剩，库存量过大，其中的一个重要原因，就是成本高、价格高（国家支持政策），其价格超过国外粮食市场价格，导致国内粮食入库，国外粮食入市（许经勇，2016）。以玉米为例，2015年国内玉米收购价为1.18元，国外玉米进口到岸价格完税后仅0.80元。导致玉米（包括相关替代品）进口量高达880亿斤。近年来，我国的玉米收储政策，实际上是价格支持政策，它被赋予托市、保价、增收等诸多的功能。市场价格因此受到严重的扭曲。国内粮食价格过高，还使食品加工业的利润受到严重的挤压，导致肉、奶等畜产品的内外价差也在不断扩大。去库存与降成本是农业供给侧改革所要解决的两大问题，降成本是矛盾的主要方面。成本降下来了，库存问题也就容易解决了。要从根本上解决降成本这个问题，就必须通过提高要素生产率，相应地降低要素成本以及在这个基础上降低粮食价格，提高国内粮食的市场竞争力。

（一）要充分发挥多种形式农业适度规模经营在结构性改革中的引领作用

在新型城镇化背景下，江苏农村正面临着重大变革，农村人口数量下降，老龄化趋势加快，劳动力急剧减少，农业从业人员受教育程度不高、整体素质偏低，农村集体经济组织影响力减弱。2015年末，江苏农村人口数为2670.47万，60岁以上人口为625.16万，占农村总人口的23.41%，农村人口中第一产业从业人员为875.56万，占农村总人口的32.78%。江苏现有耕地总量为7875万亩，农业从业人员人均耕作面积不足10亩，传统种植方式已不能满足农业精耕细作的要求。随着城镇化的发展，大量农村人口通过各种方式迁移到城镇，导致农村原有集体经济组织即村民小组内的成员大量减少，直接导致农村基层组织特别是集体经济组织的影响力急剧减弱，农村集体经济组织面临名存实亡的危机。通过维持原有农业经营方式和农业从业人员来提高农产品特别大宗粮食作物的品质和竞争力水平是不现实的。

规模经营产出比高、抗风险能力强。规模经营主体以规模化、集约化经营为基础，具

有资金、技术、装备、人才等优势，能够有效集成利用各类生产要素，增加生产经营投入，降低生产经营成本，大幅度提高土地产出率、劳动生产率、资源利用率和农产品市场竞争力。我国从20世纪80年代就开始提倡规模经营，近几年土地流转呈现出快速推进势头，但总体上讲，小农分散经营的格局未变，超小规模的承包农户是现阶段我国农业生产经营的基本主体，规模经营还有很大空间。规模小、劳动生产率低、市场竞争力弱，是我国农业经营方式的突出短板，是导致农业供给侧结构性矛盾的根本原因（孙中华，2016）。推进农业供给侧结构性改革，必须在转变农业经营方式上下力气，在完善农户家庭经营基本格局的基础上，大力发展家庭农场、农民合作社、农业产业化龙头企业、农业社会化服务组织等规模经营主体，不断提高农业经营市场化、专业化、规模化、集约化水平，进而提高农业供给体系的质量和效率。

（二）要优化农业生产投入，减少化肥农药的不合理使用

中国化肥、农药用量相当大，生产和使用量都是世界第一。但化肥、农药的利用率比发达国家低15%～20%，降低使用量、提高利用率势在必行。目前来看，江苏全省化肥、农药的使用量在全国均居前列，这些化学品造成了土壤和地下水严重污染，加上农村的生活垃圾、农村部分企业带来的水污染、大气污染等，使农业资源环境每况愈下。这在一定程度上严重影响了农产品的质量。

切实树立“藏粮于地、增粮于技”的新型粮食生产观，在牢牢保证粮食自给率基本底线的同时，充分用好国内外两个市场、两种资源，适当进口，以减缓对水资源、耕地等自然资源的过度使用，为粮食增产的可持续性做好坚实的资源储备；同时，可以试行轮作休耕制度，通过有计划、有步骤地分区休耕和科学布局让耕地轮流“休养生息”，以备将来的增产之需。对某些因为过度施用化肥、农药导致土壤重金属超标、地力减退、生态恶化等问题的地区，可按比例轮作休耕，同时利用生物、化学等手段综合修复。在实行休耕制度同时还应配套推行相应补贴和扶持措施，通过政策引导来实现科学规划、合理统筹。

（三）要开展社会化服务，为从事农业生产经营主体提供产前、产中和产后的全过程综合配套服务

农业社会化服务体系是指为农业生产提供社会化服务成套的组织机构和方法制度的总称。构建覆盖全过程、高效便捷、综合配套的新型农业社会化服务体系，是当前我国发展现代农业的关键。一方面，农业现代化的重要标志之一是服务社会化；另一方面，农业社会化服务体系也是实现农业现代化的重要支撑。通过提供社会化服务，可以有效地把各种现代生产要素注入到以家庭为单位的经营之中，不断提高农业的物质技术装备水平，发展规模经营、集约经营，不断推进农业生产专业化、商品化和社会化。

截至2017年上半年，江苏供销系统推进农业社会化服务面积达495万亩，其中土地托管407万亩，土地流转88万亩，帮助多种类型的新型农业经营主体、小农生产开展代耕代种、联耕联种、统防统治等专业化规模化服务，为农民节约农业生产成本1.2亿元（江苏省农委，2017）。江苏供销系统组织社有企业、基层供销合作社、农民合作社等采取合作经营、订单服务、承包租赁等经营方式和全托管、半托管服务模式，开展耕、种、

管、收、加、贮、销等环节系列化服务。2017 年 1 月至 10 月底，服务农田面积 538 万亩，其中土地托管 446 万亩，土地流转 92 万亩。农业社会化服务，可以提高营运效率和经济效益，增强整体竞争力。现代农业发展，离不开农业社会化服务组织的强力支撑。实践表明，单一个体或组织很难提供全方位、系统化的农业社会化服务，很难有效响应新型主体个性化的服务需求，亟须走出单打独斗、各自为政带来的供给低质低效的困境。将源于制造业的供应链及供应链管理理论引入农业社会化服务领域，为农业社会化服务供给侧改革拓宽了组织创新的微观管理视角。通过构建农业社会化服务供应链，整合农业社会化服务资源，增强供应链协同，共同响应新型主体需求，可以有效降低农业生产成本，提高服务供给质量和效率。

江苏可以按照“主体多元化、服务专业化、运行市场化”的原则，一方面加强乡镇农技、农经、畜牧兽医等基层站所建设，保证农技推广、农经管理、农产品质量管控等公益性职能充分有效履行；另一方面发挥农业龙头企业、专业化服务组织、行业协会等优势，组建服务平台，引导和支持其重点开展农机作业、农资供应、病虫害统防统治、农产品流通等服务。积极推广“专业服务公司 + 合作社 + 农户”“村集体经济组织 + 专业化服务队 + 农户”“涉农企业 + 专家 + 农户”等服务模式，不断提升服务专业化水平，促进服务供需有效对接。

三、补短板：加强农业生产性基础设施环节的建设，同步加快农村信息化设施建设

江苏农田基本建设仍然比较落后，农业设施的现代化水平还有待提高。整体上，农村基础道路全面实现地面硬化，但仍然存在机耕路不畅的情况，部分区域收割机和中型拖拉机无法直接进入田地中进行作业，给农业生产带来不便。多数设施对自然灾害防御能力较低，大部分为普通简易塑料大棚和简易玻璃温室，温湿度的调控较弱，与现代农业生产要求还有一定的差距。

2017 年江苏耕地总面积 6875 万亩，根据耕地质量，其中一等高标准农田占 38.9%，二等中产田占 43.2%，三等低产田占 17.9%，近 2/3 的耕地为中低标准农田水平。另外，农业机械设备自动化程度也远远不够，硬件设施装备水平滞后，很多地方还在使用人力设备进行作业，无人设备和智能化设备使用率很低。

加强农业基础设施建设，不断提高农业综合生产能力，是农业现代化不可或缺的物质条件，将为推进农业供给侧结构性改革奠定坚实的物质基础。

一方面，加快推进农田水利基础设施建设。自“十二五”以来，江苏水利部门累计投入农田水利建设资金 363 亿元，完成农村河道疏浚土方 15.07 亿立方米，更新改造小沟级以上建筑物 29.5 万座。全省旱涝保收农田比重达 76%，农田有效灌溉面积超过 86%，高于全国 30 多个百分点，江苏农田水利现代化水平达 84%，比 2010 年的 70% 提高 14 个百分点（江苏省统计局，2016）。江苏省政府应继续把农田水利建设作为农业基础设施建设的重点，不断增加对农田水利基础设施建设的投入；健全农田水利基础设施的管理体

制，充分发挥农户在农田水利基础设施管理中的作用，努力实现农田水利基础设施用、管、护紧密结合，不断提高其使用寿命与利用效率。

另一方面，着力推进农村信息化建设。电子商务在农村地区的应用被称为农村电子商务，其主要有两个方面的作用：一是为从事农业生产领域的经营主体提供虚拟市场交易场所，以实现产品或服务的网络化交易；二是作为一个信息服务站，将网络平台信息服务于乡镇和村范围内的资源，以实现资源整合，促进农村经济发展。江苏省政府先后下发加快推进农业农村电子商务发展、全面推进“一村一品一店”建设行动计划等政策文件，营造良好发展氛围，全省农产品网络销售额达364亿元，同比增长了27.7%，淘宝村数量继续位居全国前三位。平台载体不断增多。各地积极推动特色农产品、品牌农产品上网营销，加快培育农业电商示范基地，打造了一批有规模、有特色的农业电商园区、电商企业，覆盖领域不断拓展。江苏农业信息化建设虽然取得了较大进展，但对照农业现代化发展形势和趋势，还存在一些问题和不足，主要表现为：一些地方重视程度仍然不够，工作研究不深，政策扶持和组织推动力度亟待加大；市与市、县与县之间的区域发展不平衡现象较为明显，一些地方信息进村入户、农业电商、智能农业等方面的工作亟须加强；部分地方农业信息化队伍体系不健全，既懂农业生产又懂信息技术的人才匮乏，新业态新技术新模式的推广能力不足等。农村电子商务是现代网络技术服务于农业生产的具体表现，在“农产品进城”中扮演着重要的角色，是信息流、物流和资金流得以快速实现的载体。这些问题必须引起高度重视并加以解决，努力让农业信息化发展实现换挡提速。

第四节 江苏农业供给侧治理结构优化路径：政府、市场与行业协会三方协同共治

江苏农业供给侧改革的推进需要政府、市场与社会三方主体的共同参与，改革的目标是农产品附加值的提升、农产品供需的有效匹配及农业的可持续发展等。创造有利于去库存、降成本、补短板的市场环境，探索并强化第三方监管和第三方检测等社会参与模式，构建主体自律、政府监管、社会协同、公众参与的农产品供给保障体系。培育市场机制和健全市场体系，引进竞争，纠正市场失灵。推行第三方农产品质量检测和认证的社会参与模式，突破产销信息“瓶颈”，加强区域农产品品牌建设，在标准化生产的基础上，推进产地分等分级，实现优质优价。建设大数据存档的农产品质量安全诚信体系，对大型生产者进行综合评价。

发挥市场主体作用，通过品牌建设、产销对接和第三方权威认证，实现农产品的质量安全与优质优价。发挥政府宏观调控作用，通过维护市场的公平竞争、采取有效监管、落实惩戒机制，保障农产品的质量安全与优质优价。发挥社会协同作用，以利益攸关主体角度，发挥社会公众监督职能、构建社会诚信体系、维持第三方检测的客观性，促进农产品

的质量安全与优质优价。

一、政府：深化改革，提供保障

（一）深化土地制度改革，完善土地流转机制

生产要素的自由流动是优化资源配置、提高要素效率的先决条件。作为最基本的生产要素，土地要与其他要素结合后才能进入生产过程，彰显价值。当其他要素或要素环境变迁时，土地也不能固守静态配置。与改革开放初期相比，当前我国农业生产中的劳动力、资本、技术等要素以及要素环境已经发生了重大改变，耕地撂荒与过度耕作在实际上就说明了土地配置的不合理性，这必将对土地利用效率和农产品有效供给产生负面影响。因此，应在坚持基本国策不变和杜绝“非农化”的前提下，加快土地流转，优化土地配置，适应其他要素及其环境的变化，并避免耕地撂荒和过度耕作的情况。

首先，政府要在完善土地承包经营权确权登记技术标准的基础上，加快推进确权颁证工作，妥善解决农户承包确权不到位；承包地块面积不准、四至不清等问题，为土地流转奠定基础。其次，要成立县、乡镇级土地流转指导中心以及村级土地流转服务站，构建三级服务体系，夯实土地流转平台。最后，要通过严格土地流转政策、严格审查流转受让方资质、信誉等措施，切实维护流转农户利益，杜绝“非农化”等行为。

（二）加快农业科技的推广应用，增强农业可持续发展能力

现代农业发展的根本出路在科技进步、推广与应用，农产品有效供给不足本质上反映的是农产品品种、规格、质量等方面的供需失衡。因此，各级政府要努力创造良好的农业科研环境，使科研机构能更好地为农业发展服务；而农业科研机构在进行基础科研的同时，也要以市场需求为导向，研发高品质、低污染的市场紧缺型农产品，满足不同消费层次的需求。另外，相关政府部门要根据本地的区位、气候、土壤等特征以及农业发展基础，开发和推广节能、节水等实用技术，如农药、化肥减量和农膜、秸秆无害化处理技术，促进农业投入减量，产出增效，从而增强农业可持续发展能力。

（三）深化城乡公共服务均等化政策，注重农业、农村基础设施建设

基本公共服务是指建立在一定社会共识和经济发展水平基础之上，由政府提供以保障个人生存权和发展权的最基本的公共物品和服务（魏礼群，2012）。城乡基本公共服务均等化政策是指政府为实现城市和乡村居民享有大致均等的基本公共物品和服务所做的制度安排。它是实现社会公平、保障社会安定的重要机制。当前我国城乡基本公共服务均等化的紧迫任务主要有：加强农村基础设施、农田水利建设；发展农村教育、卫生、文化等事业；完善社会保障、就业等制度。城乡公共服务均等化是提高农业发展服务水平，夯实农业结构性改革的基础。

（四）政府要为农业行业协会创新提供政策支持

目前，政府培育农业行业协会的力度十分微弱，许多扶持政策并没有得到很好的落实。为了发挥农业行业协会在农业供给侧改革中的独特作用，各级政府要切实加强对农业行业协会发展的培育扶持力度。

二、市场：充分发挥市场在资源配置中的决定性作用

有序推进土地、劳动、技术等生产要素的适度规模经营，形成符合家庭经营规模要求的生产要素配置体系，最大限度地提高生产经营主体的生产效率。以市场需求为导向引导农业生产经营主体主动调整生产结构，完善农产品市场流通体系，调动流通领域各主体的积极性，让各类经营主体合理共享流通环节利益，最大限度地提高农产品供给效率。推动生产要素价格全面市场化和市场导向的水土资源价格动态调整机制，要根据产出效益与市场价格变化等情况，合理控制土地流转中的租金水平，最大限度地提高农业产出效率。让生产、流通与消费主要由市场价格信号引导，完善农产品价格形成机制。

（一）要素市场培育

农村中介服务体系建设是保障农村要素市场发展的基础。农村中介服务体系包括农村劳动力市场中介服务、农村科技市场中介服务和农村信息市场中介服务。在城乡二元结构下，与农村市场相比，城市在人才、资金和技术方面优势更加明显。在人才、技术、信息等方面，各大高校、科研院所掌握着最先进的、最前沿的农用技术和高尖端技术研究人员；在资金方面，由于农业投资回报率低、周期长、风险大，大量资金流向城市。农业供给侧结构性改革就是从供给侧入手，加强市场化运作，规范市场秩序，消除要素市场中的体制性障碍，保障市场公平竞争和提高生产要素流通效率。如在农村科技市场中，积极建立农科院所的信息和技术交流培训机制，重视对农业劳动力的职业培训，夯实农业人才基础；在农村信息市场中，建立全国统一的信息网络，紧密连接农村市场和城市市场，为要素市场中介组织提供平台。

（二）利用农业生产社会化公共服务平台，使供需对接

利用“互联网+”和移动终端支付等技术为农户搭建的O2O网络平台，使其提供供给和需求服务，实现现代农业社会化服务的供需对接、实现服务主体与农民的利益相联结，逐步走向服务专业化、运作市场化、管理标准化。

网络平台线上可展示国内外优质农资与农机，线下可先统计全市需要农机具的数量，随后进行公开招标、集中议价、定向配送、统一补贴。在这个过程中需加强操作的规范性，防止滋生贪污受贿的行为发生。这样既大大节省了农资的成本，又能确保农户用上质量有保障的农机具。

线上网络平台可为用户提供各家农业生产社会化服务性机构的介绍、职能、服务业绩和用户评价，也及时公开农业市场中关于农业企业、种植大户、专业合作组织和家庭农场年度生产规模、服务需求、主栽品种等有关信息，线下可统一收费标准、统一服务标准、统一管理要求，在此基础上提高服务供需对接的效率和效益。实现信息的对接，降低信息不对策而增加的成本。

同时，优质农产品生产和销售配送的对接线上可向农户提供近期各类农产品可靠供需信息，用户以此来决定接下来的季节该种什么品种，实时了解消费者的需求，同时可组建优秀的营销团队，在线上建立完善的销售渠道，将农产品的信息介绍及时发布在O2O网

络平台上，顾客可以线上订购，线下通过物流配送至消费者中，消费者可将评价发布在线上，让农户实时追踪市场的行情变化。

三、社会：积极发挥行业协会等社会第三方的独特优势

（一）发挥农业行业协会的独特优势和作用

围绕“去产能、去库存、去杠杆、降成本、补短板”等要求积极为农业企业服务，主要体现在以下六个方面：一是要发挥拥有行业资讯资源的优势，积极谋划行业转型发展新的战略定位。二是要根据江苏现代农业发展思路，结合江苏农业实际情况，积极研究农业供给侧结构调整的思路。三是要发挥管理、技术等专业咨询力量的优势，促进和帮助江苏农业企业的技术和管理创新，降本提效，通过现场咨询、技术培训，努力帮助企业提高管理水平、降低成本，提高效率。四是要发挥商务媒介功能的优势，帮助江苏农业企业开拓国内外市场，消化企业过剩产能，寻找新的增长点。五是要发挥行业公共服务平台的优势。各农业行业协会通过加强各种公共服务平台建设，为农业企业特别是为中小微农业企业提供服务。如建立“农业科技成果转化服务平台”“项目建设投融资对接服务平台”“股权上市‘一站式’服务平台”“农产品电商服务平台”等公共服务平台。六是要发挥政企之间“桥梁纽带”优势，积极向政府反映企业的合理诉求，改善企业的外部环境。

（二）促进农业行业协会改革创新

从江苏的实际情况来看，目前各农业行业协会在农业供给侧结构性改革和现代农业发展中的作用很不平衡。多数协会由于各种限制，其积极作用还未发挥出来。

为促进农业行业协会改革创新转型发展，发挥其在农业供给侧改革中的独特作用，就必须通过改革创新克服目前存在的组织缺陷：首先，要克服治理缺陷。一是要加快推进政会分开改革，真正恢复其民间性。二是要完善法人治理架构及其制衡机制，坚持民主决策，特别要处理好大企业会员与中小微企业会员的利益关系，防止大企业控制和内部人控制。其次，要克服价值缺陷，牢牢确立为会员创造价值的组织愿景、使命及相关理念。最后，要克服运作机制缺陷，树立市场化运作的理念。应借鉴国内外先进农业行业协会的经验，通过开展各种有偿服务活动增加收入，增强经济实力，建立行业智库、咨询团队和行业公共服务平台。只有这样，农业行业协会才有坚实的物质基础、强大的内部凝聚力，才能成为推动供给侧改革、促进经济发展的重要力量。

第五节　推动江苏农业供给侧治理结构优化的措施建议

在把握农业供给侧结构性改革本质内涵、厘清农业供给侧结构性改革思路的基础上，江苏农业供给侧结构性改革应当从建设现代农业产业体系、培育新型农业经营主体、农业基础设施建设、农业科技创新及增强农业可持续发展能力方面着手。具体如下：

一、调整农业生产结构，培育高附加值农业，实现优质优价

当前，伴随着经济的发展、社会的进步，农业结构调整面临的外部环境发生了重大变化：人们的饮食消费需求已由过去的吃得饱向吃得好、吃得健康向吃得生态转变，居民的消费方式已经向多样化、个性化、优质化、专用化的消费转变，农民增收缓慢，种养衔接不紧、循环不畅，粮经饲结构不尽合理等，迫切需要加快农业结构调整。

（一）加快建设现代农业产业体系

加快发展农产品加工流通业，以科技创新为驱动力，大力发展农产品精深加工，着力提升农产品附加值。积极培育农业龙头企业、农民专业合作社；加快建设现代农业产业园区、农产品加工集中区和农产品市场。大力促进优势产业向优势区域集中，优势企业向园区集中，推动农产品加工业集聚发展。大力发展农业新兴产业，以转变经济发展方式，调整优化产业结构，推动创新驱动发展，加快农业现代化步伐等为目标：一是突出发展生物农业，加强生物农业领军型人才引进，加大对农业发展核心技术和关键技术的攻关；二是加快发展智能农业，加快传感、通信和计算机网络等现代技术在农业生产中的应用，加大精准监测控制、智能化养殖、农产品质量可追溯等技术示范推广力度。

促进农村一二三产业深度融合。首先，延伸农业产业链条。要按照农业社会化大生产的要求，推进农产品产加销一体化，推动农产品加工业转型升级，支持农业龙头企业到农村建设稳定的原料生产基地，完善跨区域农产品冷链物流体系，促进农村电子商务发展，大幅度提高农业竞争力和效益，使农民更多分享农村一二三产业的增值收益。其次，进一步拓展农业的多功能性。在农村一二三产业深度融合过程中，要更加注重挖掘农业的非传统功能，如乡村旅游、农耕体验等，着力提升农业的价值创造能力。通过政策制定，积极支持与引导繁荣农村、富裕农民的新业态、新产业，把农村的绿水青山变为农民的“金山银山”。最后，完善农业产业链与农民的利益联结机制，让农民共享农村一二三产业融合发展的增值收益。通过创新发展订单农业、积极发展股份合作等实现农民稳定分享产业链利益，充分体现农民的主体地位，为农村一二三产业融合发展奠定坚实的基础。

（二）培育新型农业经营主体，构建新型社会化服务体系

培育新型农业经营主体，加快培育专业大户和家庭农场，鼓励和支持土地向专业大户、家庭农场集中。鼓励农民兴办各类专业合作社，加快合作社规范化建设，提高带动力和市场竞争力；培育壮大农业龙头企业，鼓励龙头企业与农户建立“公司 + 合作社 + 农户”“股份制公司 + 农户入股”等生产经营模式；合理引导工商资本投资农业，向农业输入现代生产要素和经营模式；加快培育现代职业农民，积极培养现代农业经营管理人员、农产品经纪人、农业服务组织骨干，为现代农业发展提供后备人才。

构建新型农业社会化服务体系，加快构建公益性服务与经营性服务相结合，专项服务与综合服务相协调的新型农业社会化服务体系。积极培育经营性农业服务组织，鼓励合作组织、龙头企业为农户提供社会化服务，推进服务主体多元化、形式多样化、服务专业化。积极引导经营性服务组织提供良种示范、农机作业、抗旱排涝、统防统治、产品营

销、信息提供等服务。在粮食生产区建立以农机作业为基础的农机（粮食、植保）专业合作社，实行“一区一社”全程服务；支持规模养殖场联合成立农民专业合作社，开展统一饲料供应、鱼（兽）药配送、尾水处理和加工等服务。推行“专业化服务公司＋合作社＋专业大户”“专业化服务队＋农户”“农业经济技术部门＋龙头企业＋农户”等多种服务模式。

推进多种形式适度规模经营。全面推进农村土地承包经营权确权登记颁证，加强土地流转服务，完善信息发布、地区综合指导价、收益市场化调节机制、流转合同备案和登记等制度，规范土地流转交易行为，依法维护土地流转双方合法权益。在坚持农地农用和坚决防止“非农化”的前提下，鼓励和引导农民通过互换并地、统一连片整理、流转交易或加入土地股份合作社等方式，解决承包地细碎化问题，提高农业生产规模化水平。因地制宜研究确定本地区土地规模经营的适宜标准，重点扶持 100～300 亩的适度规模经营，保障普通农户从农业规模经营中真正受益。加强对工商资本租赁农地的监管和风险防范，探索建立资格审查、项目监管和定期督察机制。在坚持农村土地集体所有和充分尊重农民意愿的基础上，支持农村改革试验区稳妥推进农户承包地有偿退出试点，引导非农就业收入稳定、长期在城镇居住生活的农户自愿退出土地承包经营权。

（三）加强农业基础设施建设

坚持把农田水利作为发展现代农业的重要基础，应加大投入力度。一是实施小型农田水利工程。围绕农田沟、路、渠、站、林网等基础设施配套，雨水集蓄利用、高效节水灌溉、小微型渠水源工程等方面对基本农田进行改造升级，建设旱能灌、涝能排的高标准农田；二是实施大中型水利工程更新改造工程。按照“全覆盖、高效率、全面提升灌排能力”的目标，对大中型水利工程进行升级改造或新建，建立基本全覆盖的灌排体系；三是在项目建设过程中，建立以政府支持为导向、乡镇水利站为纽带、专业管理与群众管理相结合的农村水利投入机制、社会化管护机制和公共服务体系。

因地制宜，突出重点，整体推进，全面提升农机化发展水平。一是继续推进主要农作物生产机械化，全面推进和巩固提高水稻、三麦生产机械化水平，努力突破油菜生产机械化，积极引进、开发玉米等作物主要生产环节的机械化技术与机具。二是推进农业机械大型化与小型化共同发展。江苏由于受到地理条件的限制，农业耕作不可能朝着集团化方向发展，由于多为精细化耕作，配套的农业机械不可能很大，且大量温室大棚的存在也需要大量的小型化农业机械与之配套。因此，农业机械会朝着大型化和小型化的方向共同发展。三是农业机械化向多个领域延伸，农机产品向多样化发展。农业生产的规模及经济水平不同，需求的农业机械装备也不相同。随着农业生产现代化的发展，农业生产各环节都要实现机械化，不同的种植、养殖和产后工艺工程都需要不同的装备去实现机械化。

加快发展设施农业，一是建立设施农业统计监管制度，鼓励各市人民政府对设施农业发展制定相关保护、督察政策；二是提高设施农业装备水平，加大设施农业新品种、新技术、新模式的研发和推广力度，提高设施农业科技水平；三是提高设施农业单产效率水平，在土地资源有限的前提下，通过单产水平的提高来增强总供给能力，以满足由于人口增长带来食品需求增长的需要；四是延伸设施农业产业链，设施农业生产还要重视农产品产后贮存与加工环节的发展，未来只有加快对设施农业产品的贮藏、加工、销售的发展，才能很好地实现增加有效市场供给的目标。

（四）加快推进现代农业科技创新

现代农业的提升主要依靠农业科技创新。江苏是经济大省，也是农业大省，农业现代化多项指标连续多年位居全国前列。但江苏人多地少，在资源环境约束趋紧的情况下，农业农村发展能够连续多年保持良好态势，很大程度上得益于农业科技进步。在农业供给侧改革的背景下，应继续加快农业科技创新，寻找现代农业发展新突破。

一是要围绕供给侧改革主线，谋求特色品牌产品品质提升科技新发展。通过应用转化农产品的质量安全、品质营养、标准信息等科学研究成果促进江苏特色品牌提升发展；通过集成转化农产品生态健康种养、气调保鲜储运等适用技术促进产品与产业链延伸和提升同步发展；通过融合转化农业农村生态环境、生态景观与设计、现代园艺等科技促进高效农业与新兴农业业态的科学发展。与产业部门龙头企业合作、协同、联盟工作，加快推动江苏新兴优势科技成果发挥产业效益。

二是要整体提升优势产业技术体系。通过保持传统粮油品种育种优势，加强全程机械化栽培与产后标准化科技，促进江苏粮油产业主体单位稳固；通过加强果蔬育种优势，实用化设施与农机配套，促进全省高效特经作物产业实现新跨越；通过加强种养结合、循环农业技术体系集成研发，配套工程化、工厂化设施条件研究设计，促进全省区域特色新兴产业的现代化发展。通过提供应用基础科技成果、共建产业化应用转化示范平台（园区）等，推动农业科技转化，提高农业科技研发对全省农业产业的贡献度。

三是要面向国家和江苏重大科技需求，谋求现代农业领域核心技术新突破。通过基因聚合、基因编辑技术与传统育种体系的融合，引入高产、抗病虫、优质营养基因资源，发展农畜产品生物技术育种核心技术；通过单克隆技术、干细胞及生物反应器技术与组织培养、细胞工程、微生物发酵等的融合，发展适用农业高效生物工程技术；通过农业生物传感、智能控制与大数据处理平台利用技术汇聚，结合现代农业设施与装备物联网技术，打破现代农业产业智慧管理系统被国外垄断的局面。引进吸收国内外相关共性技术最新成果，组建关键技术实验室与工程实验室，支撑现代种业、肥料、饲料、食品加工业等产业核心技术的自主化。

二、转变农业发展观念和方式，实现农业可持续发展

（一）保护和提升耕地质量

落实最严格耕地保护制度，加快划定永久基本农田，进一步加强对水田、城郊蔬菜地和高标准农田等优质耕地资源的保护。坚持数量质量并重，认真贯彻《江苏省耕地质量管理条例》，建立完善耕地质量监测体系，全面开展补充耕地质量评定，推进建设占用耕地耕作层土壤剥离再利用。实施耕地质量提升行动，以高标准农田工程建成区、占补平衡补充耕地项目区、耕地质量问题突出区为重点，以地力培肥、土壤改良、养分平衡、控污

修复为主要内容，采用工程、生物、农艺等综合措施，加快推进耕地质量提升示范区建设，开展耕地轮作休耕和补充耕地快速培肥试点，着力提升耕地内在质量。

（二）加快种植业结构调整

遵循优化布局、稳定产能、提高单产的原则，立足向粮食节本增效和粮田服务经营要效益，大力推广应用优质品种，提升优质粮食品种覆盖率。按照节种、节水、节肥、节药的要求，加快推广一批省工节本的生产技术，因地制宜推广一批粮经轮作、种养结合、特粮特经多元多熟等高效轮作、间套种生产模式。加快推进粮食适度规模经营和一二三产业融合，通过延伸产业链、扩大种植规模，提升粮食种植效益。统筹推进蔬菜优势产区和城郊“菜篮子”工程永久蔬菜基地建设，加快淮北设施蔬菜改造升级，重点发展城郊叶菜，促进蔬菜均衡供应，提高蔬菜产业效益。巩固观赏苗木优势地位，扩大盆栽花卉、切花切叶、花坛植物与草坪草种植，稳步发展茶叶、食用菌、中药材生产基地，推进产业布局向优势区域集聚。加快淮北老果园改造，大力发展苏南、沿海应时鲜果种植，着力培育草莓、梨和水蜜桃三大优势果品，适宜地区发展枇杷、樱桃、石榴等特色果品。

（三）推动畜牧业转型升级

实施畜牧业提质增效行动，发挥市场调节、项目推动和环境整治等综合作用，逐步压缩散养户、小规模养殖比重，加快发展专业化畜禽养殖和种养结合型家庭农场，扩大适度规模经营，优化规模养殖结构，力争到2020年畜牧规模养殖比重达到90%，其中生猪大中型规模养殖比重达到80%。统筹推进粮改饲，扩大利用农作物秸秆和非常规饲料资源，加快发展肉羊产业，扩大奶牛规模经营，优化畜产品供给结构。深入开展畜牧生态健康养殖示范创建，着力提升标准化规模养殖水平，发展适应消费升级和加工出口需要的特色畜禽产品。立足地方资源优势，优化区域布局，积极打造农田轮耕与“互联网+定制”结合的特色畜禽养殖带以及沿海临江港口辐射兼外向与储备一体的优质畜禽养殖带等。

参考文献

[1] 蔡昉. 遵循经济发展大逻辑　深化农业供给侧结构性改革 [N]. 中国社会科学报，2016-11-16（008）.

[2] 陈锡文. 加快推进农业供给侧结构性改革　促进我国农业转型升级 [J]. 农村工作通讯，2016（24）：5-8.

[3] 陈晓华. 准确把握农业供给侧结构性改革内涵　深化农村集体产权制度改革 [J]. 中国农业会计，2017（5）：1.

[4] 韩俊. 推进农业供给侧结构性改革　提升农业综合效益和竞争力 [J]. 理论参考，2017（2）：26-28.

[5] 韩一军，郝晓燕. 2017年中国农产品贸易发展特点及未来展望 [J]. 农业展望，

2018，14（3）：88－92.

［6］江小国，洪功翔．农业供给侧改革：背景、路径与国际经验［J］．现代经济探讨，2016（10）：35－39.

［7］姜长云．当前农民收入增长趋势的变化及启示［J］．人民论坛·学术前沿，2016（14）：46－57＋79.

［8］姜长云．科学理解农业供给侧结构性改革的深刻内涵［J］．经济纵横，2017（9）：24－29.

［9］刘永伟，刘雨花．江苏农业供给侧结构性改革现状及问题分析［J］．当代经济，2018（18）：24－26.

［10］孙中华．充分发挥规模经营主体在农业供给侧结构性改革中的引领作用［J］．中国农民合作社，2016（6）：7－8.

［11］王家显．农业供给侧改革的背景、问题与对策［J］．河南工程学院学报（社会科学版），2018，33（1）：15－18.

［12］魏后凯．农业供给侧改革如何改［J］．人民论坛，2017b（12）：60－62.

［13］魏后凯．中国农业发展的结构性矛盾及其政策转型［J］．中国农村经济，2017a（5）：2－17.

［14］魏礼群．加快构建中国特色社会管理体系［J］．改革与开放，2012（9）：4－5＋17.

［15］翁鸣．科学地认识农业供给侧结构性改革［J］．农村经济，2017（3）：1－5.

［16］许经勇．农业供给侧结构性改革的深层思考［J］．学习论坛，2016，32（6）：32－35.

［17］杨建利，邢娇阳．我国农业供给侧结构性改革研究［J］．农业现代化研究，2016，37（4）：613－620.

［18］张海鹏．我国农业发展中的供给侧结构性改革［J］．政治经济学评论，2016，7（2）：221－224.

［19］张晓勇，徐峰增．适度规模经营下江苏省农田基础设施建设方向探讨［J］．安徽农业科学，2018，46（7）：199－202.

第三章　系统化推进江苏城乡融合发展

摘要：当前，江苏仍然处在城镇化的快速增长阶段，从全国范围来看，江苏城乡差距与其他省份相比较小，但同发达国家相比，江苏城乡差距仍然非常大。自改革开放以来，江苏通过破除生产要素在城乡之间的体制性障碍，提高城乡基本公共服务均等化等措施，有效地促进了城乡融合发展。江苏城乡融合发展整体上是利好的趋势，但依然存在城乡居民收入水平差距较大、新型城镇化与乡村振兴关系认识不到位、城乡要素流动的制度阻碍仍未完全消除、乡村产业发展面临压力较大等问题。国内外城乡融合发展经验显示，城乡要素市场的一体化以及城乡公共服务均等化是城乡融合发展的核心。随着城镇化水平的提高，政策更关注乡村建设，尤其是对农业在生态、环境、文化等方面多功能性的发挥，以及对乡村价值的全面挖掘。下一步推进江苏城乡融合发展的对策建议如下：一是缩小城乡收入差距，推进城乡居民收入均衡化；二是解放思想，处理好新型城镇化与乡村振兴的关系；三是建立健全利益分配机制，推进城乡基本公共服务均等化；四是建立健全要素流动体制机制，推进城乡要素配置合理化；五是促进农村一二三产业融合发展，推进城乡产业发展融合化。

第一节　城乡关系系统下的江苏城乡融合发展现状

城乡是一个系统，不能割裂城镇来研究乡村，也不能割裂乡村来发展城镇。中国城乡关系的变化，既是一个发展问题，也是一个转型问题。发展问题是随着经济社会发展水平的提高，随着城市集聚效应与拥挤效应的变化，城乡关系由城富乡穷，逐渐会转变为城穷乡富。转型问题是我国从城乡二元体制机制转向城乡融合的过程，城乡生产要素由相对封闭转变为互通有无。

作为中国的经济强省和农业大省，江苏在城乡融合发展方面努力展现江苏作为，紧扣新时代要求推动改革发展，率先为实现农业农村现代化而努力，肩负为全国做出典型示范的光荣使命，城乡融合发展态势逐渐显现（周应恒、严斌剑，2017）。

从国际经验来看，中国的城镇化仍有很大空间，当前城镇化率与发达国家80%以上的城镇化率仍有很大差距。截至2017年底，中国的城镇化率已达到了58.52%，其中江苏城镇化率达到了68.8%。江苏的城镇化率在达到60%以上后，继续保持快速增长的态势，仍然处在高速增长时期。如图 3－1 所示，2010～2017 年，江苏城镇化率由 60.6% 提高到 68.8%，平均每年提高 1.2 个百分点。这个增长速度，充分表明江苏城镇人口增长势头依然强劲，城镇化处于高速增长期，呈现不可逆转的势头。根据城市化三阶段论来判断，江苏城市化水平已开始向成熟的城市化社会迈进。在这一阶段，城镇居民已经不仅仅满足对经济物质的需求，对低人口密度的生态环境的需求也在不断提高，客观上对乡村发展有需求。

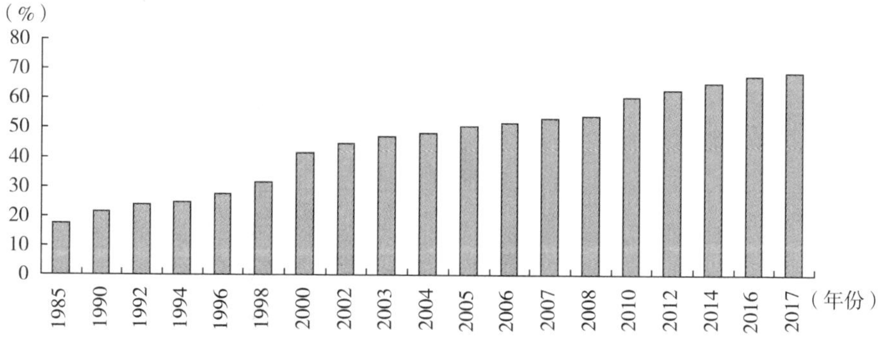

图 3－1　江苏城镇化率（1985～2017 年）

资料来源：《江苏统计年鉴（2018）》。

到目前为止，江苏城乡差距仍比较大，如图 3－2 所示。根据《2017 年江苏国民经济和社会发展统计公报》，随着江苏城市化的快速发展，城镇居民收入由 2000 年的 6800 元提高到了 2017 年的 43622 元，农村居民收入由 2000 年的 3595 元提高到了 2017 年的 19158 元。2005～2017 年，城镇居民的收入翻了 6.41 倍，农村居民收入翻了 5.32 倍。在 2017 年，城镇居民收入是农村居民收入的 2.27 倍。从全国范围来看，江苏城乡差距与其他省份相比较小，但同发达国家相比，江苏城乡差距仍然非常大。

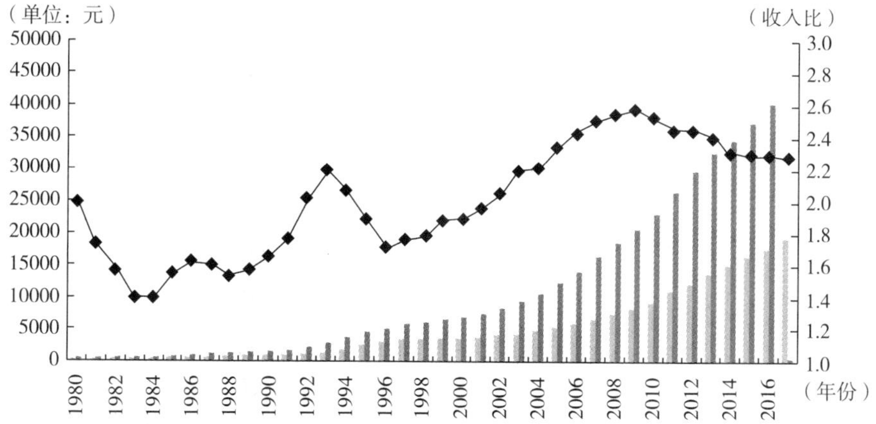

图 3－2　江苏城乡居民收入及其差距（1980～2017 年）

资料来源：《江苏统计年鉴（2017）》与《2017 年江苏国民经济和社会发展统计公报》。

由图 3 –3 可知，江苏城乡恩格尔系数逐年走低，城乡之间的恩格尔系数差距越来越小，说明城乡人民的食品消费总额所占总收入的比例不断下降并且他们之间的差距较小，但总体而言，城镇居民的消费水平高于农村居民的消费水平，城乡间居民消费差距仍然存在。

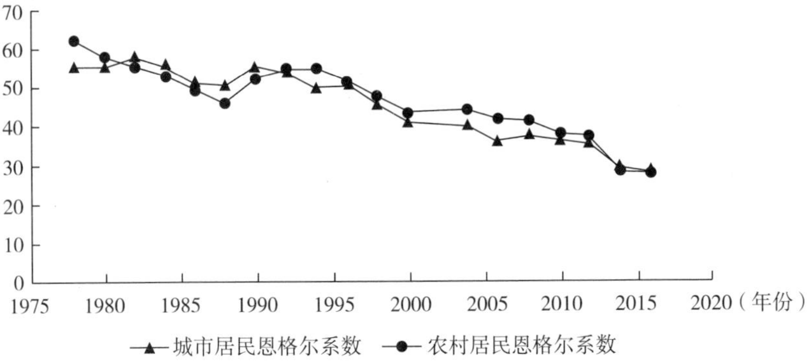

图 3 –3　江苏城乡恩格尔系数

资料来源：《江苏统计年鉴（2018）》。

江苏的城乡差距使我们重新审视城乡关系，让我们从城乡关系的分析中得到答案。在城镇化进程中，农民与土地的关系发生着变化，农民与村庄的关系也在发生着变化。由原来的“农一代”进城打工回乡养老转变为进城居住永久生活的“农二代”，越来越多的农民选择进城打工，离开衰败的村庄，进入城市生活，具有较强的入城不回村、不返农倾向（刘守英、王一鸽，2018）。村庄的数量大幅减少，一部分村庄焕发出新的活力，但大多数村庄呈现人少村衰的局面，从而出现了“空心村”“超级村”和农民大幅进城后的大量“城中村”的出现。很多村庄呈现衰亡破败的局面，大量劳动力外流，留守在村庄的大多是老弱妇孺等，使得农村没有进一步发展的可能。因此，这启示我们要顺应城镇化发展规律，在城乡融合发展中注重对不同类型的村庄进行分类，以便更好地进行乡村规划。

进入到城市的农民同时也面临很多问题。在早期的“农一代”，这批人进入城市工作中，他们不是以城市市民的角色在城市工作和生活，而是作为一个暂时停留的个体居住于城市中，努力工作赚钱，然后回家养老。这部分人对于土地以及家乡有着深厚的感情，但其根本原因在于公共政策的缺位以及户籍制度的歧视，使他们无法享受到市民化待遇，例如：医疗、教育、住房、社会保障。随着城乡统筹政策的实施，城乡公共服务开始慢慢普及，但“农二代”由于生活观念、文化价值、教育、生活方式等转变，他们对于乡土的观念正在改变，与土地和农村的关系也在发生变化，“农二代”更趋向于永久留在城市，不是因为基本公共服务已经均等化，而是因为他们的工作经历、人力资本在城市和对土地感情的淡化，他们更加适应城市的生活，依赖城市的经济。但这批人不被城市所接纳的感受也更加强烈，对于均等的市民化待遇也更加渴望。

对于分化和加速变革的农村，由于城乡二元体制的存在、城乡发展不平等的观念，使农村没有获得平等的发展权力。在城市化进程中，农村劳动力、资金大量外流，使农村呈现大面积的衰败状况。中国的发展，不应该以农村的衰败为代价，同时也不应该牺牲农业转移人口的社会福利为代价。在城市中的农业转移人口不应该被城市所独立和抛弃。中国目前的城乡繁荣与乡村破败本身是城乡二元体制的结果。二元体制导致城乡规划、土地、融资、产业、公共品提供等的二元分割，造成乡村产业窄化、农民发展机会缺失，乡村成为没有希望和生机的地方，更加剧了乡村人口和劳动力的外流与生产要素的单向配置（李涛，2018）。

为了破除城乡二元结构，政府提出城乡统筹到城乡融合政策的变化。过去对城乡的统筹，政府主要解决的是“城市有、农村没有”两个差距太大的问题。应该说，党的十六大以来统筹城乡发展成绩还是显著的，对城乡之间公共资源均衡分配功不可没，城乡之间公共政策差距在缩小。但是，在城乡统筹中，政府占主导，市场力量不足。这最后导致的结果是用城市去统一农村，并没有改变城市高度繁荣、农村衰败的局面（张继良等，2009）。也就是说，城乡统筹没有解决城市与乡村两个空间平等发展的问题，农民没有利用土地等资源，充分发展经济，平等参与工业化、城市化的权利，农村自身产业窄化；在城乡之间要素配置效率驱动和城乡二元体制的作用下，中国的城镇化的基本特征是劳动力、资本和土地从乡村向城市的配置，带来城市的快速发展，整个要素的双向流动（包括土地、资本、劳动等）没有建立起来（郑风田，2017）。甚至，在这一城市中心的理念下，我们对城乡板块相互需求、共存共生共荣的认识也不足，导致城市文明统领乡村文明统一化，只有一个文明。“城乡统筹”并没有使城市跟乡村两个板块协调起来，而从“城乡统筹”到“城乡融合”，“建立健全城乡融合发展体制机制”，体现了政府更强调城市和乡村两个板块共生共荣、共同发展。

城乡融合是城镇化进程中从单向城镇化转向城乡互动的强调。随着城镇化发展，生产要素在城乡之间的双向配置与互动在增强。具体表现为，资本下乡的速度和规模在增加，劳动力从完全向沿海的流动转向一定比例向内地的回流，乡村经济活动变化带来建设用地需求增加。自 2010 年以前，更多是城市带动乡村，乡村地区发展处于被动状态；在 2010 年以后，若干宏观数据显示随着农业现代化和乡村经济发展，乡村居民的消费和收入水平有较快发展，城乡收入差距缩减，城乡关系进入到城乡加速互动的新阶段。要素流动和互动活跃，人口在城乡之间对流，资本在城市寻求获利的同时资本下乡加快，土地在城乡之间的配置和资本化加快，将成为城乡融合的特征。城乡互动阶段的到来，为矫正中国传统发展战略导致的城乡二元结构与体制创造了机会。从城乡分割、牺牲乡村发展换取城市繁荣到城乡融合与城乡共同发展，在城乡中国阶段可望达成协调发展的关键是城乡融合，而要实现城乡融合发展，关键是消除城乡之间的体制性障碍，实现城乡要素平等交换与合理配置和基本公共服务均等化（张国平、籍艳丽，2014）。而城乡融合的核心是城市和乡村文化共存共荣，相互依赖需求。“建立健全城乡融合发展体制机制”，要解决的就是政府在“统”方面太强，市场作用偏弱，要打破政府单一主体，打破城乡二元体制、发展农村要素市场。

城乡融合发展的核心在于以下四点：第一，实现城乡两个发展空间的高度融合。未来城市和农村之间在地理空间上的交集会越来越多，要改变城市这一空间高度发展，而农村这一空间缓慢发展的现状。第二，打通城乡要素市场，使土地、资本、劳动力等要素形成对流。例如，在资本流通方面，要改变农村资本市场净流出的现状，提高农村金融服务水平，增加农村金融的可获得性，践行普惠金融，完善农村信用体系。第三，消除城乡之间的制度性障碍，实现公共服务均等化。第四，实现城乡之间产业的合理布局。江苏通过破除城乡之间的体制性障碍，打通城乡要素市场，使土地、资本、劳动力等要素形成对流，以实现城乡要素平等交换、合理配置和基本公共服务均等化。

第二节　江苏城乡融合的实践

一、生产要素在城乡之间的双向配置与互动

土地制度改革是关键，要实现城乡土地权利的平等，就应当从确权流转、集体建设用地进入市场、宅基地制度改革、农村土地集体所有制改革着手。

（一）城乡融合中土地制度的改革

（1）土地制度改革过程中切实加强对农民土地财产权利的保护，基本完成土地承包经营权确权颁证工作。

在2017年1月，江苏省委办公厅、省政府办公厅印发2017年农村土地确权登记颁证文件——《关于完善农村土地所有权承包权经营权分置办法的实施意见》。作为继家庭联产承包责任制后农村改革又一重大制度创新，“三权分置”对坚持土地集体所有权根本地位、严格保护农户承包权、加快放活土地经营权做出具体规定。确认“三权”权利主体，明确权利归属，稳定土地承包关系，才能确保“三权分置”得以确立和稳步实施。农村土地承包经营权确权登记颁证，是依法落实农村土地承包经营权的用益物权、完善“三权分置”的一项重要基础性工作。2017年5月，苏州“三权分置”改革框架下土地承包经营权确权登记颁证工作基本完成，农村社区股权固化改革全面完成，切实保障农民的集体资产所有权、收益分配权等权益。2017年底，江苏全面完成承包土地确权登记颁证，在全国率先实现了所有设区市建立确权信息应用平台，并实现各设区市互联互通，整体进度位居全国前列，通过土地确权以及农村社区股权固化举措，使农民的财产权利受到保障，减少农村社区的矛盾。

（2）引导农村土地经营权有序流转，用土地盘活农村。

截止到2016年底，江苏已流转土地3200多万亩，占农户家庭承包地总面积的64%。为规范土地有序流转，江苏制定全省统一的土地流转示范合同文本，要求土地流转超过一

年以上的都要签订流转合同。此外，江苏积极引导农户自愿将土地承包经营权入股，组建农村土地股份合作社，并在《江苏省农民专业合作社条例》中将土地股份合作社纳入调整范围，赋予其市场法人资格。不仅如此，江苏财政对每个乡镇补助1万元，建立乡镇土地流转服务中心，并从2008年开始建立农村土地规模流转补贴制度，按每亩100元的标准对参与土地规模流转100~300亩的流出方给予一次性补助，扶持土地规模流转面积约450万亩。为引导农村土地更多流向家庭农场，江苏连续多年对流向家庭农场等新型农业经营主体的土地流转实施奖励补助。在2016年，省级财政投入5000万元补助资金，重点补助单宗面积在100~300亩、土地流转期限在3年以上的家庭农场等新型农业经营主体。同时，江苏62个县（市、区）建立流转交易市场，流转面积和流转比例均居全国前列。土地经营权的有序流转可以为城乡融合发展中乡村要素的流转助力，同时盘活土地要素，转化为农民可利用的资本。盘活土地可以为农民增加收入。江苏淮安市金湖县双桥村以前种植稻麦，由于地势低洼，产量低下，村民纷纷外出打工，田地荒芜。村委会将全村4500亩土地流转给扬州蓝宝石集团，建设荷藕种植基地，使村民每年人均收入增加1000多元。盘活土地也可以为农民提供贷款。泗洪县双沟镇李庄村建立村“土地银行”，将本村农户愿意流转的零散承包地块整合起来，按年收取本金（租金和利息），“银行”将存入的“小田”变“大田”后，贷给本地承租主体或农业龙头企业，在不改变土地用途情况下规模经营；承包地存入“银行”的农户可以用土地承包经营权抵押，从村“土地银行”借款，获得创业就业金融支持（刘玉、郑国楠，2014）。常熟市开展农村承包土地经营权首笔抵押贷款放款业务，截至2018年9月底，全市银行累计投放土地承包经营权抵押贷款121笔、共计5.3亿元。江苏通过盘活农民手中的“沉睡资产”，变“不动产”为“流动资产”，变“流动资产”为“创业资金”，推动了农村生产要素充分流转，不仅带富了农民，更促进了农村的富裕与农业的兴旺。

（3）深化农村集体产权制度改革。

2016年12月，中共中央、国务院印发的《关于稳步推进农村集体产权制度改革的意见》，江苏作为试点之一，力图通过改革，逐步构建归属清晰、权能完整、流转顺畅、保护严格的中国特色社会主义农村集体产权制度，保护和发展农民作为农村集体经济组织成员的合法权益。科学确认农村集体经济组织成员身份，明晰集体所有产权关系，发展新型集体经济；管好用好集体资产，建立符合市场经济要求的集体经济运行新机制，促进集体资产保值增值；落实农民的土地承包权、宅基地使用权、集体收益分配权和对集体经济活动的民主管理权利，形成有效维护农村集体经济组织成员权利的治理体系。江苏主要从以下两个方面进行改革：第一，做好镇、村两级集体资产清产核资工作，并建立农村产权线上交易平台。江苏开展乡镇集体经济组织所属企业集体资产全面进行清查，以村为单位，成立清产核资工作小组。截止到2018年11月，苏州市共有66个镇、1175个村完成了集体资产审计报告，74个镇、1235个村完成了资产测绘，已有81个镇881个村录入清产核资数据，并建立起全市统一的“全业务、一网通”；“三资”监管信息化平台，实现全市农村产权线上交易，实现农村集体产权“线上交易”2.8万笔、交易金额达42.67亿元。

第二，进行农村社区股份合作制改革，推进股权固化制度。所谓股权固化，就是指将原村级集体资产，按一定标准将股权份额量化给该集体经济组织成员以后，股权量化到人、固化到户，以户为单位“生不增、死不减”，不再因家庭成员户籍、人口发生变化而调整股权。江苏连云港市赣榆区组织清产核资，通过核实集体家底，界定成员身份，产权股份量化，建立集体经济组织，有效增加农民财产性收入，发展农村集体经济（李明，2014）。2018 年，南京市、苏州市、无锡市、常州市等地已基本完成农村社区股份合作制改革。苏州市吴中区是首批完成国家农村集体资产股份权能改革试点任务，全市推进社区股份合作社股权固化。苏州市 1285 个村共组建 1311 家社区股份合作社，涉及 122 万户农户、净资产 467 亿元，社区股份合作社股权固化改革完成率超过 95%，实现了全市农村社区股权固化全覆盖。股权固化是为了防止和避免因股权频繁调整，引发周期性矛盾，促进农村和谐稳定的需要，有利于促进社区股份合作经济组织规范发展，做大做强，有利于提高股民的分红水平，促进农民的增收。

（4）探索农村集体经营性建设用地入市。

首先，农村集体经营性建设用地数字化流通。2017 年 7 月，江苏常州市武进区印发《常州市武进区农村集体经营性建设用地使用权网上交易规则（试行）》，开通农村集体经营性建设用地使用权网上交易系统，与国有建设用地在网络上实现竞买一样，农村集体经营性建设用地同等入市、同权同价，享受转让、出租、抵押等权能。武进区通过率先探索建立城乡一体化全覆盖的建设用地基准地价体系，并将集体经营性建设用地入市首次实现与国有建设用地相同的网上交易，使城乡统一的建设用地市场实现了从有形市场到数字化市场、从传统市场到现代化市场的转变。其次，建立了“两确保、一增强”为核心的土地增值收益分配机制，即确保政府征收的土地增值收益调节金与税收收入保持基本一致；确保集体经营性建设用地入市后农民取得的直接性补偿收益与土地征收收益保持基本一致；土地增值收益主要留给镇、村集体以增强集体经济，镇集体通过生态补偿方式统筹平衡各村发展，村集体通过股份分红实现可持续的二次分配。这既让农民公平分享改革成果，又防止贫富差距的拉大，维护农村社会稳定。最后，明确了农村“三权”抵押贷款风险补偿基金来源、管理及补偿范围等，促进了集体经营性用地使用权抵押贷款，保障了抵押双方利益。江苏作为农村集体产权改革试点，通过管好用好集体资产，建立符合市场经济要求的集体经济运行新机制，来促进集体资产保值增值，可以保护和发展农民作为农村集体经济组织成员的合法权益。

（5）推进宅基地有偿退出。

（6）江苏农村的房屋空置率达到 35%，部分村民去城镇务工，并且不打算回老家居住，使村中出现许多破旧且无人居住的房屋。

自 2017 年 5 月起，江苏淮安市盱眙县开展农村宅基地有偿退出试点，霍山村是首批试点村之一，全村有 640 户农户自愿参与，涉及宅基地面积共 1100 多亩，平均每户拿到补偿款 12. 34 万元。常州市武进区在 2015 年印发《常州市武进区农村宅基地有偿使用、有偿退出指导意见（试行）》，制定宅基地有偿退出的补偿标准和收回程序，建立政府回购机制。缩小并明确土地征收范围，坚持先补偿安置、后征收报批，建立补偿安置标准动态调整机制，通过培训就业、劳务合作、农房入股分红、集体留用物业等途径让农民分享改革红利。愿意有偿退出的宅基地，将全部提交到镇农村产权交易平台上。有偿使用的村民，可以在这个平台上进行公开、公平、公正的交易（马晓冬等，2014）。保障农户宅基地用益物权，江苏改革完善农村宅基地制度，选择若干试点，慎重稳妥地推进农民住房财产权抵押、担保、转让，探索农民增加财产性收入渠道放开限制、自由流转是宅基地改革的最终方向，有偿退出只是千里之行的第一步，也是宅基地集约利用的突破口。

（7）稳妥推进城乡建设用地增减挂钩。

（8）在2017年7月，江苏制定《江苏省增减挂钩节余指标流转使用管理暂行办法》，明确国家扶贫改革试验区、省重点帮扶县（区）和扶贫开发重点片区节余指标省域内流转使用，为实现省内资源互补和精准扶贫、精准脱贫发挥了积极作用。宿迁市结合国家扶贫试验改革，推进城乡建设用地增减挂钩节余指标在全省范围内流转使用，累计转让指标7040亩，总成交47.79亿元。城乡建设用地增减挂钩指标的流转，可以推动城乡融合进程中土地的市场化流动，用活土城乡建设用地指标。

（二）城乡融合中的资金新思路

1. 加快形成多元化融资渠道

一方面，积极推动银企对接。江苏为了促进城乡融资规划，推动各地编制城市基础设施建设规划和融资规划，建立城乡融合重大项目储备库。积极推动银企对接，加强与国开行、农发行等政策性金融机构和农行等商业金融机构合作，通过银团贷款等方式加大对城市基础设施项目的信贷支持，支持建设银行、中江公司开展城乡融合建设投贷联合业务。成立由财政发起、社会资本参与的100亿元PPP融资支持基金，推动江苏银行与平台公司出资成立PPP城市发展基金，设立总规模1000亿元的棚户区改造基金。省政府投资基金与社会资本合作分别建立智慧城市、城镇养老、环境改善基金，支持城乡融合。另一方面，设立专项城乡融合发展基金。苏州市乡村投融资机制不断创新，2018年全市财政支农项目资金预算130.4亿元，同比增长28%。依托城乡发展母基金，开发成立了14个子基金，为镇级富民载体、村级基础设施建设等累计提供融资超过70亿元。积极推动农业保险“扩面、提质、增品”，累计推出农业保险险种39个，投保农户505万户次，承担农业生产风险保障306亿元。为缓解“三农”融资难的问题，设立5000万元农业贷款担保基金，累计担保353户、10.4亿元。

2. 建立城乡资本融合的支持政策体系

江苏农业农村厅在2018年12月22日发布《关于引导社会资本更多更快更好参与乡村振兴的意见》，综合运用现有财政、金融、税收等扶持政策，发挥政策组合效应，创新落实支持政策的路径和办法，加快建立健全支持社会资本投入乡村振兴政策体系。

（1）加大财政资金奖补力度。通过以奖代补、民办公助等方式加大对社会资本投资项目支持力度。社会资本投资建设改善农村人居环境类公共服务项目，财政按不低于1∶1予以奖补；投资发展农产品产业化类项目，财政对基础设施建设投资部分予以奖补；投资发展乡村旅游类项目，财政视产业发展需求予以一定奖补。

（2）高质量实施乡村振兴 PPP 项目。鼓励乡村振兴 PPP 项目申报省级试点，符合条件的优先选为省级试点，对符合奖补条件的落地项目，奖补标准在现有基础上提高 10%。支持各地充分利用乡村振兴支持政策，综合采取资本金注入、财政奖励、运营补贴、投资补贴、融资费用补贴、明确排他性约定等多种方式，稳定社会资本投资收益预期。

（3）强化政策性金融支持。大力发展农村普惠金融，对符合条件的县域金融机构当年涉农贷款平均余额同比增长超过 13% 的部分，财政奖励标准在现有基础上再增加 1 个百分点。充分发挥省信用再担保集团、省农业信贷担保公司作用，完善涉农贷款风险分担与补偿机制，对为涉农信贷提供担保的第三方担保机构，担保额度在 1000 万元以内（含 1000 万元）的，按其担保业务的季均余额给予不高于 1% 的风险补偿。支持符合条件的企业发行农村一二三产业融合专项债券，对成功发行债券企业的年度实际支付利息的 30% 进行贴息，贴息持续时间为 2 年，单只债券每年最高贴息不超过 200 万元。落实农业保险大灾风险准备金制度，扩大高效设施农业、畜产品保险覆盖面，完善农业保险条款费率动态调整机制，着力提升农业保险规范化、精细化、专业化管理水平。

（4）降低社会资本投资成本。研究扩大农产品增值税、进项税额核定扣除试点行业范围，按规定落实农产品加工企业凭收购发票抵扣增值税和农产品初加工企业所得税优惠政策。严格落实农业产业化龙头企业用电、用水优惠政策。严格落实高新技术企业、固定资产加速折旧、研发费用加计扣除、股权激励递延纳税、技术成果投资入股选择性税收优惠、简化增值税税率结构及小微企业税收优惠等政策（杜云素等，2013）。

（5）搭建投资对接平台。针对社会资本投资需求，突出加强投资信息对接和项目落实地建设服务，加大基础设施和公共服务平台建设，提高社会资本投资效率。健全服务平台。建立省乡村振兴投资信息平台，及时发布发展规划、产业政策、行业动态、各地招商引资等信息，有针对性地向农业农村领域企业和其他社会资本推送信息。建设创业平台。加快现代农业产业园、农民创业园、农产品电商园等创业平台建设，重点打造省级现代农业产业示范园，争创国家现代农业产业园，全面提升园区公共服务设施。完善交易平台。拓展平台服务功能，积极与金融机构合作，开展农村资产评估，打造“互联网 + 交易鉴证 + 他项权证 + 抵押登记”抵押融资链条，研究发布农村土地流转交易价格指数。提升科技平台。发挥省内高校、科研单位农业科技创新优势，以企业为主体建立健全省级农业科技创新联盟，推动农业科技创新资源加快向企业流动。支持农业产业化龙头企业建设产业技术中心、重点实验室、试验示范基地等创新平台。

3. 建立财政转移支付同农业转移人口市民化挂钩机制

江苏省政府出台支持农业转移人口市民化的财政政策，制定实施农业转移人口市民化奖励资金管理办法，基本公共卫生服务转移支付按常住人口分配，教育转移支付以实有学籍数作为分配依据。2017 年省财政下达农业转移人口市民化奖励资金 14.12 亿元，农业转移人口市民化的资金就得到了有力保障。

4. 为新型农业经营主体提供授信

苏州市加强与国开行、农发行等国有政策性银行的金融合作，充分发挥其支持力度强、融资规模大、贷款利率低的优势，采取“免担保、低利率”的优惠政策，持续加大对新型经营主体的信贷支持力度。目前，苏州银行机构共向1510户新型农业经营主体提供授信，共计88.17亿元。农发行累计发放各类“三农”贷款86亿元，支持涉农企业流动资金贷款7.5亿元。

5. 健全农业担保网络体系

苏州市加快构建由政府、金融机构、专业担保公司三方合作的农业担保网络体系。通过批量授信，撬动银行、社会资本投向农业农村。目前，农业担保网络体系已经实现全覆盖，农村金融综合服务网点ATM机实现“村村通”。担保公司相继推出的“农发通”“农贷通”“农利丰”等融资担保产品，累计为农户、农村经济合作组织、农业企业等提供金融服务总额达168亿元，惠及农户2280户。

6. 建立生态补偿机制

苏州市率先建立生态补偿机制，涉及水稻田、水源地、公益林、生态养殖、湿地等多个方面。通过财政转移支付，对因承担生态环境保护和基本农田保护责任而使经济发展受到一定限制的村集体经济组织和农民给予经济补偿。吴江区还比照水稻田标准创新设立种桑养蚕补补贴。截至2018年，苏州市已累计发放生态补偿资金超过70亿元。生态保护补偿政策不但改善了各生态功能区的环境，更减少和消除了生态保护地区农户的后顾之忧，农民的获得感、幸福感明显增强，提高了他们保护生态环境的积极性。

（三）城乡融合中的劳动力要素的配置

从劳动力要素看，2017年末全省就业人口为4757.8万人，其中第一产业就业人口为799.3万人，第二产业就业人口为2041.1万人，第三产业就业人口为1917.4万人，三次产业就业人口之比为16.8∶42.9∶40.3，劳动力要素在各产业之间的配置有所优化。城镇就业人口为3179.4万人，城镇新增就业人口为148.6万人，新增转移农村劳动力为26.3万人，城乡劳动力要素配置同样有所改善。促进失业人员再就业80.6万人，其中困难人员就业14.4万人；“去产能”企业职工得到妥善分流安置，提高了劳动力要素的利用率。

二、基本公共服务均等化

2017年6月，江苏省政府办公厅出台了《关于印发江苏省“十三五”时期基本公共服务清单的通知》（苏政办发〔2017〕65号），对江苏基本公共服务清单进行进一步明确，共包括10个领域86个服务项目。2017年，财政支出继续向提高城乡公共服务均等化水平倾斜，教育支出2003.7亿元，比上年增长8.7%；医疗卫生支出797亿元，增长11.8%；社会保障和就业支出1047.2亿元，增长16.6%；住房保障支出326.3亿元，增长21.1%；教育、医疗、住房等重点支出增幅均大于财政支出总体增幅；保障改善民生十项实事全面完成，城乡基本公共服务均等化水平全面提高。

江苏是流动人口大省，截至2016年底，全省流动人口总量约为1864万人，其中跨省流入约1219万人，占总数的65.4%。截至2018年，江苏致力于把推进流动人口基本公共卫生计生服务均等化、流动人口身心健康纳入“健康江苏”建设大局统筹规划，合理分配资源，让流动人口在江苏安居乐业。同时，南京市还将外来流动人口纳入新市民行列，让其在上学、就业、医疗等方面与本地市民享受同等待遇。南京市还制定有利于流动人口就业、生活、医疗等利好政策，在流动人口集聚区建设康健驿站、健康服务中心、社区活动中心等服务平台，开展流动人口健康教育、创建“流动人口社会融合示范社区”等活动，深化流动人口社会融合，提高流动人口健康素养和水平。这些做法可以促进城乡融合中的劳动力流动，为农业转移人口提供在城市生活的基本公共服务，促进劳动力的有序转移，在全国具有示范意义。

（一）健全常住人口工作和居住证机制

一方面，城镇常住人口与财政挂钩。江苏建立了完善的以常住人口为基础的统计、考核、绩效评价等人口工作机制，逐步淡化户籍因素，统一城乡户籍登记管理，实施流动人口居住证制度。以城镇常住人口为主要依据，加快落实财政转移支付、地方预算内投资安排、建设用地新增指标与农业转移人口落户数量挂钩的制度安排，健全“人地钱挂钩、钱随人走、以人定地”的配套政策和制度，为农业转移人口公共服务均等化提供财政支持。另一方面，流动人口居住证制度全覆盖，并依法享受城镇公共服务。江苏全省累计制发居住证2600多万张，开发了全省统一的居住证信息管理系统，实现居住证在全省范围“一证通用”。13个设区市政府均出台居住证实施办法，居住证持有人依法享有子女入学、计生服务、卫生保健、职业技能培训、公共租赁住房、机动车牌照、护照申领等20多项公共服务。

（二）保障城乡融合中的市民化待遇

江苏省级出台“十三五”时期基本公共服务清单和基层公共服务功能配置标准，以常住人口为基准全面推进基本公共服务均等化和标准化。把进城务工人员随迁子女教育工作纳入各地社会事业发展规划，绝大部分城市外来务工人员随迁子女基本都在公办中小学就读；将流动人口及随迁家属纳入基层卫生计生服务体系，对进城落户的农业转移人口按照规定参加城镇职工或城镇居民基本医疗保险；完善覆盖城乡的社会保障制度，全省五大社会保险制度均已覆盖进城务工人员，农业转移人口跨地区、跨制度流动的社会保险关系转移接续机制进一步完善；将具有稳定职业、参加当地社会保障并居住达到一定年限的农业转移人口、外来务工人员等“新市民”纳入住房保障范围，全省公租房总体分配进度全国领先。

（三）户籍制度改革不断推进

江苏全面放开建制镇和小城镇落户限制，有序放开中等城市落户限制，合理确定大城市、严格控制特大城市落户条件，全面实行省辖市范围内本地居民的户口通迁制度，积极推行积分落户制度。在2018年10月，出台了《江苏公安机关深化人口服务管理“放管服”十项措施》户籍制度，放宽了农村地区部分户口迁移条件。原来，想将户口迁往农村地区，需要本人在农村地区有合法稳定住所和承包土地，在现户口所在地无合法稳定住所、无合法稳定就业。从2019年1月1日起，该条件放宽为本人在农村地区有产权住房即可，实现城到乡之间的有序流动。对于大中专院校、技工学校毕业学生和参军退役进入城镇的人口，就业创业并参加城镇社会保险的，自2019年1月1日起，可以在城镇直接落户。在南京市、苏州市等地实行积分落户，放宽人才落户政策，从而不断简化人才落户的手续和流程。

（四）建立健全城乡融合体制机制

江苏积极促进城乡在规划布局、要素配置、产业发展、公共服务、社会保障、生态保护等方面相互融合、共同发展。全省将有创业意愿和培训需求的城乡劳动者全部纳入培训范围，实施全民创业工程；大力促进教育公平，积极推进义务教育学校标准化，在全国率先实现所有学段教育经费保障机制和生均财政拨款标准全覆盖，义务教育阶段学生学费、课本费和作业本费全面免除，中等职业学校实行全体学生免学费政策，高中阶段残疾学生实行免费教育。健全城乡社会保障体系，城乡低保标准一体化全国领先。健全城乡医疗服务体系，免费向全体居民提供12类45项基本公共卫生服务。健全城乡社会养老体系，老年人居家呼叫系统和应急救援服务网络基本实现城乡全覆盖，全面完成农村五保供养服务机构“三有三能六达标”升级改造。

（五）完善城乡生态环境保护制度

在城乡融合发展过程中，注重生态环境的保护，是城乡融合发展的必然要求；同时这也是造福广大城乡人民的举措，为其提供优美环境的公共服务。一方面，在全省层面划定生态保护红线。江苏健全完善省生态空间管控体系和生态补偿财政转移支付制度，确保生态红线区域占国土面积不低于20%，所有的市、县（市、区）编制完成辖区红线规划，出台管控办法、补偿政策。出台与污染物排放总量直接挂钩的财政政策，深化水环境“双向”补偿制度，对全省生态红线区域转移支付生态补偿资金。推行资源有偿使用制度，健全市场化资源交易机制。严格落实生态文明建设党政同责、一岗双责制度，健全考核机制（胡传景，2012）。生态保护红线为城乡融合制定了环境优美的城乡融合宏图。另一方面，各市级发挥特色打出城乡融合中的绿色“组合拳”。南京市政府下发了《南京市省级生态红线区域优化调整工作方案》，全市划定1630平方公里生态红线区域，占辖区总面积的24.7%，坚持城乡发展融合中打出绿色“组合拳”。一是市政府出台生态补偿办法，市财政每年安排补偿资金3亿元，以水稻种植、生态公益林、湿地和水源地保护为重点；并立法保护重要的湖泊、湿地，形成10万公顷城乡绿色保护网。二是全市重点整治农村环境，清理垃圾杂物，清理河塘河道，清理村民院落，清理乱堆乱放，清理旱厕猪圈等，为城乡融合进程中的乡村打造一个干净特色的乡村环境。南京市为此积极推广农业绿色增长模式，实施畜禽养殖场粪便的无害化处理和资源化利用，全市大中型规模畜禽场畜禽粪便无害化处理与资源化利用率达到91%；加快推动秸秆还田和秸秆综合利用，麦秸秆综合利用率达93%以上。三是利用“美丽乡村”拓出城乡融合发展新胜地。南京规划建设1600平方公里美丽乡村示范区，不仅为城市居民提供新的休闲娱乐场所，也为农村居民打造一个良好的生活娱乐环境。保障城乡人民生存和发展的权利，保障人体发展的环境质量是环境基本公共服务的重点，有一个良好的生产生活环境是政府必须确保的公共服务（徐志明，2018）。

（六）改善农民群众住房条件，使农民入城进镇

2018 年 9 月，江苏省委出台《关于加快改善苏北地区农民群众住房条件推进城乡融合发展的意见》，计划到2020 年，完成苏北地区农村建档立卡低收入农户、低保户、农村分散供养特困人员和贫困残疾人家庭四类重点对象危房改造，加快推进“空心村”以及全村农户住房改善意愿强烈的村庄改造。到 2022 年，苏北地区农民群众有改善意愿的老旧房屋建设和“空心村”改造基本到位，小城镇集聚能力和产业支撑力增强，建成一批具有活力的新型农村社区，历史文化名村和传统村落得到有效保护。到 2035 年，苏北地区农民群众住房条件全面改善，城乡空间布局全面优化，城镇化水平显著提升，城乡融合发展体制机制更加完善。

从地方实践来看，宿迁市首先通过强化空间规划引领，按照城乡联动、融合发展思路，强化国土空间规划管控，严守生态保护红线、永久基本农田、城镇开发边界三条控制线，实行“多规合一”，优化城镇村布局，建设新型社区和特色村庄。其次，优先促进有能力在城镇稳定就业和生活的农村转移人口举家进城入镇落户，与城镇居民享有同等权利、履行同等义务。优先改善低收入农户居住条件，优先推进农村危房改造，对农民自愿选择、自主决定进城入镇落户的，要与常住人口市民化进程结合起来，可采取货币化补偿、实物置换等方式，支持按照“依法、自愿、有偿”的原则，退出原有宅基地和承包地，并充分保障其合法权益，妥善解决农村“空关房”和“空心村”问题。最后，宿迁市在充分尊重农民意愿基础上，在当地推出了拆迁补偿方案。宅基地留给农民，复垦后可自己耕种或流转，新房每平方米定价 1000 元，村民原有住房每平方米给予 485 元的补偿。宿迁市出台了新的推进城乡融合发展规划，计划在 2018 ~2021 年内新建农民集中居住项目 118 个，改扩建集中居住项目 97 个，新增住房 10 万套，加快改善农村住房条件。15.4 万（户）农民有望进城入镇，进入新型社区和特色村，他们能搬得出、住得下、生活好、能致富。

三、通过三产融合来推进城乡产业融合

根据《国务院办公厅关于推进农村一二三产业融合发展的指导意见》（国办发〔2015〕93 号），紧密结合江苏实际，江苏省办公厅出台了《关于推进农村三次产业融合发展的实施意见》（苏政办发〔2017〕4 号），在此基础上，江苏积极推进三产融合发展。2017 年，江苏第一产业增加值为 4067.7 亿元，增长 2.2%；第二产业增加值为 38654.8 亿元，增长 16.6%；第三产业增加值为 43169.4 亿元，增长 8.2%，全年三产增加值比例调整为4.7∶45.0∶50.3，产业结构进一步优化，有效带动了三产的融合发展，现代农业加快推进。

江苏在城乡融合进程中为了使城乡产业融合，立足于三产整合，形成规模养殖、特色林果、设施种植及富硒产业园等绿色生态种养加产业链和价值链，带动农民增收。同时推动“美丽乡村”“特色田园”建设，促进了乡村休闲旅游业的快速发展，一二三产业的加

速融合，走出了一条六次产业带动城乡产业融合的路径。

（一）农业优势特色产业的发展

农业优势特色产业的形成促进了加工企业的集群集聚，催生了休闲、旅游及文化等衍生产业的发展。邳州市的银杏产业实现了基地、加工、研发、旅游、电商各个环节的深度融合，年产银杏叶提取物330吨，银杏系列加工产品年产值突破20亿元，直接为农民增收近10亿元。无锡市的阳山水蜜桃产业、盐城市的洋马菊花产业都从单一卖农产品向深加工、旅游度假、文化养生、农村体验全面升级。发展第二产业，前伸后延。

（二）农产品加工业的发展

农产品加工业的发展也有力地助推了资源优势向产业优势的转化。沛县肉鸭、兴化香葱、如皋肠衣等一批享誉海内外的特色产业都有强大的加工产业集群支撑，覆盖养殖、加工、商贸、综合服务等产业。

（三）创新三产，功能拓展

无锡市滨湖区雪浪山生态景观园依托良好的生态和民俗优势，打造雪浪山薰衣草品牌，全年园区总收入达1300余万元。宜兴市湖父镇的篱笆园将茶文化、紫砂文化、农家乐有机结合，通过互联网营销，一个村年销售额达3000多万元。兴化市的垛田油菜、泰兴市的银杏种植系统都成功申报了国家农业非物质文化遗产。宿迁市发展宿迁农三品网、淘宝、天猫、京东商城宿迁馆、“菜财商城”等电商平台。全市90%农产品加工企业入驻电商平台销售产品。泰州市江南春公司打造的“江苏买菜网”，新建了蔬菜配送电子商务平台，在市区56个小区新建“生鲜便民直供点”，全年销售蔬菜35000吨，销售额超过6000万元。

推进农村一二三产业融合发展，是从江苏的省情出发，加快发展现代农业、促进农业增效、农民增收的重要举措。近年来，江苏引导各类经营主体以农业为基本依托，以农产品加工业、休闲农业为载体，通过产业间相互渗透、交叉重组、前后联动、要素聚集、机制完善和跨界配置，将农村一二三产业有机整合、一体推进。江苏农村一二三产业融合发展正与城乡融合进程协调并进，城乡产业融合呈现加快发展态势。

第三节 江苏城乡融合政策效果

自党的十九大以来，全省全力推进城乡融合实施，城乡融合趋势明显，城乡发展由粗放式向集约化发展，以人为本的导向更加明显。

一、城乡居民收入差距缩小，乡村生活质量水平提高

（一）全省农村居民人均可支配收入较快提高

2017年全省农村居民人均可支配收入为19158元，比上年增长8.8%，增速快于城镇

居民 0.2 个百分点。自 2010 年以来，农村居民人均可支配收入增速就持续高于城镇居民，城乡居民收入差距不断缩小，2017 年城乡居民人均可支配收入差距为 2.28 倍。农村居民收入增长幅度连续七年超过城镇居民，城乡居民收入相对差距持续缩小。从收入来源看，农村居民与城镇居民差距最大的为工资性收入，差距为 16785 元；差距倍数最大的是财产净收入，城镇居民财产净收入为农村居民的 6.80 倍。

（二）乡村生活质量水平大幅提高

从住房看，2016 年末，99.8% 的农户拥有自己的住房，比 2006 年（第二次农业普查）提高 1.5 个百分点；其中拥有 2 处及以上住房的占比为 22.1%，比 2006 年提高 16.9 个百分点；拥有商品房的占比为 17.9%。建筑材料有所升级，2016 年末，农户住房为砖混结构的占 68.8%，比 2006 年提高 9.1 个百分点，为钢筋混凝土结构的占 13.2%，比 2006 年提高 9.6 个百分点。从饮用水和卫生设施看，2016 年末，全省饮用经过净化处理自来水的农户占 93.0%，比 2006 年提高 16.8 个百分点；使用水冲式卫生厕所的占 58.4%。从耐用消费品看，2016 年末，平均每百户拥有小汽车 33.2 辆、彩色电视机 159.1 台、手机 251.2 部、电脑 53.2 台，分别为 2006 年的 7.5 倍、1.6 倍、2.7 倍、7.8 倍；此外，每百户还拥有淋浴热水器 88.7 台、空调 130.3 台、电冰箱 105.1 台。从生活能源看，2016 年末，农民做饭取暖对电力、煤气、天然气、液化石油气的使用比重提高，对煤和柴草依赖度下降，并且有 3.45 万户主要使用太阳能，占 0.3%。城乡居民收入差距进一步缩小，人民生活水平稳步提升，标志着江苏城乡一体化建设取得了新的进步。

二、城乡基本公共服务均等化进程加快

（一）在基础设施城乡均等化方面

持续实施农村实事工程，加大对农村基础设施建设投入，农村公共基础设施得到了显著改善。截至 2014 年，全省完成 16.7 万多个自然村环境整治，打造了 981 个“环境优美、生态宜居、设施配套、特色鲜明”的省级康居乡村，整治覆盖面超过全省自然村总数的 85%。交通方面，根据第三次农业普查数据，2016 年末，在乡镇地域范围内，有火车站的乡镇占 5.7%，有码头的占 20.9%，有高速公路出入口的占 30.3%，99.9% 的村与村互通公路。能源、通信方面，全省 100% 的农村通电和电话，14.2% 的农村通天然气，99.3% 的农村通宽带互联网，37.4% 的农村有电子商务配送站点。环境卫生方面，99.6% 的乡镇实施集中或部分集中供水，98.6% 的乡镇生活垃圾集中或部分集中处理；98.9% 的农村生活垃圾集中或部分集中处理，36.5% 的农村生活污水集中或部分集中处理，94.5% 的农村完成或部分完成改厕。江苏高速公路通车里程已达 4539 公里，实现县县通高速，公路密度居全国各省区之冠。

（二）在公共服务城乡均等化方面

终身教育、就业服务、社会保障、基本医疗卫生、住房保障、社会养老等基本公共服务体系不断完善。79% 的乡镇实现了城乡统筹区域供水，2/3 的县（市）实现了生活垃圾四级运转。2015 年，城乡社区事务支出 1518.1 亿元，同比增长 24.3%。文娱、教育、医

疗、养老等公共服务基本覆盖。文娱方面，2016 年末，全省 99.6% 的乡镇有图书馆、文化站，44.1% 的乡镇有剧场、影剧院，49.8% 的乡镇有体育场馆，89.6% 的乡镇有公园及休闲健身广场；79.3% 的农村有体育健身场所。教育方面，99.8% 的乡镇有幼儿园、托儿所，99.5% 的乡镇有小学；36.0% 的农村有幼儿园、托儿所。医疗方面，99.9% 的乡镇有医疗卫生机构，99.9% 的乡镇有执业（助理）医师，98.2% 的乡镇有社会福利收养性单位；88.9% 的农村有卫生室，79.3% 的农村有执业（助理）医师。养老方面，93.5% 的乡镇有本级政府创办的敬老院。

（三）在就业社保城乡均等化方面

江苏开始全面合并实施城乡居民养老保险制度，城乡居民医疗和养老保险基本实现全覆盖，社会保险主要险种覆盖率达 95% 以上。35% 以上的涉农县（市、区）实现城乡低保标准一体化，率先建立了被征地农民生活保障制度。

（四）在社会管理城乡均等化方面

加快推进城乡综合改革，健全城乡发展一体化体制机制。"一委一居一站一办"新型社区管理模式全面推广，建立城乡统一管理的户籍制度和外来人口居住证制度；城乡建设用地增减挂钩试点有序开展，经济发达镇行政管理体制和小城镇改革试点加快推进。

三、城乡要素平等交换、配置与流动

从资本要素看，投资结构持续调优。第一产业投资 343.4 亿元，比 2016 年增长 17.2%；第二产业投资 26412.4 亿元，增长 7.0%；第三产业投资 26244.4 亿元，增长 7.5%，第一产业投资增速远高于第二产业和第三产业。其中，工业技术改造投资 15167.9 亿元，增长 11.5%，占工业投资比重达 57.9%；高新技术产业投资 7748.2 亿元，增长 8.1%；科学研究和技术服务业投资增长 20.2%，水利、环境和公共设施管理业投资增长 18.3%。

第四节　江苏城乡融合发展存在的问题

江苏城乡融合发展中依然存在城乡居民收入水平差距较大、城乡要素流动的双向流动出现阻碍、劳动力要素配置扭曲严重以及财政投入问题明显等问题，是江苏在推进城乡融合发展中需要密切注意和加以解决的。

一、城乡居民收入差距较大的现象仍然存在

虽然江苏作为经济发达省份，在 2017 年农村居民人均可支配收入已达 19158 元，是全国平均水平的 1.42 倍，但实现乡村富裕的道路仍然任重而道远。一是农村贫困现象依然存在。按照省扶贫办颁布的最新扶贫标准，截至 2016 年底，年收入在 6000 元以下的低

收入人口仍有200多万。确保这类低收入人群脱贫致富是实现乡村富裕的关键所在。二是城乡居民收入差距依然较大。在2017年，江苏农村居民人均可支配收入为19158元，城乡居民人均可支配收入差距为2.28倍。三是城乡消费水平和生活水平还存在较大差异。2016年，江苏农村居民人均生活消费支出仅为城镇居民的54.6%。此外，农村居民在家用汽车、电脑、空调以及其他耐用品拥有量上，也远低于城市居民。

具体到区域来看，江苏城乡融合发展在苏北地区表现为城乡居民收入差距，在苏南经济发达地区则表现为本地户籍人口与外来人口的福利差距。以苏州市为例，本地户籍人口与外来常住人口比例达到1∶1，外来常住人口如何落户苏州、融入苏州成为了政府首要考虑需要解决的问题。

二、新型城镇化和乡村振兴战略的关系认识不到位

江苏目前仍处在城镇化发展阶段，虽然在苏南局部地区出现逆城镇化现象，但是江苏总体上人口从乡村流向城镇的大趋势没有变化。与此同时，苏北地区农房改善作为江苏的乡村振兴的主要抓手，虽然也按照城镇化的规律进行新村建设，但是，从一些地区出台的规划来看，仍有乡村集中居住点遍地开花的倾向。借助农房改善契机，对农村住房和宅基地进行资源优化配置，是一项有雄心的工程，这里面临的选择是被拆迁农民往何处去的问题。有的地方让一部分农民进城，一部分进乡镇，剩下的一部分留在乡村的集中居住点。这里权衡的重点是政府财政实力和村民就业机会和经济能力。对政府来说，把村民安置到城市的短期成本是最高的，而把村民安置在乡村新建集中点的短期成本相对较低。对农民来说，进城生活面临着生活成本的提高，当然生活也会更便利，就业机会也相对较多，留在乡村新建集中点的生活成本较低，但是生活仍存在诸多不便，就业机会也相对较少，人口仍有外流压力，仍有可能成为“空心村”。如果安置以城镇为主，可能会增加农民的生活成本和财政压力；如果以安置新建集中点为主，则可能不利于城镇化，同时造成资源的浪费。

三、城乡要素流动的制度障碍仍未完全消除

当前城乡融合的市场交易机制尚未健全，农村各类资源资产布局分散、流通不畅，造成农村产业的重复建设和低端发展。江苏乡村道路、环境和基本公共服务已出现较大程度提升，但离城乡融合的要求还有很大差距，人才、资金和技术等要素对进入乡村依然有顾虑，阻碍了城乡要素的双向流动。

首先，在乡村的资金投入上，政府缺乏自下而上的体系规划。在政府投资时，仅依靠自上而下、大规模、高强度的基础设施和公共服务投入不一定高效，可能造成新一轮财政投资低效、浪费的风险，投入所留下的低效资产也往往转化为新的和沉重的地方债务负担。

其次，财政政策支持农业转移人口市民化的体制机制建设滞后。一方面，农业转移人口市民化的机会成本提高。由于拆迁补偿以及耕地征用补偿日益提高，再加上国家支农惠民政策的直接间接补贴，导致农业转移人口的市民化转换的机会成本迅速提高。另一方

面，农业转移人口市民化的成本分担机制尚不明确。在城市生活的成本要远远大于农村，如果这些成本完全要由农业转移人口自身承担，那将使农业转移人口的生活压力大增，甚至可能形成城市贫困群体。

再次，市县级财政在推进公共服务均等化方面财力不足。在苏北经济欠发达地区尤为明显，在推进城乡融合发展的过程中，进行基础设施建设需要投入大量资金。苏北地区财政收入能力不足，部分地区财力甚至只能维持政府的基本运转，严重制约了政府提供基本公共服务的能力，从而严重制约了城乡融合的推进。

最后，支持城乡融合发展的财政专项资金未能规模投入，而是呈现碎片化，效益较差。城乡建设专项资金划拨资金的各部门之间缺乏沟通，导致这些专项资金的投放呈现碎片化的特征，很难做到资金使用上的统筹规划，形成合力。

四、乡村产业发展面临压力较大

（一）农业生产经营的规模化、专业化和特色化水平较低

江苏人口密度高、耕地面积小，农户生产经营较为分散，2017 年农业人均创造增加值仅为 5.1 万元，还不到第三产业的 1/4。农业生产经营中农民收入较低，农业的规模化、专业化和特色化水平需要提升，从而增加农民收入。

（二）产业融合存在问题

一些城镇和农村没有根据自身的资源进行科学规划，充分利用现有资源，而发展同质化程度高的产业，在农村中不能进行精准产业定位，与城市进行互补。一方面，造成资源浪费等现象，没有具体根据当地特色来规划，不符合当地实情。另一方面，容易造成同质化竞争，没有拥有差异化优势，在市场中不能处于有利的地位。未形成农民受益机制。在进行特色小镇、田园综合体建设时，往往是企业从中受益最大，农民从中能获得的利益较少，没有长久发展的前景，未形成比较完善的农民受益机制，发展的收益没有做到让农民共享，缺乏长久利益机制的思考。

第五节 国内外城乡融合经验

一、国内经验

（一）四川省成都市经验

统筹与城乡融合战略，关键是打破分割城乡的体制，发展城乡一体的土地产权市场，将城市增值收益中的收入流量分一部分给农村，让农村共享城市发展的收益。成都市的经验是，在初期采用确权及政府主导土地整治的城乡统筹战略，为农村土地产权市场的发展奠定基础；在 2010 年后建立农村产权交易市场以及由农民和企业为主体投资土地整治的

城乡融合战略。从城乡割裂到城乡融合的过程，是体制成本不断下降的过程，也是不断赋予农民土地产权的过程。市场融合的深度取决于体制成本下降的程度。

1. 城乡融合的内容：政府推动的还权赋能实验

（1）集体经营性建设用地入市。自2008年起，成都市就在锦江区等地试点集体建设用地入市。锦江区中有17.28平方公里在成都市环城生态区范围内，按照规划不能被征为国有土地。其中有11个村的7021户农户。为解决农村发展问题，锦江区集中对300余家企业实施拆除，将4500余户农户置换到大型居住区，节余出的2501亩集体建设用地入市交易。2008年10月，锦江区国土局分别以80万元/亩的价格，出让了16.79亩和6.42亩的两宗集体建设用地，时间为40年，分别建设一个4S店和加油站。2015年，成都市郫都区被纳入国家农村土地改革33个试点县，承担集体经营性建设用地入市。2015年9月7日，郫都区战旗村一块13.447亩的集体建设用地成功入市。原有的村办复合肥厂、预制板厂和村委会老办公楼用地入市拍卖，以705.9675万元的总价成交。截至2017年底，郫都区已完成33宗399亩农村集体经营性建设用地入市，获得成交价款2.53亿元，农民集体及个人共获得1.7亿元土地收入。

（2）赋予农民宅基地转让权：地震带来的制度实验。地震后，成都市亟须资金为27万元受灾农户盖房。重建至少需要几百亿元资金，这么多钱从哪里来？成都市提出用城乡统筹的方法开展灾后重建。其中包括“社会资金开发重建”，也就是允许村庄以外的人或机构，按不低于建筑面积人均35平方米的标准为受灾农民建好住房后，可以将其余的集体建设用地直接用于投资者按照规划进行商业开发。农村宅基地的初级产权市场得以实验。

（3）土地使用权的跨村转让。土地整治和增减挂钩。在我国用途管制政策下，农地转变为建设用地，需要自上而下层层审批的计划指标。为保证城市发展，土地制度又允许把一块耕地变为建设用地，需要先在农村地区复垦出同等面积和质量的耕地，同时要获得等量的农村建设用地使用权。由此出现了耕地占补平衡和城乡建设用地增减挂钩两种制度安排。占补平衡的指标来源主要是通过对田、水、路、林、沟、渠、村进行土地整理产生的新增耕地。以新津县普兴镇袁山社区为例，2005～2007年整治总面积10044.6亩，新增耕地1770.3亩。共投入资金3894万元，以新增耕地面积（即占补平衡指标）算，每亩投入2.2万元。袁山社区新建农村道路13公里，排灌沟渠37.5公里，高标准农田6272亩，农村新社区3个，共327户881人搬入新楼房。此外，通过土地整理形成了以獭兔养殖、沼气发电等为核心的循环经济，和以青花椒为主的农业规模经营。农民人均纯收入由2005年的2160元上升到了2008年的6150元。

增减挂钩项目，则是把城市近郊打算建设城镇的地块（拆旧区），与偏远农村打算复垦为耕地的建设用地的同等面积的地块（建新区），共同组建一个建新拆旧项目区。在项目区内，通过建新房、拆旧房，以及土地整理复垦，实现不同区位间建设用地使用权的置换。拆旧区的指标来源，在成都市主要是农村宅基地。成都市农村人均宅基地面积约138平方米，且从中心城区向外逐步扩大。常见的景象是，农村林盘地、院坝地面积大，但农民的住房却破旧狭小。如果能把部分宅基地换成收入，会极大地改善农民的生活居住条件。成都市郫都区唐元镇长林村是最早从事增减挂钩的建设用地复垦“拆旧区”。长林村人均建设用地由255平方米减少到79.4平方米，建成三个新村，占地112.26亩，净增耕地263亩，作为指标被置换到接近郫都区的犀浦镇和友爱镇“建新区”。建新区在征地后以每亩420万元拍卖，获得11亿元的收入，拆旧区总计花费5500万元，补偿城镇建新区农民8000多万元。拆旧区农民在项目中获得收益每亩20万元，建新区农民获得每亩40万元。

2. 成都体制障碍

（1）增减挂钩是政府定价，不能很好地反映指标的稀缺程度和供求状况，也受到了对定价合理性的质疑。因缺乏其他竞争者，政府作为实施项目的主体，垄断了指标的流通，获得挂钩项目中大部分收益。

（2）偏远农村作为指标提供方，在土地复垦后，将指标全部出让，仅得到出让指标的收益，如果本村有发展经济的潜力，整理出的指标也无法用于就地发展。

（3）挂钩项目中，指标只被允许在县域内“一一对应”的拆旧区与建新区转让，无法适应农民、政府、企业需求的变化。

（4）指标只能在项目区内转让，不能跨县转让，无法配置到更有价值的区域。要进一步提升农民财产权的价值，扩大市场范围，就要进一步降低这些体制成本，从城乡统筹过渡到城乡融合。

3. 应用成都战略的条件

第一，在全国范围内实现土地确权。

第二，完善包括宅基地在内的集体建设用地的合法转让权。

第三，土地整治与指标交易。

（二）河南省新乡市经验

在城乡融合进程中，河南省新乡市以产业集聚区和新型农村社区建设为载体，积极促进产业与城镇融合发展，完善工作机制，加快新型农村社区建设，推进城乡融合。

1. 建立城乡融合的规划体系

将新型农村社区建设纳入城镇化体系，与城镇规划、土地规划、产业集聚区规划相结合，综合考虑土地利用、城乡建设、产业布局和人口分布，统筹解决农民居住和就业增收问题。在深入调查研究并广泛征求农民意见的基础上，经有关专家评审，编制新型农村社区建设规划。一是按照建设新农村的要求，参照城镇社区的标准，建设的新型社区做到农民满意。二是基础设施、公共服务设施基本齐全，互相配套。三是便于农民生产生活。规模过小的村庄，为便于基础设施和公共服务设施建设，形成集聚效应，在农民自愿的前提下，可适当进行规模调整。

2. 创新行之有效的推进模式

在新农村建设推进过程中，结合实际，积极探索实践，采取不同方式推进新型农村社区建设，初步探索形成“农民自建、集体代建、招商建设、社会援建”四种建设途径和“城中村改造型、旧村完善型、村庄合并型、服务共享型、整体搬迁型”五种建设模式。

卫辉市利用土地综合整治项目，实现健康持续推进，形成了唐庄镇四和社区、城郊乡泥湾社区、河东社区等一批成功典型。辉县市将南水北调工程沿线移民、丹江口库区移民、扶贫搬迁移民、公路建设和煤矿塌陷区拆迁移民同新型农村社区建设有机结合起来，促进农民向社区聚集。原阳县出台扶持政策，鼓励社会力量参与有区位优势的乡镇和县城规划区内的社区建设，加快了社区建设，提升了城镇品位。

3. 建立多元化的投融资机制

坚持“基础设施政府搞，不让群众拿一毛”，调整支出结构，建立了以财政资金为引导的多元化的投资机制。市、县财政每年安排4.9亿元专项资金，主要用于社区基础设施和公共服务设施建设；建立涉农资金整合运行机制，积极整合农村公路、安全饮水、文化大院、标准化卫生室、便民超市、土地整理、农业生产等相关涉农项目资金，优先向社区安排，形成合力，每年整合资金2亿元以上；向农发行融资贷款19.74亿元，用于社区基础设施建设；引入市场机制加快公共服务设施建设，采取出租、出售、合作建设等方式，加快学校、幼儿园、卫生室和超市建设，社区公共服务水平明显改善。

4. 培育农民就近转移就业的产业体系

始终坚持“产城共融、产城一体”的理念和“集约发展、注重生态、效益优先”的原则，调整和优化城乡产业布局。中心城市主要发展高端制造业、高端服务业、商贸物流业以及文化产业，成为区域经济中心、人才培育基地、生态宜居城市。县城主要发展带动能力强的支柱产业，小城镇主要发展劳动密集型产业，产业聚集区主要发展各具特色的优势产业，农村则发展现代农业。从城市到农村，形成以新型工业为主导，以现代农业为基础，以商业服务业为纽带，一二三产业互相促进、协调发展的经济格局。全市27个产业集聚区（专业园区），建成区面积超过180平方公里，累计完成基础设施投资超过400亿元，辐射了全市半数以上的乡镇、1/3的行政村。在产业集聚区辐射不到的偏远地方，利用原有建设用地和旧宅拆迁复垦后节约置换用地，规划建设26个农民创业园，作为返乡农民工创业平台，累计入驻企业达到283个，吸纳农村劳动力7.1万人。

5. 建立城乡一体化的政策

累计出台8个方面49项城乡一体化政策，重点在户籍制度、社会保障、集体土地流转、产权制度改革等领域探索创新，使入住的社区居民享受城镇居民在就业、教育、医疗、社会保障等方面的同等待遇，并继续享受农村的各项惠农政策。同时，以新型农村社区为平台，探索创新基层组织管理模式。目前，正以新乡县张青社区、卫辉市四和社区为试点，探索通过直接换届选举产生社区“两委”干部，实现社区居民自治。

（三）陕西省西安市高陵区经验

1. 推进农业转移人口市民化

（1）分类推进农业转移人口市民化。高陵区完善出台了《推进农村居民进社区居住指导意见（试行）》7个配套文件，鼓励和引导群众进社区居住。探索出了“失地农民就地就近进城、城边村农民置换进城、有条件农民多元进城”三种模式，建成安置房6184套，有序推进农业转移人口市民化。2017年高陵区城镇化率达到64.5%。

（2）积极探索农业转移人口市民化成本分担机制。经过探索实践，当地农民的进城落户基本形成了政府为进城农民提供社会保障和公共服务，集体经济组织用集体资产的出让、入股等收益来保障进城农民居住权益，个人按照法规缴纳相关费用的成本分担模式。

（3）着力推进农业转移人口平等享受公共服务。全面实施城乡十九年无忧教育和医疗卫生“区、街办、社区（村）”三级服务管理一体化改革，建成12个社区卫生计生服务站，其中5家已投入使用；农村居民参加城乡居民社会养老保险参保覆盖面达99.7%；基础养老金提高到205～275元，确保了农业转移人口和城镇居民一样享受到同质化公共服务。推进新社区建设，按照“地域相近、规模适度服务半径不超过2公里的原则”，规划编制了《高陵区新社区布局规划》，将全区86个行政村聚合为32个新社区。并充分运用棚户区改造和城乡建设用地增减挂钩政策，探索形成了“城边村并入、城中村融合、小村并大村”三种新社区建设模式。“乡村社区”模式，是整村退出融合模式。即结合城镇化发展，一次性退出城镇规划圈内的村庄宅基地，通过整村建新拆旧、统筹利用土地资源。

2. 建立多元可持续投融资机制

（1）吸引金融资金参与社区建设。运用棚户区改造和“空心村”改造政策，通过与国家开发银行、中国建设银行等金融机构合作，争取更多的新型城镇化建设贷款资金。目前，高陵区已争取到四批国家开发银行棚户区改造专项贷款资金。

（2）探索政府和社会组织合作的PPP模式。高陵区编制完成了《推进政府和社会投资合作（PPP）三年行动计划》，向社会公开推介项目10个、总投资174.21亿元。

3. 创新新型城镇化管理

（1）创新农村社区建设。推进村级管理向社区化管理转变。市民政局批复确定通远何村为2018年新农村社区试点村，区民政局对何村社区党员活动室、村党史馆、“一站式”服务大厅、调解室等功能室进行了改造和完善，合理布局社区功能室，为服务大厅制作了带有社区标识的背景墙，配备了办公设备。

（2）推进新型社区公共服务体系建设。依托新社区建设，按照“一厅十室四配套”的标准，在每个社区建设社区公共服务中心，搭建公共服务向农村延伸平台，为社区居民提供教育、医疗等35项全方位公共服务，着力打造“2公里服务圈”，使农村居民充分享受到公共服务均等化。目前，12个社区公共服务中心已投用，服务覆盖36个行政村，约3万名群众享受到了优质的公共服务。

（3）完成镇村综合改革力度。根据《陕西省关于乡镇和行政村综合改革的指导意见》要求，制定了《高陵区镇村撤并工作实施意见》，将该区10个镇街合并为7个街办，88个行政村合并为86个行政村。

4. 推进机制体制改革创新

（1）农村宅基地制度改革。立足“西部城郊型宅基地”实际，围绕“两个探索、两个完善”试点任务，制定“1+6”试点制度，在退出、收回、审批、抵押、新建、进城“六个一批”实现了突破。“共享村落”是高陵农村土地制度改革试点中放活农村宅基地使用权、促进城乡居民生活方式融合的一种新探索。按高陵区的相关试点政策规定，在保持农村集体土地所有权、农民宅基地资格权和房屋所有权不变的前提下，由村集体或农户将闲置宅基地及其地上房屋，统一委托给村集体经济合作社，通过区农村产权交易平台进行公开招租或有限期流转。

（2）农村集体经营性建设用地入市改革试点。高陵区初步形成了“区域统筹、分类入市、收益共享”的“入市”模式。高陵区明确入市收益中集体留存部分原则上不低于成交总价的30%，不高于成交总价的50%，并统一纳入村级“三资”账户进行规范监管，用于集体成员社会保障、村内公益事业建设或通过入股、联营、股权量化等方式发展第三产业。在区位条件较好地区，探索由农民自主、农村集体经济组织集中实施等方式开展经营性活动。

（3）农村土地征收制度改革试点。出台了缩小土地征收范围、规范土地征收程序、社会稳定风险评估等6项土地征收试点制度，采取列举法明确了由政府组织实施的能源、交通、水利等基础设施建设需要等6大类、24小类具体情形下的土地征收目录。明确了9项征地前期工作和3项实施土地征收阶段的规定动作。完善被征地农民的保障机制，制定差异化与普适性相结合的多元化安置补偿办法和保障机制，采取“实物安置、货币（房票）安置、本村异地搬迁重建”三种方式充分保障被征地农民权益。

（4）“两权”抵押贷款试点工作。土地制度改革与农村宅基地及农民住房财产权抵押贷款试点紧密结合。在稳步推进农村宅基地制度改革试点的过程中，高陵区先后制定并完善了关于农村宅基地用益物权流转、农村产权抵押贷款风险补偿基金管理、农村产权抵押担保基金管理等一系列试点制度。同时，全域发放宅基地使用权证，并在此基础上开展了农村“房地一体”不动产登记发证工作，以此为基础，来推进宅基地及农房财产权抵押贷款工作。目前，已实现抵押贷款2000多万元。

（5）农村产权流转交易市场建设工作。设立了区级农村产权流转交易服务中心，实现了信息发布、交易鉴证、价值评估、抵押贷款等12个环节“一厅式”办理。成立了高陵区农村产权流转交易监督委员会，出台了《高陵区农村产权交易市场建设试点工作方案》《高陵区农村产权流转交易管理办法》等13项文件。建立农村产权流转交易“区、街道、村”三级服务体系建设，完成农村产权流转网上交易平台搭建，出台农村产权价值评估相关政策，创新实行集体资产网上拍卖，大夫雷村228.75亩土地12年承包经营权通过网上竞拍，出租金额达到477.98万元。

（6）农村集体资产股份权能改革试点。建立农村集体“三资”台账、制定农村集体“三资”管理办法、交易处置细则及工作流程，健全集体资产价值评估制度。出台了《高陵区农村集体资产股份权能改革指导意见（试行）》和《高陵区集体经济组织成员身份界定指导意见（试行）》，将集体经营性资产量化到人（户），明确了集体经济组织成员资格，实现了对集体资产产权长久化、定量化享有。

（7）积极推进农村垃圾分类。运用“互联网+垃圾分类”新理念，引入新的智慧垃圾分类系统，利用物联网、互联网两网融合技术，科学有效地实现垃圾分类投放、回收的信息化监管，实现了减量化、资源化、无害化的目标。生活垃圾分类资源化、减量化处理的闭环运行，标志着农村生活垃圾分类资源化、减量化的智慧处理机制基本建立。

（8）推进特色小镇建设。积极申报市级特色小镇项目，通远创想小镇入围了西安市第一批特色小镇创建名录。加快推进创想小镇：已累计完成投资2.43亿元；创想空间已签约入驻40家企业；体育场、酒店及体育馆等6个多功能场馆已开工建设。弋阳小镇：项目概念性规划通过专家评审；基础土方已经开挖，指挥部周边文化墙挂瓦施工。融豪工业小镇：规划区域内规划路已修建完成；南北规划一号路招标工作已完成。生态小镇：项目招标工作已完成，项目公司注册完成，正式命名为西安泾渭康恒环境能源有限公司；目前核心区生活垃圾无害化处理焚烧热电联产项目围墙已建成，指挥部已搭建完成，工作人员已入驻办公。

（9）发展现代农业产业。加快土地流转，累计流转土地面积10.8万亩，蔬菜种植面积达到10万亩，其中设施蔬菜面积7万亩，年产蔬菜40万吨；创建省市级现代农业园区16个，创建3A级旅游景区2个、省级金牌农家乐5个，市级休闲农业园区10家；全区已发展种养大户250户、农民专业合作社170个，认定家庭农场95个，农业生产经营由“单打独斗”走向“抱团致富”；将资金、政策、服务等资源向龙头企业倾斜，发展农业产业化经营龙头企业16家，其中，拥有国家级2家、省级5家、市级9家；认定新型职业农民387人，其中，高级职业农民达54人；印发了《高陵区关于加快苗木花卉产业发展的实施意见》，以“花卉苗木产业+森林高陵”的模式，打造“绿色生态之区”。

（四）上海市经验

上海市是我国较早实施城乡发展一体化发展战略的地区之一，已形成具有国际大都市特色的城乡统筹规划模式。本部分系统总结了上海市在统筹城郊功能定位、基础设施规划、产业协同发展、城镇体系完善、郊区新农村建设、体制机制创新等方面的成功经验。

1. 功能定位与空间结构

20世纪90年代初，上海市提出建立国际经济中心和国际大都市战略，确立了“市区要体现繁荣与繁华、郊区要体现实力与水平”的城乡统筹发展思想，中心城区重点发展现代服务业，郊区则发展为拓展城市发展空间的重要支撑点、经济发展的重要增长极与各种要素优化配置的重要集聚地。“三个集中”，即农业向规模经营集中、工业向园区集中、农民居住向城镇集中，使上海市郊区逐步步入了工业化、城镇化、农业现代化“三化”协同发展的“快车道”。“四大主体功能区”，即将都市功能优化区、都市发展新区、新型城市化地区、综合生态发展区。

2. 城乡基础设施建设

交通设施方面，20世纪80年代开始，上海市就逐步加大对郊区快速交通设施的规划与建设力度，市、县相继投入大量资金新建改建了以沪青平、亭枫、曹安、塘川为代表的一批主要交通公路。进入21世纪以来，上海市又在增强上海国际大都市枢纽、辐射功能的战略规划中强调了城乡交通方面的一体化发展，规划建设了以“内环加十字”高架道、“三横三纵”“三环十射”“三港三网”“153060高速公路网”为代表的由地铁、轻轨、郊区高速公路组成的立体化的现代快速交通网络。现在，上海市已逐步构建起了城市内外、城乡之间统筹衔接的快速交通网络体系，有力地促进了城乡发展一体化。

教体文卫设施方面，上海市采取措施积极引导中心城区教育、体育、文化、卫生等优质公共服务资源不断向郊区延伸，逐步促进全市尤其是郊区教体文卫设施的均等化发展。大力开展以“名院办分院、名校办分校”为主要形式的城郊结对帮扶共建活动。

3. 城乡产业协同发展

自20世纪80年代中期始，上海市树立了“全域空间”发展理念，不断优化城郊产业发展，以郊区非农化、都市多功能农业为重点统筹城郊产业一体化发展。郊区产业非农化方面，上海主要采取的是辐射型非农化做法。20世纪80年代，上海市确立了郊区“二三一”的产业发展定位，鼓励城市工业扩散到郊区，发展工农联营企业，打破了传统的城乡产业二元分割结构。自20世纪90年代至今，不断加大对郊区大产业、大基地、大项目的规划建设力度。都市多功能农业方面，自20世纪90年代始，上海市一方面不断调整优化农业耕地结构，做出了1/3用于植树造林、1/3用于发展无公害蔬菜、1/3用于发展优质水稻的农业耕地总体规划，为都市多功能农业的发展预留了充分空间；另一方面依托郊区特有的江南风光，大力发展休闲观光农业。

4. 城郊城镇体系规划

良好的城镇体系结构是城乡发展一体化的主要途径与关键目标，直接关系到城乡生产要素的有效聚集和扩散。自“十五”规划开始，上海市就将发展重心转向郊区，不断优化和完善城镇体系。“十五”期间，上海市编制完成的《上海城市总体规划（1999—2020）》，按照城乡一体、协调发展的方针，提出“多轴、多层、多核”的市域空间布局结构，拓展沿江、沿海发展空间，确立了市域“中心城、新城、中心镇、一般镇”城镇体系及“中心村”五个层次。“十一五”时期，上海结合行政区划调整，进一步做出了“1966”城镇体系规划，即1个中心城、9个新城、60个左右新市镇、600个左右中心村。新规划的出台将郊区的基础设施、产业发展、资源利用、人口调控、环境人文、公共服务、城镇风貌等编入市域发展规划，很大程度上改变了郊区城镇集聚度不高、能级提升不快的局面，有效提升了郊区的城市化水平。“十二五”时期，上海市继续把深化完善城镇体系作为进一步提升其城乡发展一体化的战略支点，提出了以郊区新城建设为重点的发展目标。

5. 体制机制创新

（1）行政管理体制一体化改革。打破了城乡二元分治的局面，而且形成了“政策集成、部门联动、资金聚焦、资源整合”的城乡联动发展机制。

（2）财政体制一体化改革。其主要做法是建立城乡统一建设用地市场，完善征地补偿机制，设立“以工补农”、农业生态补偿等多种专项资金，实行粮食直补、良种补贴、渔民转产补贴、农业保险补贴、贷款贴息等多种惠农政策，完善农保、镇保、医保、低保相互结合的农村社会保障制度，加快财政支农资金整合等途径，初步架构起各级财政合理分担、范围覆盖全市所有农村、功能辐射范围广泛的公共财政框架。

（3）就业和社会保障的一体化改革。自2003年开始，上海市就实施了城郊“两个相同”（农村劳动力与城镇劳动力在就业服务和就业优惠两个方面）的就业政策，在社会保障方面，上海按照“广覆盖、保基本、多层次、可衔接”的原则，通过实施“三级政府分级托底办法”，初步建立起了“城保”“镇保”“农保”“综保”四级联动、有效衔接的社会保障制度。

6. 上海市主要经验总结

树立“全域空间”理念，以推进城乡互动融合发展为目标，通过调整城乡功能定位和空间结构，以城乡生产力布局的全面优化力求取得整个区域城乡经济社会发展的最大最优效益，是城乡发展一体化的着眼点。

坚持充分发挥大城市的辐射带动作用与提升农业农村地区的自我发展能力相结合，坚持加强城乡统筹规划与加快城乡发展一体化体制机制创新相结合，坚持以加快农业农村地区“三个集中”带动“三化”协同发展为主要方向，是城乡融合的基本思路。

增强“系统工程”意识，坚持从基础设施规划、产业结构调整、城镇体系优化、新农村建设、体制机制创新等多个方面协调推进，是城乡融合的主要路径。

突出政府主体地位，强化政府责任意识，充分发挥政府在有关战略研究制定、行政管理体制创新、规划控制引领、财政杠杆作用等方面的主导和调控作用，是城乡融合的关键因素。

（五）山东省德州市经验

1. 加快农业转移人口市民化方面

保障农业转移人口住房需求。德州市向自愿退出宅基地的农业转移人口发放“房票”，允许其凭“房票”进城购房。

2. 深化农村产权制度改革方面

明晰农村各类资产权属。德州市发放农村集体经济组织成员备案证，保障进城农民的宅基地使用权、土地承包经营权、集体收益分配权及“三权”的合法继承权。

3. 健全城镇化投融资机制方面

促进实体经济与金融联动发展。德州市组建政策性融资担保平台，引导银行贷款、机构资金和社会资本向实体企业倾斜，企业获得资金已有几十亿元。

（六）国家发改委第一批国家新型城镇化综合试点经验

1. 加快农业转移人口市民化

持续降低大城市、特大城市和超大城市落户门槛。一些城市在参加城镇社保年限不得超过 5 年的国家规定下，进一步降低落户门槛。安徽省合肥市将主城区落户条件放宽为就业满 2 年、参加城镇社保满 1 年。广东省东莞市取消实施 8 年的积分落户制度，将落户条件放宽为参加城镇社保满 5 年、办理居住证满 5 年，并将新生代农民工、技术工人、在城镇就业居住 5 年以上人口列为落户重点人群。重庆市不设落户指标控制、不搞积分排队，外来人口达到一定就业年限（最长 5 年）即可直接办理落户。

探索大学生在特大城市和超大城市零门槛落户。一些城市取消就业、参加城镇社保和居住年限的落户前置条件，允许大学毕业生持毕业证、户口本、身份证先落户后就业。陕西省西安市允许全国在校大学生仅凭学生证和身份证即可完成在线落户。四川省成都市、湖北省武汉市将大学生落户年龄限制从35周岁分别放宽到45周岁、40周岁。2017年湖北省武汉市新落户大学毕业生超过12万人，是2016年的6倍左右。2017年7月至2018年3月，四川省成都市新落户本科及以上青年人才超过15.5万人，其中直接从农村地区迁入4.3万人，占比达28%。

探索在特大城市和超大城市不同区域差异化落户。一些城市探索在不同区域实行差异化落户，并构建区域间转户衔接通道，引导人口合理分布。山东省青岛市新区落户条件低于主城区、高于县城，在新区落户满5年的可落户主城区。重庆市主城区、郊区、新区落户条件分别为就业年限满5年、3年、2年。四川省成都市优化积分落户结构，在重点发展区的就业满1年加20分，在优化发展区的就业满1年加10分，在其他区域的不加分；将居住地从主城区转移到其他区域的满1年加5分，将就业地和居住地均转移到其他区域的满1年加10分。

允许租赁房屋的常住人口在城市公共户口落户。广东省广州市、安徽省合肥市、四川省泸州市、云南省曲靖市、河北省石家庄市、福建省晋江市等城市设立城市公共集体户口，解决有落户意愿但无住所人群的落户问题。其中，四川省泸州市在外来人口居住地设立公共户口，已落户7万人；云南省曲靖市在所有社区居委会设立集体户口，已落户0.5万人。

深化"人钱挂钩、钱随人走"。在安排省以下财政转移支付时综合考虑农业转移人口落户数量等因素，对落户较多地区实行财政资金奖励。山东省青岛市加大对吸纳农业转移人口较多且财力较差辖区的财政转移支付力度，并设立市民化奖励资金，对吸纳落户较多的辖区给予财政奖励。广东省惠州市建立基本公共服务专项统筹资金，市财政出资不少于1亿元，各辖区按上年度一般预算收入的3%参缴，对因落户数量大而承担较多基本公共服务支出的辖区，安排更多的财政转移支付。

深化"人地挂钩、以人定地"。在制订各级土地利用计划和安排城镇新增建设用地规模时，进一步增加上年度农业转移人口落户数量指标的权重。重庆市以人定地编规划、地随人走调规划、人口落户下计划，根据各辖区户籍人口数量变化来调整建设用地规模，合理保障产业项目用地需求，推动人口向优势地区转移落户，城市发展新区累计获得人地挂钩建设用地指标超过75平方公里。安徽省滁州市依据各辖区土地利用计划和上年度落户人口净增数量，安排各类城镇新增建设用地。

改善农业转移人口随迁子女教育。浙江省义乌市实施居住证与入学挂钩的义务教育政策，2015~2017年，全市公办小学和初中累计招收2.6万名随迁子女，其中非本市户籍人数2万人。福建省晋江市、河南省新郑市对随迁子女实行普通高中教育免费。为补齐对随迁子女的教育服务供给缺口，广东省东莞市设立民办教育专项资金，通过每年安排超过1亿元资金、评等定级等支持民办中小学发展；湖北省仙桃市探索校企合作办学，吸引社会资本新建5所公办学校，对公办教育形成了有益补充。

保障农业转移人口住房需求。一些城市将符合条件的常住人口纳入公租房保障范围和住房公积金制度覆盖范围。重庆市 2011 年建设公租房以来，累计配租 30 多万套。河南省禹州市为农业转移人口提供 3500 套保障房，占全市保障房数量的 80%。湖北省宜城市为 326 户农业转移人口及其他外来务工人员、新就业职工提供公租房。安徽省芜湖市允许 2000 多名农业转移人口缴存住房公积金，发放公积金贷款超过 2 亿元。山东省德州市向自愿退出宅基地的农业转移人口发放“房票”，允许其凭“房票”进城购房。

2. 深化农村产权制度改革

明晰农村各类资产权属。贵州省安顺市推进农村土地承包经营权、林权、集体土地所有权、集体建设用地使用权、房屋所有权、小型水利工程产权、农地集体财产权“七权”同确。安徽省天长市全部完成 151 个村股份合作制改革，以户为单位发放集体资产股权证书 11.3 万份，42.6 万名农民成为股东，实行股权“生不增死不减、进不增出不减”，并成立股份经济合作社，统一分配经营性收益。山东省德州市发放农村集体经济组织成员备案证，保障进城农民的宅基地使用权、土地承包经营权、集体收益分配权及“三权”的合法继承权。湖北省宜城市建立农村集体经济组织成员备案制度，允许进城农民保留集体经济组织成员身份，继续享受农村“三权”，并将农房所有权和宅基地使用权合二为一，发放“房地一体”不动产证书 1.7 万本。湖南省浏阳市对全市 32.1 万户、34.1 万宗宅基地进行摸底，已确权 28.7 万宗。

建立统一规范的农村产权流转市场。辽宁省海城市组建东北首家农村综合产权交易中心，承担产权流转交易、资产处置、抵押登记和融资对接等职能，并在重要经济节点地区建立分支机构，在 397 个行政村安排项目信息员，形成三级联动的服务体系。陕西省西安市高陵区在网络平台上交易土地承包经营权，实现了信息发布、交易鉴证、价值评估等 12 个环节“一厅式”办理。重庆市建立健全地票制度，已交易地票 24 万亩、469 亿元，其中贫困地区地票占比高达 69%。浙江省义乌市建立集地券制度，鼓励农村和农户将闲置废弃低效建设用地复垦后形成建设用地指标，允许在市内交易和申请贷款。安徽省六安市金寨县探索宅基地复垦腾退建设用地指标在省内有偿使用，已交易指标 4 个批次、1.1 万亩，平均每亩价格 46 万元。

用好用活农村集体经营性建设用地。重庆市大足区推进 6 宗农村集体经营性建设用地就地入市（含 2 宗租赁），并完成 10 宗集中调整入市，16 宗土地面积和成交价款分别达到 282 亩、1 亿元左右，盘活了农村复垦区沉睡的集体资产，解决了发展用地需求。北京市通州区宋庄镇疃里村在农村集体建设用地上建设租赁住房，将收取的租金和物业管理费用来发展集体企业；台湖镇将 29 个村级工业大院土地统一还耕，将建设用地指标集中置换到条件较好区域，引导各村以建设用地使用权入股联合成立镇级土地联营公司，再由联营公司与投资方共同组建项目公司，作为开发建设运营主体和融资主体。

完善农民宅基地和农房政策。四川省泸州市泸县允许村民在县域内跨区申请宅基地，并以竞价等方式有偿取得，已有 550 个农户跨区取得宅基地，跨区有偿使用费达到 1300 多万元。新疆维吾尔自治区伊犁州伊宁市初次分配宅基地实行成本价取得，成本由村集体依据占用农民承包地的补偿费用自行确定。安徽省六安市金寨县对超标准占用的宅基地按累进方式收取有偿使用费，对节约集约使用宅基地的农户给予奖励，低于宅基地面积标准（160 平方米）的，每减少 1 平方米给予 100 元奖励，自愿放弃申请宅基地的，每户奖励 2 万元。湖北省宜城市按宅基地等级划分收费标准，对超出标准部分征收有偿使用费。

探索农民合法性权益自愿有偿退出。重庆市巴南区探索农户自愿有偿退出宅基地使用权、林权、土地承包权、集体经济收益分配权“四权”，天星寺镇芙蓉村 7 户农民户均获得补偿资金 54 万元。安徽省六安市金寨县引导贫困户、移民户和居住在土坯房、砖瓦房、砖木房的农户，自愿有偿退出宅基地并异地搬迁，已有超过 2 万户农民腾退宅基地 3.5 万亩，受益贫困户超过 8000 户、2.5 万人。

3. 健全城镇化投融资机制

防范化解地方政府债务风险。浙江省义乌市以政府债务清理甄别结果为基础，把存量一类债务全部置换为地方政府债券，并分一般公共预算和政府性基金预算纳入全口径预算管理。山东省青岛市建立规范化政府举债管理机制，新增政府债务全口径纳入预算管理，实现地方债自发自还。广西壮族自治区柳州市建立债务风险识别预警机制，严格实行债务限额管理。贵州省黔南州都匀市制定与还债能力和可用财力增量相适应的政府举债规划，设立偿债准备金，通过核销、PPP 化解、剥离等方式降低政府债务余额。

推动地方国企更好地服务于城镇化。山东省青岛市整合优质资产组建 AAA 级综合性国有投资公司，提升政府融资平台实体化发展能力和国有资本运营能力。天津市蓟州区整合房地产管理局、水务局、交通局、市容园林委、各园区下属企业国有资产和行政事业单位优质资产，授予蓟州城投公司道路、供排水、污水、供热等基础设施特许经营权，为引入社会资本搭好平台。河南省新郑市以股权划转、资产注入等方式为国有投融资公司注入优质经营性资产。

合理设立城镇化政府引导基金。海南省政府与国家开发银行金融公司合作设立 200 亿元规模的特色产业小镇基金，其中省财政出资 21 亿元，国开金融牵头募集社会资本 179 亿元，政府不兜底、不增加隐性债务。山东省青岛市设立总规模 112 亿元的青岛城市发展基金，其中募集社会资本 98 亿元，以低于基准利率的资金成本支持地铁等重大基础设施建设。广西壮族自治区柳州市财政出资 4 亿元设立政府投资引导基金，带动金融机构和社会资本超过 50 亿元。

促进实体经济与金融联动发展。山东省德州市组建政策性融资担保平台，引导银行贷款、机构资金和社会资本向实体企业倾斜，企业获得资金已有几十亿元。湖南省浏阳市为花炮产业量身打造融资产品，推出承兑汇票、出口退税账户托管、贸易融资、花炮产业基金等金融服务。贵州省黔南州都匀市引入上海股权交易中心，挂牌都匀市孵化基地，打通中小企业与资本市场的对接平台。河北省石家庄市与 15 家金融机构签订小微企业贷款风险补偿业务合作协议。

4. 加快引导城市要素下乡

引导工商资本下乡。浙江省义乌市鼓励 8 家国企投资建设美丽乡村，引导村民入股并参与经营，打造出 10 条精品旅游线路。吉林省吉林市昌邑区孤店子镇大荒地村依托东福公司流转土地13平方公里，利用500台套大型农业机械实行全程机械化耕种，建设31栋农民新居，吸纳全村95%的劳动力在企业就业。湖北省武汉市利用农村综合产权交易所网站发布11万户闲置农房，引导工商资本以租赁或合作等方式发展农家乐等休闲旅游农业，已签订闲置农房租赁协议1万户，年租金1.3亿元，吸引工商资本投资145亿元。四川省成都市郫都区红光镇引入多利农业公司，与国家开发银行金融公司共同打造多利农庄项目，完成投资2.7亿元，利用流转的1301亩农用地为盒马鲜生供应有机农产品，吸引21个农业双创项目入驻，485户、1500名村民陆续入住新社区。

拓宽农村融资渠道。黑龙江省齐齐哈尔市推行土地承包经营权、农村集体资源使用权、预期收益权、大中型农机具和不动产产权“四权”抵押，贷款余额已达65亿元。福建省仙游市探索“农地+农户+合作社+征信”的担保融资模式，土地承包经营权抵押贷款余额已达1.3亿元。湖南省浏阳市将农民住房抵押贷款户均额度从5万元提高到了20万元以上，2016年以来发放贷款27亿元、惠及1.5万户农户。宁夏回族自治区固原市利用邮政储蓄银行小额贷款进行金融扶贫，对各辖区扶贫部门与金融机构联合筛选的农户提供5万元以下扶贫信用贷款，并建立致富带头人、合作社和农户等多方利益联结和风险缓释机制。河南省兰考县为农户提供小额扶贫贴息贷款、产业发展信用贷款和新型农业经营主体贷款，已发放3000笔、4亿多元贷款，带动8700名贫困人口脱贫。

搭建科技人才下乡平台。上海市金山区枫泾镇联合江苏、浙江、上海和安徽4省市农科院的农业专家，依托上海农村产权交易所平台打造长三角农创路演中心，2015年以来开展15次农创路演活动，使农业专家的科研成果转化为实践成果，促进农业技术集成化、劳动过程机械化、生产经营信息化。

5. 改革创新行政管理体制

推进市辖经济功能区和行政区合署办公。湖北省武汉市推进武汉经济技术开发区和汉南区融合发展，将54个党政部门融合为22个，大幅减少了行政协调事项、提高了行政效能。吉林省长春市奢岭镇、卡伦镇、合隆镇建立一套机构、两块牌子、镇区一体的行政管理新模式。甘肃省金昌市永昌县河西堡镇与河西堡化工循环经济产业园区实行“区政合一”。

推动机构精简和职能相近部门合并。浙江省温州市苍南县龙港镇打破条条对口，将12个内设机构、11个事业单位和县派驻部门重新组建为15个大部门。吉林省延边州安图县二道白河镇将分散在各部门的相近职能合并，机构和人员数量分别减少30%和10%。广东省深圳市光明新区将行政管理部门缩减为15个主要职能部门，推行一部多责、一人多用的行政管理新模式。山东省青岛市将建制镇从77个减少到43个，将街道从101个增加到102个，新成立的34个镇街组织机构统一简化为5个党政工作机构和6个财政拨款事业机构。

优化经济发达镇行政管理体制。吉林省延边州延吉市以授权或委托的方式，将50多项行政审批许可和处罚权下放朝阳川镇，并设立24个工作窗口承办。浙江省温州市苍南县将1575项县级管理权限下放龙港镇，刻制23个县级部门2号公章、9个县级部门审批专用章授权龙港镇使用，将18个县派驻部门的300多名行政事业人员成建制划转给龙港管理。浙江省宁波市设立镇级独立金库，明确辖区财政收入超基数部分市和辖区所得全额留存，土地出让金净收益除上交国家和省以外部分全额留存。湖北省仙桃市在彭场镇建立镇级独立财政体制，以2014年为基数的新增税收地方留成部分全额返还，比上年新增部分按50%进行奖补。

深化行政审批“最多跑一次”改革。四川省泸州市设置综合政务服务窗口，通过流程再造实现去部门化，分类推行政务服务事项“一窗受理”，实现161项行政许可事项“一章办结”，其中158项“只跑一次”，企业名称预先核准等20项“一次都不用跑”。浙江省宁波市、嘉兴市、义乌市全面优化政务办事流程，实现高频事项“就近能办、同城通办、异地可办”，让群众办事从“最多跑一次”升级为“就近跑一次”。

二、国外经验

（一）德国

（1）城乡等值战略。“城乡等值”，顾名思义，就是说居民无论生活在城市还是乡村，其享受到的公共服务要等值，即要通过土地整理、乡村革新等措施实现城乡生活价值的等值化。第二次世界大战后德国的城市发展很快，吸引大量的乡村年轻人进城打工，乡村陷入衰败之中。后来德国实施城乡等值战略，提出城市有的，农村都应该有；城市的硬件设施非常方便发达，乡村也要如此；城市有的文体设施，乡村也一个都不能少。

德国农业种植模式是根据当地的山地特征、地理环境、劳动素质等进行合理化的种植，从而凸显农业在城乡统筹规划中的经济效益、社会效益和生态效益。在优美的田园风光中镶嵌一些乡镇企业，成为了德国村镇产业发展的特色。为了有序积极带动就业，各地还特别开辟了一些景观优美的村镇进行旅游、餐饮、娱乐等服务业，从而壮大村镇经济，缩小城乡差距。

经过多年的建设，德国的乡村变得非常优美，虽然年轻人还是继续涌向城市，但乡村吸引了大量城市退休的老人来养老，让乡村从此有了人气，实现了城乡互通。如果农村人都往城市跑，不但会造成“空心村”，更会造成“城市病”，导致城里房价虚高、交通拥堵、污染严重。只有城乡融合，城中有乡，乡中有城，城市像乡村一样美，乡村像城市一样便利，这样的城乡发展格局才是最理想的。

（2）全国的城乡规划体系。实施“联邦—州—地方政府”三级规划一体化，职责明确。在编制城乡规划的过程中大都是先征求公众意见，规划后再征求意见，并作进一步修改，经议会通过后赋予法律效力。德国的规划领域主要与政府公共职责密切相关，对主要靠市场调节的领域，政府一般不编制规划。德国还非常注重城乡规划法律法典系统的完善：国家层面有专门的宪法进行保障；同时还有联邦和州层面的相关法典，如《建筑法典》《土地建筑利用条例》《空间规划法》等。除联邦法律之外，各州享有制定本州空间规划法律的权力。

（二）美国

（1）公共服务的提供。美国的城乡差距较小，居民无论生活在城市还是乡村都能够享受到均等的公共品服务。公司和大学也愿意集聚在小镇上，生活成本低、时间成本与通勤成本都相对较低。从购物中心与娱乐中心方面来看，美国小镇一般都有一个 MALL，不仅是购物中心，更是一个综合体，集购物、生活、休闲、娱乐于一体。在医疗与教育，人们能在大学镇与公司镇解决。同时美国拥有密集的高速公路与铁路网，还有飞机场遍布各个小镇。

（2）乡村的保护与建设。乡村的大量土地被用作一种战略的安全策略加以农作物种植，而不是开发。在美国的城乡规划体系当中，非常注重城乡国土安全的重要性，大量的绿色乡村和开放空间被当作战略性安全储备用地。在乡村居民点建设当中，非常注重人居环境安全，如每个乡村居民点都有由地方政府委托的污水处理设施、消防安全设施、医疗卫生设施等，乡村道路也可按照村民的自愿进行改造，而不是统一的乡村道路建设标准。

（3）注重相关规划对居民点的管理。总体而言，美国的乡村建设相对于英国较为随意和自由，但也受到相关规划的指引，比如《清洁空气法》《分区规划》《清洁水法》《濒危物种法》等。美国的乡村居民点的土地使用受《分区规划》控制，从而减少了每一块宅基地的规模，规定中要求尽量降低道路宽度，营建适合步行的道路等级，乡村住宅要围绕乡村道路进行适当布局。由于美国乡村的土地是私有制，因此在利用分区规划进行相关建设管理时，要充分考虑原住民的意见，进行公众参与。开放空间规划建设受《清洁水法》的控制，目的是营造一个具有乡土开放、乡土自然特色的优美乡村。

（三）英国

在城市化初期，英国也出现了乡村发展滞后，人口过度集中在城市所导致的生态环境恶化，城市盲目扩张的问题。第二次世界大战后，开始实施逆城市化，将政府部门及其下属机构向小城镇搬迁，从而带动小城镇的基础设施的建设，缩小了与中大城市的差距。随后，公共事业单位及公司也随之搬迁，中大城市规模得到控制，中小城镇迅速发展。

（1）建立城市村庄。“城市村庄”就是在大规模的城市复兴运动，力图让中产阶层重新回归到城市当中的背景下应运而生的。最初的倡导者认为，英国的城市建设应努力营造出一种具有传统乡村特色的环境特征，实现经济、社会、环境的可持续发展。城市村庄非常强调规模适宜、形式紧凑、密度合理，非常强调在土地、空间和建筑物混合利用的基础上让不同阶层的居民能够更好地生活在一起，并提供便利的服务设施和优美的乡村环境，让那些不同邻里的人群集合起来。

（2）政府重视城乡环境的公平发展。政府针对“适合居住的、有工作可干的、环境得到保护的、居民社区参与的乡村”这个目标专门制定了相关规划指标：每个乡村社区要配置若干商店，而且给予一定的政府奖励；每个乡村社区都应配置邮局、流动图书馆、社区办公室、托儿所等；教堂是乡村的开放中心，围绕教堂布局其他开放性设施；现有的乡村中小学全部保留，不能合并或者关闭，同时政府应给予全额的教学补助；设置有公共汽车站牌、紧急救护车、消防车等生命安全设施；过境道路不能穿越乡村，建有标准的乡村道路安全设施。

（3）通过市镇规划发展乡村经济。政府通过“市镇”为大量的农村腹地农业产业结构的调整提供机会，让乡村人口获得更多的就业机会，让农产品通过市镇交通枢纽获得进入市场的机会。1996年起，英国政府就开始研究建设市镇的规划标准，围绕乡村零售业发展中心目标，强调市镇对乡村的引导作用，主张从新鲜地方食品市场、零售和服务中心、公共交通枢纽、保持历史文化特色等方面进行规划建设。

（4）完善政策与法规。自20世纪50年代以来，英国一直都比较关注于都市郊区和乡村的发展，使人口密度较大的乡村地区在基础服务设施配置方面几乎达到了城市的标准；而关于农业用地的政策一直未有改变，因此，保留了大量的乡村优美环境；同时，英国政府开放了农民迁移政策也使英国的城镇化水平快速提高。

（四）韩国

（1）建立工业园区人口集聚区，推动剩余劳动力的转移。自20世纪60年代以来，韩国在全国范围内建立了众多工业区，成为吸纳农村剩余劳动力的最主要集聚节点。这些工业区有的分布在城市郊区，有的分布在部分村镇当中，截至20世纪70年代末期，韩国已建立各类工业园区50多个，对韩国的城乡统筹发展起到了集聚带动的作用。规模经济助推人口集聚。韩国于20世纪60年代中期实施了培育大企业集团的五年发展计划：政府在政策、资金、产业引导等方面针对乡镇企业园进行合并和重组，形成规模化的经济形式，从而壮大了企业的竞争能力，并增强了在城乡统筹中的带动作用。

（2）新村运动有助于城乡融合。韩国政府从1970年开始着手“新村建设运动”，重点解决乡村社会发展问题；实施五年发展计划，把农业产业结构调整作为试点的重点；并进行一系列农业开发项目。政府提高资金和保障对口支援，有条件的乡村进行自主开发，通过新乡村的建设，实现集“政府＋农业＋企业＋工厂＋学校＋城市＋……”于一体的新村建设活动，极大地促进了韩国城乡融合发展的步伐。通过“新村建设运动”，韩国农民素质得到了极大的提高，农民获得了启蒙教育，更加自信自己赖以生存的乡村的发展价值，更加自发地融入到建设新乡村的运动当中。

（3）完善农村社会保障制度。实施城乡社会保障制度的一体化，乡村居民养老、健康医疗保障、社会保险、公共救济、社会福利分红等基本社会保障制度方面与城市居民之间并无差异，而是相互统一的。如在韩国的社会保障体系当中，社会保险是最为主要的社会保障方式，韩国政府在社会保险方面实现了农民基本利益的保障，比如“国民年金”扩大覆盖面到各类农民范围，尤其对年龄在65岁以上的老人给予无偿土地补助，从而置换闲置农地，这样不仅提高了农田的利用率，还提供了较为完善的保障利益来保障社会公平。

（五）日本

1. 日本城乡融合的经验

（1）统筹规划城市和农村发展，促进农民兼业。日本是把农村与城市合理布局统筹考虑进行建设和发展的。政府把农村、农业的发展纳入《第一次全国综合开发规划》，在东京、大阪、名古屋及其周围以外的地区选择若干个点发展工业化和城市化，这些城市周围的农村就与城市有机结合起来形成地方圈。分布全国的新城市与原有大城市的工商业相互结合、共同发展，会产生对农村以及农林渔业的波动效应。大量农民离开农村到城市就业，有利于促进各地区朝均衡方向发展。与此同时，还有相当一部分农民不离开土地，以兼业方式从事非农部门工作，为农民收入的增加提供了可能发展空间，也减少了“举家离农”式的农业人口外流，有利于缓解城市人口的过度集中。

（2）统筹城乡就业的管理体制。建立健全的农村劳动力转移服务体系，同时在加强职业技能培训、保护农民合法权益方面建立和完善相关的法律法规和政策。日本在造村运动中形成了由三级农协组成的流通服务网络，覆盖了整个日本农村。这些农协组织利用联合的力量，为农民提供及时、周到、高效的服务，成为了农业、农村、农户三类组织三位一体的综合社区组织，向农民提供生产资料购买、信贷、技术经营指导，有效地保护了农民的利益。

（3）社会力量和农民共同参与农村建设。政府、金融机构、公团、企业等社会力量积极参加农村建设。通过有效利用区域自然资源，实行资本、劳动、技术等资源的适当区域分配，实行工业向落后地区分散，对落后地区进行开发，并实施了农村地区工业化战略。这对农村基础设施建设、农村工商业发展、农村社会服务状况的改善、农村经济的繁荣发挥了巨大推动作用。在区域外部因素的促动下，农村内部的农协等农民组织也积极参与农村建设，使农工收入差异、城市和农村生活差异逐渐消失。

2. 日本城乡融合的教训

（1）农业从业人口减少和农村老龄化的问题依然突出。尽管日本的农村与城市无论在经济上还是生活上已经没有明显差异，但是农村的年轻人依然向往城市，向往现代的生活方式。尽管地方产业振兴了，却仍挡不住人口外流的趋势。农村年轻人的流失导致农业从业人口严重不足，后继无人。根据统计，从1965年到1998年，日本农业从业人口中65岁以上老年人的比例由13%上升到了66%。

（2）社会保障金负担沉重。随着日本农村社会保障体系的不断完善，农民在许多方面都享有与城市居民相近的待遇。但是随着农村人口老龄化的到来，被扶养人口占总人口的比例越来越高，社会保险制度面临着保障经费迅速增长、医疗与养老保险负担日益沉重、各类公共保险机构赤字增加的问题。

（3）造村运动对生态环境有一定的影响。在一个有限的自然环境与社会水准之下，要持续经济的成长是不可能的。农业现代化中，土壤生态失调、飞机喷洒农药、大规模畜产业的粪尿排放等现象严重，造成水质污染和环境污染，结果破坏了自然生态，影响了农业的可持续发展。

三、城乡融合的国内外经验总结

（一）鼓励农村市场化进程，增加农民财产性收益

中东欧国家和中亚国家在城乡统筹经验借鉴上着力缩小城乡收入差距、推动农村地

区市场化进程以及统筹建立城乡就业的管理体制等方面，概括而言，中东欧和中亚国家地域临近却有着不同的体制，两者对比研究更能体现体制、制度对城乡统筹发展的影响。

（二）完善新农村建设制度，确保农民利益有保障

日本政府在日本经济发展到拐点时，持续增加对农村地区的投入，投入不仅包括资金投入，更包括一系列的制度措施改革。因此，日本政府在着手城乡统筹方面意识到如何打破阻碍城乡要素流动的制度，如何提高农村地区的效率是治理的关键。其主要做法有运用法律手段使日本农村的各项开发受到保护，通过行政体制调整提高日本农村地区的行政效率，实施对农村地区的政策倾斜为发展创造机遇，通过产业和基础设施双管齐下带动日本农村的全面发展。

（三）制度和体制

日本作为“亚洲四小龙”之首，在20世纪70年代便意识到农村问题的严重性，并在发展城市的同时兼顾农村地区的发展。日本政府在城乡统筹实施的亮点主要体现在从制度和体制上促使农村和城市要素双向流动，采取了特别为农村地区制定的农村法律保障，使农村地区的建设有法可依、有章可循，此外，还特别体现出对农村地区的政策倾斜，采取农村地区的土地规划、明确的投资体制、严格的环境保护、农民的参与机制4个方面的方式措施实现对农村、农民、农地的有效保障。

韩国政府通过分阶段目标逐步缩小城乡之间日益扩大的差距，收到了良好的成效。总体上看，韩国政府实施的是由硬到软、由慢到快、循序渐进的过程，从最初的重视基础设施投入逐步转向重视农村地区的制度建设等，在刚开始，调整的速度不宜过快，应该逐步设立小城镇为增长极带动周边地区的发展。在统筹城乡的空间布局上，韩国的营建小城镇促进政策方面有可取之处。

（四）分类进行农村土地整理，提高土地利用效率

德国作为欧洲城乡统筹的实施代表国家，在城乡统筹实践中侧重于土地整理，他们将土地整理分为常规性土地整理、简化土地整理、项目整理土地、快速土地合并、资源交换土地等不同类型，并对农民利益在开发的基础上予以保护收到了良好的成效。在统筹城乡土地整理方面，德国的城乡等值化成为了德国农村发展的普遍模式，也是欧盟农村政策的新方向。德国的城乡等值化不仅对不同类型的土地进行了分类，还采取“开发”和“保护”相结合的方式，保障了农民利益。

总体来看，国外在乡村建设过程中，经历了硬性建设过程和软性建设过程。其中，硬性建设过程是指建设基础设施、配建公共服务设施等硬指标；软性建设过程是指建立促进城乡要素双向流动的制度安排、法律保障。城乡统筹的核心要义是制度统筹，通过打通城乡割裂的各种要素，使城乡要素能够双向流动。中国的城乡要素市场的一体化以及城乡公共服务均等化是城乡融合发展的核心。随着城镇化水平的提高，政策更关注乡村建设，尤其是对农业在生态、环境、文化等方面多功能性的发挥，以及对乡村价值的全面挖掘。

第六节 江苏城乡融合的对策与建议

江苏应直面城乡融合发展中存在的问题，以党的十九大报告中的直接要求“建立健全城乡融合发展的体制机制与政策体系”为目标，积极推进城乡要素的双向流动。促进资本、技术、劳动、土地等要素在城乡之间优化配置，将是江苏经济发展新的增长点，也是缩小城乡差距、协调城乡平衡发展的重要抓手。同时，按照“补短板，强弱项”的要求，发挥江苏地方政府财政优势，推进城乡基本公共服务均等化迈上新台阶，推动城乡融合发展进入新阶段。

一、缩小城乡收入差距，推进城乡居民收入均衡化

江苏应持续壮大村集体经济，持续促进农民收入增长，加快推进农村集体产权改革，盘活集体资产，提高集体经济活力。推广常州市农村宅基地与集体建设用地试点改革经验，提高更多地区农村居民的财产性收入。首先，建立多层次的农村职业技能培训体系，对有意向的农民提供优惠甚至免费的职业技能培训，提高农民就业能力和就业技能，从而提高农民的工资性收入。其次，建立精准性的转移性收入补偿机制，提高转移性收入对农民以及村集体的增收效用，特别是在当前生态环境保护和治理受到高度重视的情况下，尽快完善与落实生态补偿机制，对于因承担生态环境保护和基本农田保护责任而经济受损受限的村集体或农民给予充分的经济补偿和奖励。最后，提高农业生产的组织化、规模化、市场化和现代化程度，加大农产品品牌建设力度，提高农业生产经营收益和农民经营性收入。在农村大力精准扶贫的同时，要警惕和防止城市内部贫困人口的出现，及时出台相应的帮扶举措。

二、解放思想，处理好新型城镇化与乡村振兴的关系

江苏仍然处于城镇化阶段，要推进新型城镇化，解决过去城镇化中出现的“城市病”和土地资源浪费的问题，根据经济发展规律来优化城乡空间布局。中国目前的城镇化状况是经济发展和政府政策共同作用的结果。城镇化的快速发展很大程度上是政府采取的城市偏向政策导致的，而乡村在这样的政策下逐渐衰落。因此，需要扭转这种由于政府政策偏向导致的城乡发展扭曲。具体来看，要对城乡进行统一规划，城乡社区进行统一资源配置，允许人口在城乡间的自由流动，保障城乡居民社会保障和福利的公平。要客观看到城乡之间的关系，城市在经济活动中有集聚的优势，而乡村则有经济社会发展的低人口密度特征，城乡各有所长，各有特色，不要天然地认为城市比乡村好，要给予城乡居民自己选择的权利。从长远来看，城乡发展不能偏废。在现阶段，由于乡村发展已经被抑制太多，因此，要优先发展乡村，以弥补过去忽视乡村发展所欠下的账。发展乡村也不是通过大拆

大建，而是要在民主协商和科学规划的前提下，给农民更多的权利。

三、建立健全利益分配机制，推进城乡基本公共服务均等化

（一）继续推进户籍制度改革

户籍制度及附着于其上的福利属性是导致城乡居民权益不平等的重要原因。虽然户籍制度改革已经取得一定的进展，但是城乡居民基本权益不平等的顽疾依然没有得到根治。因此，要想推进城乡融合发展，江苏还需进一步加大户籍制度改革，推进户籍制度的放开力度，研究加强户籍制度的管理属性，逐步去除其福利属性的合理性，让城乡居民不管其户籍如何，其应该享受到的福利都是大致相等的。

（二）加快建立城乡居民公共服务均等化制度

加大教育改革力度，逐步实现城乡教育公平；建立城乡统一的就业体制，保障城乡劳动者平等就业。统一城乡居民社会保障保险缴费标准，动态调整对农村居民的保费补贴力度，促进城乡居民医疗以及基本养老保险权益逐步平等。

在乡村中，面对大部分乡村衰而未亡的状态，应该通过基本公共服务和社会保障，改善农村衰败的局面。同时通过乡村的集聚来解决乡村分散化导致的公共服务成本过高的问题。允许和鼓励公共服务的市场化供给，对于一些可以利用市场化供给的公共服务，应当充分利用市场机制进行供给，包括政府购买服务以及公共服务供给主体自主运营等，为城乡公共服务供给注入竞争性因素，提高公共服务供给的质量。

四、建立健全要素流动体制机制，推进城乡要素配置合理化

（一）吸引和培养人才，为城乡融合发展助力

建立和完善对乡村产业的人才吸引和培养体系。为农业生产的规模化、产业化、市场化和现代化发展提供充足的优质高技能劳动力供给，满足农业现代化建设的需要。

（二）要通过农村综合改革盘活农村土地和资金等生产要素

巩固江苏农地确权工作成果，积极推进土地“三权分置”改革，实现农业适度规模经营，提高农业经营效益。推进宅基地和集体建设用地改革，引导农村建设用地直接入市，增加农村集体经济收入。鼓励农村土地等集体资产以入股等形式与社会资本合作，共同发展乡村产业，分享乡村发展红利。

（三）解决城乡融合过程中的资金问题，建立多方投入制度

必须加快落实构建以政府为主体，企业、社会团体以及居民个人共同参与的稳定的多元投入机制，通过具体实践来为推进城乡公共服务均等化提供充足的资金保障。首先，政府应保证公共服务供给资金的稳步增长，特别是在农村地区。在农村中更加注重教育、医疗和社会保障的均等化，将资金向这方面倾斜。其次，成立公开透明的城乡融合专项基金，吸引社会力量的帮助。最后，注重创新农村金融制度，引领更多的社会工商、金融资本进入农村，同时进行规范，防止对农民的利益造成损害。鼓励金融机构加强对新型农业经营主体和农村中小微企业等经济主体的金融产品和服务的有效供给，提高金融服务农业

科技创新、农村绿色发展和农村基础设施建设的水平。

五、促进农村一二三产业融合发展，推进城乡产业发展融合化

（一）大力发展特色乡村产业

挖掘乡村在生态、文化、历史等方面的独特价值，与城市产业互补发展。构建现代农业产业体系、生产与经营体系，提高农村产业竞争力，使江苏由农业大省变为农业强省。要通过城乡融合把城市消费者的消费与休闲旅游目光投向农村，延伸农业产业链，提升农业附加值。江苏要紧抓“乡村振兴”战略的机遇，大力发展乡村产业，实现乡村产业兴旺的目标，为城乡产业融合打下良好的基础。

（二）要在乡村创造良好的营商环境和制定优惠政策

改善乡村营商环境是发展乡村产业的前提与基础，要破除乡村产业发展的体制机制障碍，提高农民企业家的社会地位，提倡企业家精神，鼓励农民工返乡创业，而对于阻碍乡村产业发展的政府部门或公务人员进行严肃处理，制定鼓励乡村产业发展的相应的政治考核体系。同时，给予乡村产业发展一定的税收优惠、金融支持与财政补贴等激励措施。

参考文献

[1] 杜云素，钟涨宝，李飞．城乡一体化进程中农民家庭集中居住意愿研究——基于江苏扬州和湖北荆州的调查 [J]．农业经济问题，2013，34（11）：71－77＋112.

[2] 胡传景．“钩”通南北——通过城乡建设用地增减挂钩促进江苏南北经济共同发展的构想 [J]．中国土地，2012（10）：22－24.

[3] 李明，邵挺，刘守英．城乡一体化的国际经验及其对中国的启示 [J]．中国农村经济，2014（6）：83－96.

[4] 李涛．土地城乡流转的效率评价、区域差异与激活机制：江苏例证 [J]．改革，2018（10）：131－138.

[5] 刘守英，王一鸽．从乡土中国到城乡中国——中国转型的乡村变迁视角 [J]．管理世界，2018，34（10）：128－146＋232.

[6] 刘玉，郑国楠．城乡结合部功能定位与规划管理国际经验 [J]．国际城市规划，2014，29（4）：33－38＋51.

[7] 马晓冬，沈正平，宋潇君．江苏省城乡公共服务发展差距及其障碍因素分析 [J]．人文地理，2014，29（1）：89－93.

[8] 徐志明．以城乡融合推动城乡建设高质量 [J]．群众，2018（5）：43－44.

[9] 张国平，籍艳丽．区域城乡一体化水平的评价与分析——基于江苏的实证研究 [J]．南京社会科学，2014（11）：151－156.

［10］张继良，徐荣华，关冰，张奇．城乡收入差距变动趋势及影响因素——江苏样本分析［J］．中国农村经济，2009（12）：32－43.

［11］郑风田．振兴乡村必须打破城乡资源流动的障碍［J］．农村工作通讯，2017（24）：48.

［12］周应恒，严斌剑．努力展现乡村振兴的江苏作为［N］．新华日报，2017－12－20（16）．

第四章　高质量发展阶段江苏绿色兴农路径

摘要：本书围绕江苏绿色兴农战略目标，依据现代农业产业发展、行为决策、生产资源配置等基本理论，运用社会调查和统计分析方法，分析了江苏绿色农产品规模、品牌、生产模式、制度建设等方面的基本现状；认为江苏绿色农业发展存在生产主体能力不足、绿色技术需求和供给不旺、绿色农产品市场效益实现难、绿色兴农相关政策针对性和有效性有待提升、绿色农业生产资源配置优化困难、绿色兴农社会化服务体系不健全等问题，这些问题存在主要是由农村能人由农到工的转移、技术研发供给与技术运用需求错位、绿色农产品市场辨识度不高、政策对象与政策目标不够清晰、社会化服务市场需求缺乏等原因造成的。本书认为绿色兴农的关键在主体、产品是核心、动力在政策、资源是条件、服务是保障、技术是难点、效果在监督、成败在效益。基于此，本书提出了从主体培育着手，进行资源配置条件创造、市场供需信息平台构建、技术研发与推广服务、产品与生产监督、品牌与三产融合及模式创新、物流与营销平台建设、绿色农业效益实现、推动主体和农业兴旺发达的路径。本书对路径实现的影响因素进行了分析，并提出了相应的对策建议。

党的十九大提出，中国特色社会主义进入了新时代，我国经济发展也进入了新时代。为了贯彻新时代经济发展思想和新的发展理念，适应社会主要矛盾变化，2018 年国务院政府工作报告提出要推动高质量发展。高质量发展的提出，表明中国经济由高速增长阶段转向高质量发展阶段。在高质量发展阶段，不是单纯地追求经济发展的高速度，而是要追求效率更高、供给更有效、结构更高端、更绿色可持续以及更和谐的增长，甚至可以放弃部分对经济增长速度的追求，而达到更高质量的发展。

农业高质量发展是高质量经济发展的重要内容。基于缓解农业资源环境压力、满足人民群众不断升级的消费需求、应对激烈的国际竞争，必须加快推进农业高质量发展。归纳起来，就是要做到“六个高”，即产品质量高、产业效益高、生产效率高、经营者素质高、国际竞争力高、农民收入高（韩长赋，2018）。2018 年 1 月，《中共中央国务院关于实施乡村振兴战略的意见》明确提出，要坚持以农业供给侧结构性改革为主线，坚持质量兴农、绿色兴农，深入推进结构调整，优化生产力布局，突出农业绿色化、优质化、特色化、品牌化，既要产得出、产得优，也要卖得出、卖得好，不断提升我国农业综合效益和竞争力。

绿色兴农是实现农业高质量发展的核心战略，党的十九大以后首次召开的中央经济工作会议上提出绿色兴农，就是要求在“三农”发展过程中保护环境和确保农产品质量安全，将质量和绿色作为振兴“三农”的动力源和内生力，促进“三农”革命性变革，促使“三农”在绿色发展方面做出新的贡献。推进农业绿色发展，强化绿色兴农，是农业高质量发展的应有之义和当然内容，也是乡村振兴的客观需要。这些年来，人民群众对绿色的渴望越来越强烈，正成为农业绿色发展的持续动力；同时，资源环境的弦绷得太紧，已经难以为继，农业发展必须转型升级。构建同环境资源承载力相匹配、生产生活生态相协调的绿色兴农新格局，比任何时候都重要而紧迫。

江苏是农业大省，农业高质量发展是必然选择。2018 年 4 月，省农村工作会议提出要坚持问题导向，着力推动农业农村高质量发展，努力率先实现农业农村现代化，大力推动农产品供给、农业投入品、生态环境、科技装备、改革创新等高质量发展。于 2018 年 2 月颁布实施的《江苏省关于加快推进农业绿色发展的实施意见》，明确提出要把农业绿色发展摆在生态文明建设全局的突出位置，全面建立以绿色生态为导向的制度体系，加快形成与资源环境承载力相匹配、生产生活生态相协调的农业发展新格局。

绿色兴农的根本是通过农业的绿色发展实现农业兴旺目标，既实现农产品的有效供给，获得农业生产效益，又保护环境。在农业绿色发展的目标推动下，江苏出台了不少政策措施，包括生态循环农业示范县和示范基地建设，农业生产绿色技术研发、示范与推广，绿色农产品认证体系建设，产品质量追溯体系建设等，制定了《江苏省生态循环农业十三五发展规划》，江苏各地对绿色农业发展也进行了规划，并根据省内要求进行绿色生产控制、绿色农产品品牌建设等。总体而言，江苏的绿色农业发展取得了巨大进展，为下一阶段绿色农业发展打下了坚实的基础。

目前，江苏农业绿色发展还存在一些问题，一是政府政策措施多，但覆盖面有限，市场带动效应不明显；二是农业生产经营主体的参与意愿不强，主体的参与能力不足；三是绿色农业技术运用的主动性和市场化运作不够，实际效果有限；四是绿色农业发展的绿色效益实现困难，农产品优质不优价的现象仍然存在。这些问题的存在将制约绿色兴农战略目标的实现，解决这些问题需要寻求绿色农业进一步发展的路径，找到绿色农业持续发展的切入点和突破口，系统化地稳步推进，才能最终实现绿色兴农目标，研究对于绿色农业的持续发展具有迫切性。

本书是要在坚持农业高质量发展的前提下，为实现绿色兴农目标寻找发展路径。因此，本书将依据现代农业产业发展理论和主体行为理论，基于绿色农产品生产和消费实现，分析绿色兴农影响因素及其相互之间的关系，探讨绿色兴农路径和政策措施。本书研究丰富和发展了绿色农业发展理论，具有一定的理论意义；将为江苏绿色兴农提供发展路径以及与路径相关的农业生产经营主体、绿色农业技术研发与推广主体、社会化服务主体激励政策措施制定提供参考，研究具有一定的应用价值。

第一节　文献综述和课题研究的依据

一、国外研究现状

由于绿色兴农的概念提出与实践时间不长，相关研究成果并不多，一些关于绿色农业发展方面的成果值得借鉴。国外关于绿色农业的研究起步较早，已有的研究主要在以下三个方面：

一是关于绿色农业内涵的研究，有学者指出绿色农业是生物多样性的基础，是能在提供生态系统服务的同时生产足够多食物的农业系统（Koohafkan P. 等，2012）。发展绿色农业不仅有助于生态系统和社会经济系统的保护，而且也是实现农业可持续发展的重要手段（Godfray H. C. J. 等，2010）。

二是对绿色农业发展障碍的研究，有人认为成本高、产量低是绿色农业面临的突出问题（Trienekens J.，Zuurbier P.，2008）；绿色农业发展面临资金、技术投入大，短期获利困难的局面（Meredith S.，Willer H.，2014）；农业生产者对绿色农业发展前景认识不足，影响了绿色农业发展（Koohafkan P. 等，2012），绿色农业对人工、科技的投入以及投产品的使用要求较高（Carter M. R. 等，2013），绿色农产品认证费用较高（Barham B. L. 等，2011）；缺乏必要的经济激励和政策保护也是绿色农业发展的重要障碍（Uematsu H.，Mishra A. K.，2012）。

三是对于绿色农业发展的建议，有人认为发展绿色农业，需要对传统农业进行变革，关键在于绿色农业发展机制的构建（Horlings L. G.，Marsden T. K.，2011），需要采用新技术、新方法，改变原有生产习惯（Shiva V.，2016）；此外，对绿色农业生产者进行各种形式的补偿，成为多数学者的共识（Kuminoff N. V.，Wossink A.，2010）；农业保险是有效应对绿色农业风险和不确定性的重要手段（Mahul O. 等，2012；Gaurav S.，2015），加强监管与立法也是促进绿色农业发展的重要举措（Albersmeier F. 等，2010；Meredith S.，Willer H.，2014）；绿色农业的发展离不开政府政策上的保护与支持（Reganold J. P.，Wachter J. M.，2016）。

二、国内研究现状

我国自 2003 年首次提出绿色农业概念以来，国内研究成果颇丰，已有研究主要集中在绿色农业的内涵、存在的问题以及政策机制等方面。关于绿色农业的内涵，有人认为绿色农业不是简单地对传统农业的回归，也不是对其他类型农业的否定，而是一种取长补短、内涵丰富的新型农业（钟雨亭、闫书达，2004）。绿色农业是一种有利于环境保护、有利于农产品数量和质量安全的现代农业发展形态与模式（严立冬、崔元锋，2009）；这一农业发展模式，是集生态、经济和社会于一体，全面、协调和可持续贯穿于整个农业产业链条中（周新德，2013）；也有人将绿色农业的内涵范围进一步扩大，认为绿色农业是以生产和加工销售绿色食品为轴心的农业生产经营方式，一切有利于环境保护以及食品安全的农业生产都包含在内（段清斌等，2015）。

关于绿色农业发展中存在的问题，有人认为政府支持力度小、财政投入不足，一定程度上限制了绿色农业的快速发展（谢玉梅、浦徐进，2014），规模不大、品种不多、水平不高等问题也较为突出（段清斌等，2015）；此外，绿色农产品市场机制不完善、产品销路不广、农产品成本较高，也导致了绿色农业产业化规模难以实现（杨曦，2015）；农业资源利用率不高，农药化肥过量使用，使绿色农业发展缺乏良好的生态环境（胡鹏辉等，2016）。还有人认为，当前公众缺乏对绿色产品认证的认识，认可度不高，影响了农民从事绿色农业生产的积极性（张春梅、郭立夫，2014）；水土资源及其环境污染状况较为严重，农产品的质量安全得不到保证（于法稳，2016）。此外，农业生产者文化素质普遍偏低，绿色发展意识淡薄，追求短期获利现象严重，现有农业推广技术不健全等问题也较为明显（谯薇、云霞，2016）；绿色农业发展意识的缺乏、相应配套制度的不完善、先进技术支撑的不足也是绿色农业发展所面临的主要障碍（李由甲，2017）；生产标准和操作规范的缺乏，导致绿色农业生产没有统一的标准，差异性较大（郑微微、沈贵银，2018）。

关于绿色农业发展的政策机制，有人提出了加大宣传力度，提高全民绿色意识，推动科技进步，推进农业标准化，建立健全标准体系，积极培育绿色农业龙头企业（王玉荣等，2010），要从商业性金融支持、合作性支持、民间性金融支持和政策性支持四个方面发展绿色农业（严立冬等，2012）；有人着重分析了供给侧结构性改革背景下绿色农业发展现状，提出要加快农业发展方式的转型升级；加强农业生态管理；构筑科技进步创新支撑体系，提高农业的科技应用转化能力（杨灿、朱玉林，2016）；还有人利用 SWOT 分析框架，分析和评价了绿色农业发展的现状，并提出“四突出、四促进”的对策建议（周芳等，2018）以及集成技术和科企有效结合的科企农相结合的对策（翁伯琦等，2014）；此外绿色农业发展必须坚持以打造特色农产品为核心、以改善农村环境面貌为目标、以提高效益为原则和以生态特色为落脚点（张厚美，2016）；发展绿色农业，涉及面宽、难度大、协调性强，必须建立一个庞大的系统工程，其中的关键是科学技术的突破，在此过程中离不开政府的积极倡导（胡海婧，2017）；还有人指出要从提高全社会的绿色消费意识、建立健全绿色农业发展的体系与制度、强化绿色农业法治的科技支撑和加大绿色农业法治的资金投入等方面入手（李由甲，2017）；也有人考虑到绿色农业发展的关键在于农业生产经营主体，对农户从事绿色农业的意愿及行为展开了研究（潘世磊等，2018），这些研究成果为绿色农业发展提供了重要的理论基础。

已有的研究成果观点多种多样，形成了一些共识，如绿色农业发展存在着一些障碍，政府作用应该得到发挥，农民素质需要提高，绿色农业发展是一个系统工程，等等。但已有研究主要是侧重于绿色农业产业发展角度，融合绿色农业的效益实现，将供求结合起来，系统化地研究绿色兴农的成果还比较缺乏。绿色兴农的提出，是要通过绿色农业发展，实现农业的兴旺，侧重点在兴农方面，而兴农就要实现效益，形成有效的激励与约束机制，这是绿色农业可持续发展迫切需要解决的问题。本书将参考已有的研究成果，结合江苏的实际，厘清江苏绿色农业发展的现状，依据农业高质量发展的需要，研究江苏绿色兴农路径，提出相应的政策建议。

研究成果将有助于形成江苏绿色兴农的路径，寻找切入点，由点成面，面线结合，推动江苏绿色兴农战略的目标实现。其中，对农业生产经营主体运用绿色农业技术、生产绿色农产品的意愿和能力及其影响因素的成果将为相关激励政策提供参考，提高相关政策的针对性；对绿色农业生产相关影响因素及其关系的研究，将有助于制定系统化的制度措施，提高政策措施的有效性；对绿色兴农路径的研究，将有助于绿色兴农的资源分配和战略实现的持续性。

第二节　研究的理论依据和方法

一、研究的理论依据

研究将依据现代农业产业发展理论、行为理论、资源配置理论进行。现代农业产业发展理论认为，现代农业是建立在专业化、产业化、标准化、品牌化和国际化基础上发展起来的，理论体系包括农业经济理论、农业发展理论和农业生态理论。其中，农业经济理论主要包括农业区位、区域分工、比较优势、产业结构方面的理论；农业发展理论主要包括农业发展阶段、农业多功能性、改造传统农业、诱导技术创新、城乡统筹等方面理论；农业生态理论主要包括生态位、生态适宜性、环境承载力、循环农业和可持续性等方面的理论。现代农业产业发展理论表明，绿色兴农需要注重绿色农业的区域优势和特色，发挥农业的多功能性，强化基于环境承载的生态循环农业发展（刘喜波，2011）。

行为理论认为，任何主体的行为是有原因的，是基于主体的认知及目标设置，通过控制自己的行为，实现设置的目标。根据行为理论，要严格设定目标，制订计划，严格遵守，保持行动定向，遵循行动过程，直到达成目标。行为理论还认为，人是有限理性的，这是因为在高度不确定和极其复杂的现实决策环境中，人的知识、想象力和计算力是有限的，在识别发现问题中易受知觉上的偏差影响。知觉上的偏差，是指在市场经济体制下，由于受决策时间和可利用资源的限制，决策者只能做到尽量了解各种备选方案的情况，而不可能做到全部了解，决策者选择的理性是相对的。行为理论表明绿色兴农相关主体在进行绿色农业生产决策时，也具有有限理性特征，绿色兴农目标实现需要各相关主体一致持久的行动。

资源配置理论认为，资源是指社会经济活动中人力、物力和财力的总和。市场经济体制下，市场机制是资源配置的决定性力量。但市场配置资源客观上存在不足，当一定时期资源配置出现问题，地区结构、产业结构、市场结构存在失衡时，国家可通过财政政策，把掌握或控制的资源转移分配到急需发展的领域，使经济结构符合生产力发展的要求。另外，资源配置还涉及动力机制、信息机制和决策机制。资源配置的目标是实现主体的最佳效益，因此，实现不同经济主体的利益，就成为了配置资源的动力。为了选择合理配置资源的方案，需要及时、全面地获取相关的信息，信息是资源配置的重要参考依据。资源配置的决策权可以是集中的或分散的，不同的权力体系有着不同的权力制约关系，并形成不同的资源配置决策机制。基于资源配置理论，省级政府部门应关注地方政府、社会和农业生产经营主体的动力所在，制定相应政策，推动相关主体积极主动参与绿色兴农战略。

可持续发展理论是指既满足当代人的需要，又不对后代人满足其需要的能力构成危害的发展，以公平性、持续性、共同性为三大基本原则。可持续发展理论的最终目的是达到共同、协调、公平、高效、多维的发展，实现一定的经济效益、社会效益和生态效益。绿色农业发展正是根据可持续发展理论提出的，要求绿色农业的发展既要获得经济效益，还要保护好环境。绿色兴农就是要注意区域布局安排、产业结构升级和生态环境要求，既要遵循产业发展的一般规律，还要注重产业发展的经济要求、社会要求和生态要求，实现经济、社会、生态三大效益。

二、研究的主要方法

研究运用了文献归纳法、社会调查法和统计分析法。本书对国内外绿色兴农的研究成果进行归纳总结，由于绿色兴农提出的时间较短，成果不多，主要归纳了绿色农业发展的相关成果，包括绿色农业的内涵、发展障碍、政策建议等。本书从兴农角度出发，通过设计问卷、选择调查对象，对农业生产经营主体的意愿和能力、消费者绿色农产品消费行为特征进行了调查，以进一步了解供给与需求的现状。本书对调查的结果进行了统计分析，包括描述性统计分析和相关性分析，分析了生产与消费的影响因素及其因素之间的关系，为绿色兴农路径设计提供基础数据。本书还进行了现场访问和考察、座谈会、面对面访谈等形式，对江苏绿色兴农的现状和问题进行了调查，获得了一手资料和数据，提高了研究的科学性。

研究过程中运用了以下几种调查方法：

一是典型调查。选择江苏生态循环农业示范县，如东台市、如皋市、姜堰市，采用和管理人员座谈、农业生产经营主体访谈、现场调查访问等形式，调查补贴的效果、农业生产经营主体的意愿、绿色农业技术的研发、示范和推广的体系以及效益如何实现等。

二是抽样调查。分别针对苏南、苏中、苏北不同经济发展地区抽取部分县区进行调查，选择苏南地区的张家港市、宜兴市、常熟市，苏中地区的句容市、通州市、江都市、兴化市，苏北地区的淮安市、东台市、南京市的六合区、高淳区，调查农业生产经营主体运用绿色生产技术的意愿和能力及其影响因素，相关补贴政策的效率和效果，绿色农业生产的服务体系等状况。

三是随机调查。利用大学生暑假实践的时间，组织 18 人的团队，在南京市农产品市场、超市等场所，对农产品消费者进行随机调查，调查了解消费者在农产品的品牌感知、绿色认知和购买影响因素，以研究消费者的绿色农产品消费行为特征。

第三节　江苏绿色兴农的基本现状

多年来，江苏始终坚持高效生态战略，坚守绿色生态导向，不断强化政策引导及落实务实举措，农业绿色发展呈现出鲜明的特点和特色。

一、生态布局逐步优化

江苏大力推进农业生态化布局，落实农业主体功能区规划，明确发展性空间和约束性空间，每年选择 10 个县作为示范县，推进现代生态循环农业，建设绿色发展先行区。江苏制定了《江苏省主体功能区规划（2011－2020 年）》，确定了包括沿江农业带、沿海农业带，太湖农业区、江淮农业区、渠北农业区在内的“两带三区”的农业空间格局和重点生产基地，明确各地的农业发展战略；在此基础上，江苏出台了《江苏省关于建立粮食生产功能区实施意见》，科学划定粮食生产功能区和重要农产品生产保护区。其中，粮食生产功能区划定面积为 3700 万亩。

以沿江及太湖、江淮、沿海、淮北等优势区为重点，划定水稻生产功能区 3200 万亩；以沿江、江淮、淮北、沿海等优势区为重点，划定小麦生产功能区 3000 万亩；以淮北优势区为重点，划定玉米生产功能区 200 万亩。重要农产品生产保护区划定面积为 500 万亩。以淮北、沿海等优势区为重点，划定大豆生产保护区 200 万亩；以沿海、沿江等优势区为重点，划定油菜生产保护区 300 万亩。

围绕全省“263”专项行动目标任务，根据《畜禽养殖禁养区划定技术指南》，江苏 13 个设区市划定畜禽禁养区，优化畜禽养殖的空间布局，关停搬迁养殖场户 9159 家，累计治理大中型畜禽场（户）3000 多处，从源头防控农业源污染，种养布局得到优化，推进农业绿色发展。

二、绿色农业发展规模不断扩大

江苏大力推进现代农业示范区和示范基地建设，推动国家农业综合开发区域生态循环农业项目，实行食用农产品合格证管理制度，强化农业生产全过程的监督管理，提高绿色农产品生产总量。自 2015 年以来，实施了国家农业综合开发区域生态循环农业项目 7 个，创建了 18 个国家级农业产业化示范基地、17 个国家级现代农业示范区、112 个省级现代农业产业园区、9 个外向型农业示范区、14 个苏台农业合作园区以及每年的 10 个省现代生态循环农业示范县，如表 4－1 所示。推动各地优质稻米、规模畜禽、设施果蔬、花卉苗木和特色水产等基地建设不断加快，绿色农产品总量不断增加。目前，全省省级农产品抽检合格率始终稳定在98%以上，比全国平均水平高两个百分点。

表 4-1 省级现代生态循环农业试点县

年份	试点县名称	资助金额（万元）
2017	江阴、贾汪、武进、如皋、阜宁、姜堰、赣榆、高邮、盱眙、沭阳	1000
2018	宜兴、贾汪、武进、太仓、海州、盱眙、阜宁、高邮、泰兴、宿城	1000

三、农产品品牌数量和质量不断提升

经过多年的发展培育，江苏农产品品牌总量不断增加。截至2017年底，江苏农产品注册商标超过8万个，其中48个被评为“中国驰名商标”，90个被评为“省著名商标”，294个农产品品牌获得“江苏名牌”称号。截至2017年底，全省“三品一标”总数达1.8万个，其中，无公害农产品15834个、绿色食品2020个、有机食品105个、累计登记地理标志农产品49个，农产品质量安全水平进一步提升。

江苏农产品知名品牌逐渐增多。江苏积极参加各类展示展览、产销对接等活动，推介江苏品牌农产品。全省100多个优质稻米品牌通过无公害、绿色、有机和名牌产品认证，形成了“苏垦”“淮上珠”“远望富硒米”等一批品牌产品；苏州洞庭碧螺春、溧阳白茶、南京雨花茶、金坛雀舌、太湖翠竹、茅山长青、阳羡雪芽等品牌茶叶也以独有的香气、滋味与形状，名扬海内外；南京芦蒿、兴化香葱、靖江芋头、溧阳白芹等传统特色蔬菜在全国知名；丰县牛蒡、邳州大蒜、赣榆芦笋海内外闻名；无锡阳山水蜜桃、东台西瓜、丰县大沙河苹果市场反应强烈；阳澄湖大闸蟹、固城湖螃蟹、兴化红膏蟹、洪泽湖螃蟹等以其品质上乘、口味鲜美享誉海内外。区域公用品牌竞争力强。射阳大米、兴化大米入选“中国十大大米区域公用品牌”；在首届中国国际茶叶博览会上，洞庭山碧螺春荣获“中国优秀区域公用品牌”。

四、高标准农田建设和农业标准化生产稳步推进

江苏认真落实《江苏省高标准农田建设规划》，积极推进高标准农田建设工程，提高农业综合生产能力，发展现代高效农业。2010年，江苏高标准农田占耕地面积的比重仅为35%，2015年这一比例达到了50%；2016年，江苏高标准农田建设成效进一步显现，高标准农田占耕地面积的比重达56%。2010~2017年累计新增高标准农田1304万亩，为保障粮食安全，提高粮食质量，增加农民收入打下了基础。江苏新增农业地方标准847项，总标准数达到2034项，覆盖农产品品种、产地环境、生产加工、分等分级、检测技术等各个环节。以农业标准化示范区为平台，不断增强农业标准化实施效果，累计建设国家级、省级农业标准化示范区471个，推广实施各类农业标准5200多项，覆盖种植面积2536.7万亩、畜禽2亿头（羽）。

五、化肥农药施用进一步得到控制

近年来，江苏一直推进集成推广应用肥药减量技术与模式，推广测土配方施肥，鼓励使用有机肥、生物肥料和种植绿肥，推动化肥和农药的适度使用。另外，城乡居民对“安全、优质、健康”的农产品的消费需求，也推动了农业不断向低碳化、循环化方向发展，化肥和农药使用量逐步实现负增长。年推广测土配方施肥446.7万公顷次，率先在全国提出高效、低毒、低残留农药使用，覆盖率并达到72.4%，高于全国10个百分点以上。建立病虫害绿色防控综合示范区143个，推进病虫害专业化统防统治，覆盖率达到57.3%，高于全国20个百分点。建立面源氮磷流失生态拦截工程1400多万平方米，化学氮肥、农药使用量10年间分别削减20%～30%。

经过多年的努力，单位耕地施用化肥量（折纯量）整体呈现逐渐下降趋势，由2011年的48.83千克下降到了2017年的44.20千克，每亩少用化肥4.63千克，如表4－2所示。农药施用量也呈现下降趋势，2011年，全省农药使用量达8.65万吨，而到2017年下降为7.30万吨，总计减少1.35万吨，施用量下降了15.6%；生物农药使用量比重大幅度提高。但与发达国家相比仍有很大差距，2017年，我省化肥使用量为45.46千克/亩，农药使用量为1.06千克/亩，仍然超过发达国家安全使用量上限的2倍多。

表4－2　2011～2017年江苏化肥农药施用情况

年份	2011	2013	2015	2016	2017
化肥施用量（折纯量）（万吨）	337.21	326.82	319.99	312.52	303.85
每亩施用化肥（折纯量）（千克）	48.83	47.43	46.54	45.46	44.20
农药使用量（万吨）	8.65	8.12	7.81	7.62	7.30

资料来源：历年《江苏统计年鉴》。

六、节水灌溉工程建设逐步实施

江苏积极推进节水灌溉建设，既节约了用水，降低了生产成本，又实现了精准灌溉，满足了农作物生长需要，实现了农业生产的效益和效率。截至“十二五”末期，江苏有效灌溉面积3952.5千公顷，节水灌溉面积2336.09千公顷，占有效灌溉面积比重达59.1%；2016年，江苏有效灌溉面积达4054.07千公顷，节水灌溉面积2422.57千公顷，占比59.76%，2017年略有增长，超过了60%。

七、农业废弃物资源化利用得到全面推动

近年来，江苏各级党委政府高度重视农业废弃物的处理及资源化利用。2014年，全省秸秆综合利用量达3520万吨，农作物秸秆综合利用率达到88%；2017年秸秆综合利用率达到92%。同时，为了有效削减畜禽养殖污染的排放量，江苏长期全面开展畜禽养殖污染综

合防治，致力于提高养殖场废弃物的无害化、减量化、资源化水平，畜禽粪便资源化利用率达81%。各地立足当地农业废弃物总量及环境容量，合理布局畜禽粪便和农作物秸秆收集处理、沼液配送、有机肥加工等配套服务设施，不断完善资源循环利用社会化服务体系。

八、多样化的绿色农业模式得到示范和推广

经过多年的发展，江苏绿色农业发展模式呈现多样化特征，形成了几种比较有效的绿色农业模式。

（一）种养业内的生态微循环农业模式

在种植业或养殖业内部，通过利用生态系统中各种生物物种的特点，实行立体混套种养，构建有机循环生产系统，推进有机种植和生态健康养殖。如盐城市经济技术开发区步凤镇由台企康森集团投资建设的330亩有机水稻种植田，不用化肥和农药，采用自然方式种植，运用微生物菌技术对土壤进行改良，使用专门的净化池水灌溉，采用农业废弃物快速发酵设备，将秸秆和畜禽粪便等快速转化的有机肥料生产。2017年，虽然亩产稻谷只有约800斤，但因稻米不仅蛋白质含量高、口感良好，且无公害绿色，收获之前便预售一空，亩均收益5000元，是当地种植普通水稻的3倍，每年可转化近3000亩秸秆还田。

（二）种养结合的生态小循环农业模式

种养结合模式是农牧、农渔结合互利模式，将农作物秸秆、牧草、玉米等作为畜禽饲料，畜禽粪便作为农作物有机肥，实现种植业和畜牧业废弃物相互利用。如盐城市亭湖区盐东镇的江苏乾宝牧业有限公司的“秸秆饲料——湖羊养殖——有机肥”循环农业模式，每年帮助周边农民消化5万余亩玉米及其他农作物废弃秸秆20余万吨，羊粪便生产有机肥20余万吨。阜宁县益林镇的江苏闽中有机食品有限公司的“秸秆——食用菌栽培——基料还田”的循环利用模式，以及稻鸭共作、稻田养鱼（虾、蟹）等农渔林结合模式，年生产食用菌基料6万余吨，消耗麦秸秆5万吨，沼渣沼液1万余吨。

（三）种养复合的生态中循环农业模式

充分利用农村丰富的风、光、生物质等资源优势，发展风力发电、秸秆发电、光能发电、秸秆气化、沼气等新型清洁能源，用新能源产生的热能，发展温室种养业，形成新能源与农业种养业相结合的循环模式。如东台市中粮肉食（江苏）有限公司在东台市沿海经济开发区，建成了年出栏100万头生猪的养殖场，采用厌氧发酵工艺利用猪粪生产沼气，沼气一部分自用，大部分用于发电，产生的电能一部分自用于职工生产生活、猪舍供暖排风，大部分并网输出；沼液通过提水泵、输送管道和灌溉水渠为周边3万亩农田以及东台林场提供有机肥使用；沼渣为200多亩的鱼塘提供饲料以及生产有机肥还田，实现了热电肥联产，形成了良好的农业循环经济发展模式。

（四）三产融合的生态大循环农业模式

以农产品生产为基础，大力发展以农产品加工为主的第二产业，以冷链物流、农村电子商务和休闲农业、乡村旅游、创意农业为主的第三产业，构建“产+加+销+游”产业链，“公司+合作社+农户”组织链，形成一二三产业深度融合的生态农业经济大循

环。如东台市的国家农业产业化重点龙头企业江苏富安茧丝绸公司，建有千亩蚕桑生产示范区、百亩茧丝绸加工产业园和2000平方米茧丝绸文化馆；公司每年消化10万亩稻草产生的热能缫丝，已发展成为集采桑、制种、养蚕、蚕茧收购、烘制、缫丝、织绸、服装和文化旅游为一体，一二三产业深度融合发展的生态循环农业典型。

九、绿色农业制度不断完善

近年以来，江苏不仅积极从事绿色农业的各种实践活动，而且为农业的可持续发展提供了一系列制度支撑。分别从农业功能区划、生态文明建设、农业面源污染防治、流域污染治理、农业循环经济等方面出台了系列政策与制度，有力地推动了系统化、综合性、广覆盖的政策制度体系建立，初步形成了“规划先行、法律约束、政策支撑”的制度体系。

（一）制定了农业绿色发展的法律

在法律制度方面，江苏出台了《江苏省环境保护条例》《江苏省长江水污染防治条例》《江苏省大气污染防治条例》《江苏省耕地质量管理条例》《江苏省太湖水污染防治条例》等规章制度，大力推进水环境、土壤、大气共同治理的“水土气联治”。省内经济发达地区，如苏州市在绿色农业法律法规建设方面，率先前行，以生态补偿作为生态文明建设的抓手，制定地方性法规《苏州市生态补偿条例》（以下简称《条例》）。《条例》的出台让种水稻的农民心里更有底了，保护生态，能得到合理补偿，经济效益明显。

（二）出台了农业绿色发展的政策

在支持政策方面，江苏出台了《江苏省委省政府关于加快推进生态文明建设的实施意见》《省政府关于印发江苏省水污染防治工作方案的通知》《省政府关于全面推进农作物秸秆综合利用的意见》《太湖流域畜禽养殖污染防治及综合利用专项整治行动方案》《关于加快发展农业循环经济的指导意见》等文件，明确规定了对畜禽粪污源头减量、农药化肥减量、农作物秸秆综合利用、畜禽粪便资源化利用、农膜和农药废弃包装物回收处置等方面进行“技术补贴、生态补偿、项目补助”的支持政策。

第四节 江苏绿色农产品供求行为特征分析

本书研究绿色兴农路径，涉及绿色农产品的消费与生产，基于这两个角度，本书选择对消费者和生产者进行调查，调查绿色农产品的消费行为和生产行为特征。

一、消费者对绿色农产品及其品牌选择与消费行为分析

调查组组织18名大学生利用暑假时间首先在南京的部分超市、农贸市场等地进行调查；其次利用大学生各自返乡时机，在家乡进行调查，涉及地方包括扬州、南通、宿迁、盐城、泰州、苏州等地，共发放调查问卷400份，剔除有漏答等情况的无效问卷份，总计

有效问卷326份。

（一）描述性统计分析

根据本次调查统计数据，得出描述性统计结果如表4－3所示。从表4－3中可知，女性占比较高，为56.13%；年龄也偏大，在40岁以上的占42.64%；文化程度分布相对均衡，但大学和中学稍多些；收入在3001～5000元的最多，这可能与调查的场所选择有关，但总体上符合研究的需要。

表4－3 绿色农产品消费行为调查描述性统计分析结果

		人数	比例（%）
性别	男	143	43.87
	女	183	56.13
年龄	16～20岁	21	6.44
	21～30岁	102	31.29
	31～40岁	64	19.63
	41～60岁	123	37.73
	>60岁	16	4.91
文化程度	小学	33	10.12
	中学	82	25.15
	中专	48	14.72
	大专	59	18.10
	大学	92	28.22
	研究生及以上	12	3.68
收入	1000元及以下	9	2.76
	1001～3000元	47	14.42
	3001～5000元	102	31.29
	5001～7000元	68	20.86
	7001～9000元	42	12.88
	9001元及以上	58	17.79

（二）统计结果分析

（1）消费者对绿色农产品的关注度并不高，购买意愿不太强烈。调查结果如图4－1所示，对绿色品牌农产品非常关注的消费者仅占6.5%，比较关注的消费者约占28%，选择“一般关注”的人最多，为45%，不关注的比例达到了20%。由此可见，消费者对于绿色品牌农产品的关注度总体还处于比较低的状态。

从消费者的购买意愿看，对国内有名的绿色农产品，消费者的购买意愿还是比较强的，有购买意愿的人数占比为40%；愿意购买省市绿色农产品品牌人数占比仅为18%，但地方特产之类的农产品，购买意愿的消费者人数占比达到了28%，还有23%的消费者选择不确定，7%左右的消费者不购买绿色农产品。调查显示，消费者对绿色农产品有了一定的认知和接受程度，但购买意愿并不算高，绿色农产品的市场反应和影响力不强。

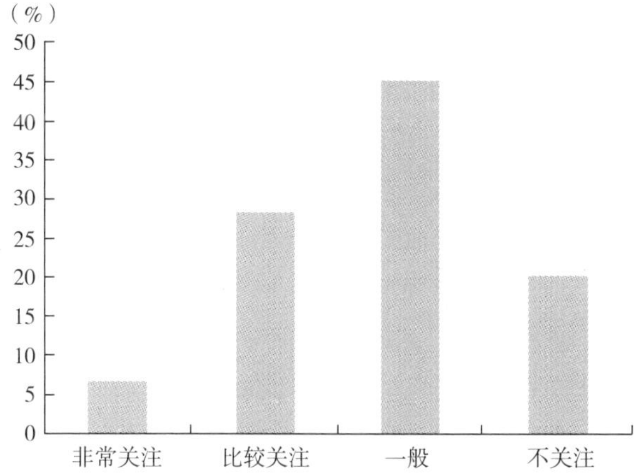

图4－1　绿色农产品的关注度

（2）大型超市是消费者主要购买场所，社区店和专卖店也获得了较高认可度，但还有不少消费者认为绿色农产品辨识度不高，与其他农产品无差别。

（3）从绿色农产品的购买场所来看，在大型超市购买的还是多数，占72%；其次是社区超市和菜市场，专卖店的比例也比较高，达到22%。大型超市成为购买绿色农产品的主要场所，可能是因为大型超市往往具有良好的物流系统，配有足够的库存、产品种类齐全多样，绿色品牌农产品的可获性很高。而社区超市、菜市场、专卖店也是消费者购买绿色品牌农产品比较常见的场所，这些场所一般分布在居民区附近，由于每日消费需求较大，几乎都是每天补货，因此能很好地保证农产品的新鲜程度。可能是由于农产品特殊的产品属性，选择网络购买的消费者还是相对较少，只占15%。对于购买的原因，有52%的人认为是安全放心，如图4－2所示，但也有15%左右的人认为绿色农产品无差别，影响了绿色农产品的购买意愿。

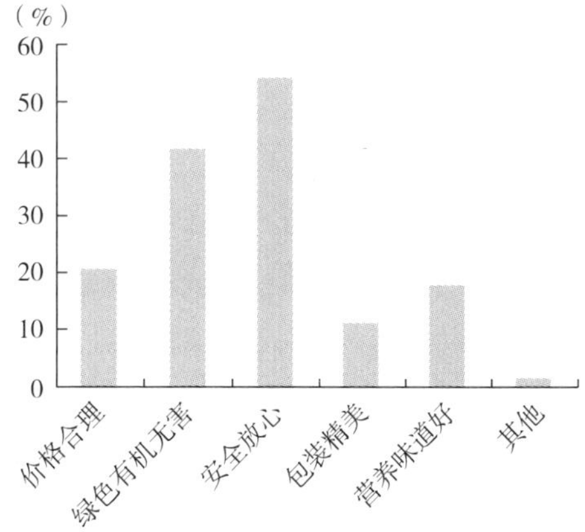

图4－2　消费者选择的原因

(4) 消费者愿意接受绿色农产品有一定的价格增加，但幅度有限。

在价格接受幅度和选择依据方面，调查显示，消费者在水果类、蔬菜类、畜牧水产类、米面粮油类、农副产品类可接受高价幅度。其中，七成多的消费者能接受不超过15%的加价，两成多的消费者可以接受加价幅度在16%～30%。而选择购买绿色农产品，从统计结果看，有约67.9%的消费者是依据自己的认知及经验，半数以上的消费者通过家人或朋友推荐选择农产品，两成多通过广告选择。

(三) 相关性分析

消费者的年龄、月收入、购买次数对绿色农产品的关注和消费具有显著的正向关系，其他因素的相关性不显著。通过对调查问卷中指标进行相关分析后发现，消费者年龄与部分因素呈正相关，一方面，与绿色农产品的关注程度的相关系数 $r = 0.120$，显著性 $p = 0.03$，表明消费者年龄越大，对绿色农产品的关注程度会有所提高；另一方面，对绿色农产品的信任程度也比较高（$r = 0.108$，$p = 0.05$），说明老年人会在乎农产品的绿色发展与农产品的质量。月收入与绿色农产品接受意愿存在显著的正相关（$r = 0.124$，$p < 0.05$），表示当消费者月收入增加时，其选择购买绿色农产品的可能性会有所增大。消费者一周内为家庭买菜次数越多，其购买农产品时也更加关注绿色农产品及其品牌，次数多，表明家庭消费农产品比较多，所以更加关注。其他因素的相关性不强，影响不显著。包括文化程度、性别等，对绿色农产品的选择与购买行为不显著影响。

二、农业生产经营主体进行绿色农业生产的意愿和能力分析

依据经济学理论，农业生产主体的意愿和能力将影响绿色农业生产决策。一方面，主体应该了解绿色农业，对绿色农业有所认知和意愿，意愿是从事绿色农业生产的基础。另一方面，是进行绿色农业生产的能力，有意愿没有能力不能实现绿色兴农的生产决策。进行绿色农业生产的能力包括土地流转规模实现能力、资金获取能力、市场信息获取能力、绿色农产品生产技术运用能力以及绿色农产品的收益实现能力等。

本书课题组对农业生产经营主体进行绿色农业生产的意愿和能力进行了调查，主要是利用江苏各地新型农业生产经营主体培训的机会进行调查，主要对邗江、仪征、淮安、射阳、金坛、泗阳、宿迁等地培训班；同时还对部分地区进行了实地调研，包括如皋、东台、通州、射阳、建湖等地。发放问卷580份，获得有效问卷512份。

(一) 描述性统计分析

根据统计分析，调查对象中男性居多，占86.91%；年龄在50岁左右的最多，这与新型农业生产经营主体的现状有关；文化程度是初中的最多，占比43.95%；种植面积101亩到300亩的最多，占比31.05%；新型经营主体的形式还是合作社比较多，占比51.95%，如表4-4所示。基本反映了新型农业生产主体的状况，符合实际情况，有统计分析意义。

(二) 计算结果分析

(1) 农业生产主体获取和利用市场信息的意愿不强，生产决策缺乏对市场需求的对接。

表 4-4 农业生产经营主体意愿与能力调查描述性统计

		人数	比例（%）
性别	男	445	86.91
	女	67	13.09
年龄	20～35 岁	56	10.94
	36～50 岁	271	52.93
	51～60 岁	174	33.98
	61 岁以上	11	2.15
文化程度	小学	11	2.15
	初中	225	43.95
	高中	184	35.94
	本专科	92	17.97
	研究生	0	0.00
面积	10 亩及以下	26	5.08
	11～50 亩	32	6.25
	51～100 亩	37	7.23
	101～300 亩	149	31.05
	301～500 亩	109	21.29
	501 亩以上	149	29.10
身份	合作社	266	51.95
	家庭农场	138	26.95
	种养大户	56	10.94
	农业企业	26	5.08
	其他	26	5.08

在绿色农产品市场需求和新技术信息获得方面，调查结果如图 4-3 所示，农业生产经营主体还是主要从政府农业部门获得信息，选择政府农业部门的人数占比 36%，表明了新型农业生产主体的政府依赖性，同时说明了政府农业部门对新型农业生产主体生产决策的影响很深。令人意外的是，有 29% 的调查对象未进行任何选择，表明不少农业生产主体缺乏依据市场信息进行生产决策的意识。在“对自己生产农产品的市场需求情况是否了解”的调查时，结果显示，“很了解”的人数只占 13%，选择“一般”的占了 48%，“比较了解”的占 33%，说明了农业生产经营主体的生产决策缺乏对市场需求的对接。

（2）农业生产主体采用绿色农业技术的意愿比较强，并认为市场上同类农产品的质量有待提升。

在绿色农业生产方面，农业生产主体采用新的技术提高自己生产的农产品质量的意愿还是很高的，选择“非常愿意”和“比较愿意”的占了 92%，其中选择“非常愿意”的比例达到了 59%，如图 4-4 所示，表明农业生产主体提高农产品质量的愿望是比较强烈的。在“市场上相对应的农产品质量是否需要提升”的调查中，选择“很需要”和“比较需要”的比例达到了同样的92%，其中，选择“很需要”的人数比例达到了69%。这充分说明农业生产主体认为市场上的农产品质量是有问题的，有质量提升的必要。

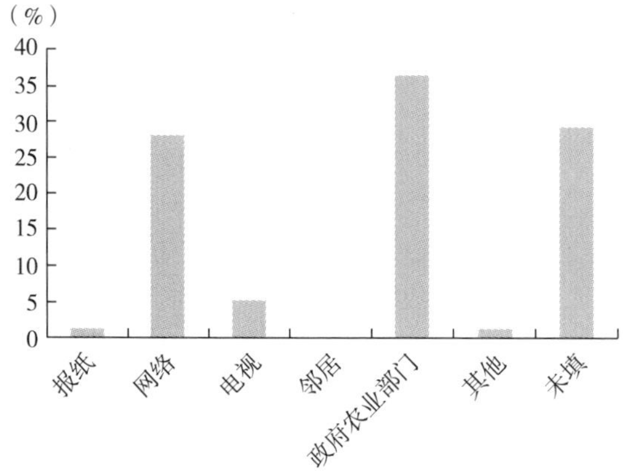

图4-3　获取信息途径情况

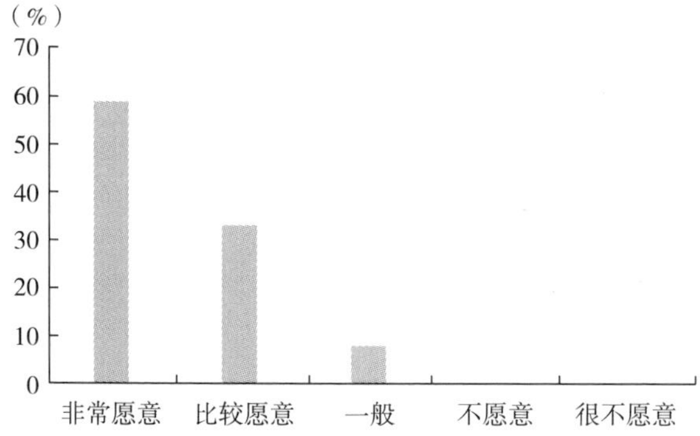

图4-4　采用新技术提高农产品质量的意愿

(3) 农业生产主体对耕地保护缺乏了解，在农药化肥施用上依赖政府农业部门指导的程度较高。

在“是否了解耕地保护”回答方面，仍然有37%的人选择“一般了解”；在耕地保护手段和方法上，选择最多的是有机肥施用和深耕，休耕和少用化肥却相对较少，表明农业生产主体对产量和收益比较关注；对于土地保护的方法选择体现了理性人特征，不希望耕地保护影响自己的收益。但在施用化肥农药方面，也会选择控制用量，选择“适当控制用量”的人数占79%。而在根据什么决策化肥农药的用量时，选择“政府部门统一技术指导”的人数占59%，根据自己经验的选择占32%，如图4-5所示，说明了农业生产经营主体在化肥农药施用方面受政府农业部门影响很大，依赖也比较强。

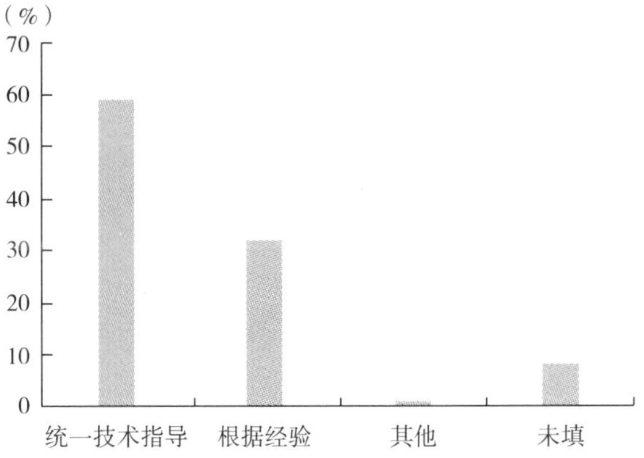

图 4-5　施用化肥农药依据

（4）农业生产主体获得资金的能力较弱，且认为融资成本偏高。

关于通过资源配置进行绿色农业生产的能力调查方面，首先体现在资金获得比较困难，有 45% 的人感觉“不容易”，还有 11% 的人感觉“很不容易”，感觉“一般”的有 32%，如图 4-6 所示，表明资金获得难度比较大。其中，资金获得的成本也比较高，12% 的人觉得很高，51% 的人觉得比较高，28% 的人感觉一般，所以，总体感觉成本是偏高的。而在融资渠道上，银行贷款还是主要渠道，39% 的人选择了银行贷款，是各种渠道中占比最高的。

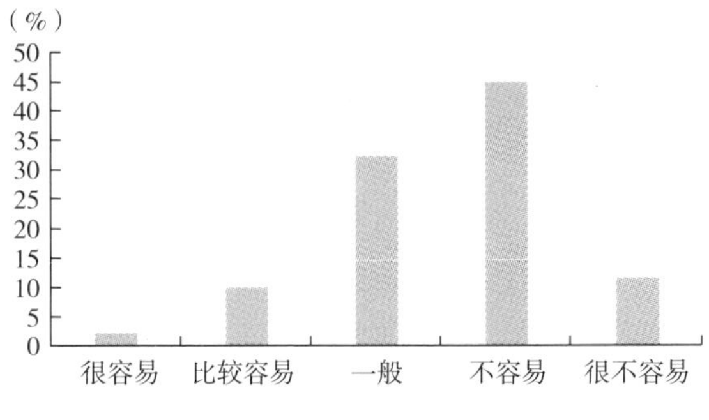

图 4-6　资金获得的难易程度

（5）农业生产主体雇用劳动力越来越困难，且认为劳动力雇用成本偏高。

关于劳动力雇用的情况，调查显示，如图 4-7 所示，农业生产雇用劳动力越来越难，选择“不容易”的人数达到了 46%，“很不容易”的也达到了 14%；感觉劳动力成本比较高的达到了 45%，很高的占 13%。表明了农业生产劳动力问题将影响新型农业生产主体的农业生产。其中，有机肥的撒播就需要大量的人工，机械又比较昂贵，而人员成本较高的情况下，抑制了农业生产主体有机肥的施用。

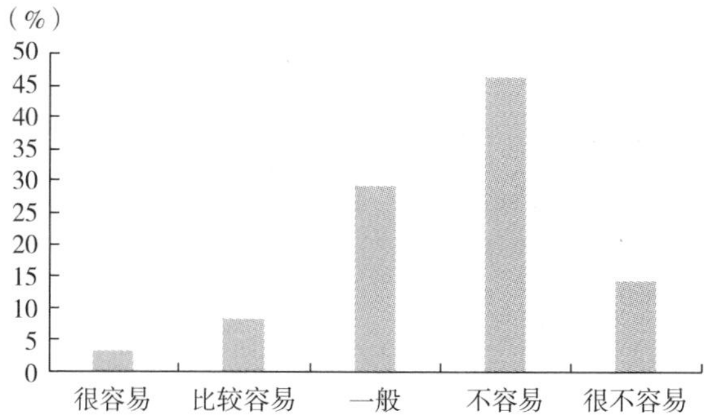

图4－7　劳动力雇用的难易程度

（6）农业生产主体获得流转土地的能力较弱，且部分地区租金偏高。

土地规模化是绿色农业技术运用的基本条件，无论是测土配方施肥，还是农药化肥的控制以及有机肥替代化肥，都需要一定土地规模化生产才有需求，但土地的流转也存在很多困难，对于土地通过流转获得经营权，有43%的人认为“不容易”，有6%的人认为“很不容易”，如图4－8所示。而对于土地的流转成本，普遍认为偏高，认为很高的达到了19%，比较高的达到了50%，并认为缺乏相应的参考标准，各地之间差异较大，在目前有国家补贴的情况下，能够获得一定收益和生存，但完全市场化后就很难生存。

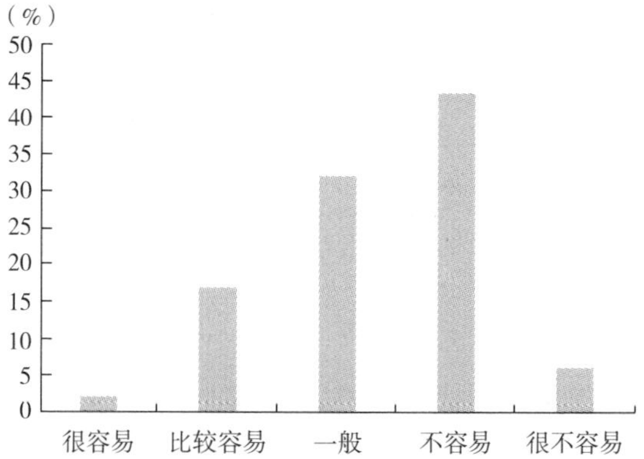

图4－8　土地获得的难易程度

（7）农业生产主体对废弃物综合利用缺乏了解，技术需求不高。

在“是否废弃物资源化利用”回答方面，有50%的人选择“不了解”，在资源利用的方式上，农业生产主体也不是非常熟悉和了解。在绿色农业生产技术方面，认为还是比较容易获得的，主要是政府农业部门的相关工作比较到位，基本满足了农业生产主体的需要；而对于深层次的国家要求，由于不带有强制性，一般农业生产主体关注不多。因此，目前技术方面需要有可靠性和成本低以及可操作性强的创新性技术。农业生产主体主动运用新技术的意识并不强。

（三）相关性分析

总体而言，经营面积越大的越愿意进行绿色农业生产，认为自己生产的农产品质量需要提升的，一般都会采用相应的绿色农业技术，并按照高标准农田进行生产，并显示绿色农业发展需要技术指导，土地与劳动力资源制约着规模扩大生产。

第一，文化程度与对自己生产的农产品质量感受显著相关，相关系数 $r=0.245$，显著性 $p=0.003$，表明文化程度越高，越认为自己生产的农产品质量不需要提高，可能是文化程度高的都采用了一些技术，使自己的产品质量已经获得了好的市场认可。

第二，经营面积和按高标准农田进行生产显著相关（$r=0.232$，$p=0.004$），表明面积越大的农业生产主体，越愿意按高标准农田的标准进行生产。

第三，对自己生产农产品质量感觉与对自己生产的农产品市场需求情况（$r=0.277$，$p=0.001$）、采用新的技术进行生产改善（$r=0.232$，$p=0.005$）、有机肥环保生产技术使用（$r=0.221$，$p=0.007$）等显著相关，表明认可自己生产产品的主体对产品的市场需求情况比较了解，也愿意采用新的技术进行产品改进，愿意采用有机肥环保生产技术进行生产。

第四，采用有机肥环保技术生产与获得技术指导难易程度显著相关（$r=0.246$，$p=0.002$），表明了容易获得技术指导的主体更愿意采用有机肥等绿色肥料进行农业生产。

第五节　江苏绿色兴农存在的问题与原因分析

虽然江苏这几年来在绿色农业发展方面成效显著，取得了很大的进展，但仍然存在一些问题，这些问题将制约下一阶段绿色农业的发展，影响绿色兴农目标的实现。

一、农业生产主体从事绿色农业发展的能力不足

目前，从事绿色农业生产的主体包括农民、家庭农场、合作社、企业化经营农场，他们是绿色兴农的关键影响因素。基于意愿和能力两个维度，可以将农业生产主体分为四种类型，分别为有意愿没有能力、有意愿有能力、没有意愿没有能力、没有意愿有能力。根据调查结果显示，比较容易获得资金的人数比例为42%，比较容易获得劳动力和流转土地的人数比例分别为39%和49%，能够获得市场需求信息和技术的人数比例分别为71%和86%。经过分析可知，之所以具有信息获得能力的人数比例高，是因为政府农业部门提供的信息，而不是农业生产主体主动获取市场信息，主动获取市场信息的人数比例仅为35%。具有获取技术能力的人数比例较高的原因也是政府农业部门提供，主动找寻和运用相关绿色农业技术的人数比例也不高。而有意愿从事绿色农业发展的人数比例较高，占91%。因此，目前农业生产主体的意愿和能力可以用四象限图表示，如图4－9所示。

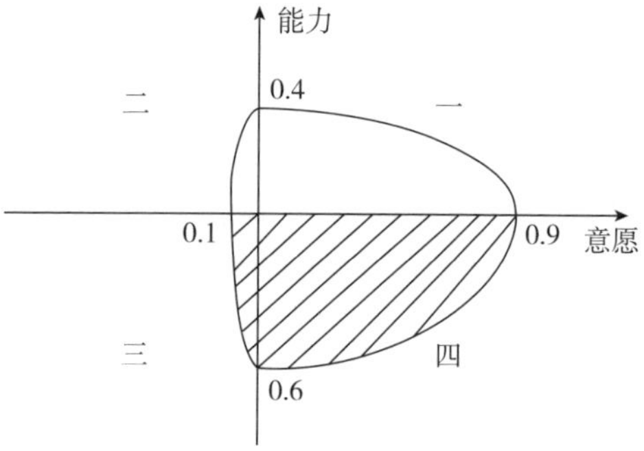

图 4-9　农业生产主体意愿与能力情况

目前农业生产主体中，处于第四象限中有意愿但能力不足的人数比例较多。根据调查发现，农业生产主体能力不足的原因主要为：一是有能力的人，在农业剩余劳动力转移过程中，离开了农业生产而外出打工，留下的相对而言是能力较弱的人。二是目前的农业生产经营主体的培训存在缺陷，培训供给与需求错位，培训内容不符合农业生产主体的需要，技术内容多，管理内容少；培训的师资队伍明显不足，不能满足多样化的农产品形成的不同专业化培训需求；培训教材、课程体系、培训手段和方法滞后，培训的实践基地和基础设施严重不足，影响了培训效果，导致农业生产经营主体的能力提升不够。

二、绿色农业生产技术的需求不旺、供给不足

根据农业农村部公布的《农业绿色发展技术导册（2018—2030）》，农业绿色发展技术内涵丰富，很多技术需要进一步研发、示范和推广。如表 4-5 所示，包括绿色投入品、绿色产后增值技术，以及绿色低碳种养结构与技术模式。

表 4-5　农业绿色发展技术分类与名称

分类	技术名称	分类	技术名称
绿色投入品	高效优质多抗新品种	绿色生产技术	耕地质量提升与保育技术
	环保高效肥料、农业药物		化肥农药减施增效技术
	节能低耗智能化农业装备		农业废弃物循环利用技术
绿色产后增值技术	农产品低碳减污加工贮运技术		农业面源污染治理技术
	农产品智能化精深加工技术		重金属污染控制与治理技术
绿色低碳种养结构与技术模式	作物绿色增产增效技术模式		农业控水与雨养旱作技术
	种养加一体化循环技术模式		畜禽水产品绿色生产技术
			水生生态保护修复技术

由于相关技术的运用对农业生产经营主体提出了较高的素质和能力要求，而目前的农业生产主体的学历大都是初高中水平，且年龄偏大，对一些绿色农业生产技术的运用不容

易适应，对绿色技术了解不多。另外，如图4－10所示，农业生产主体在运用技术可以获得收益的情况下才会形成对技术的需求。事实上，绿色农业生产技术的运用还会增加一些成本，如有机肥的施用，就增加了购置成本和撒肥人工成本，这些成本的增加将会影响农业生产经营主体的绿色技术运用的意愿，导致绿色农业发展技术需求抑制。

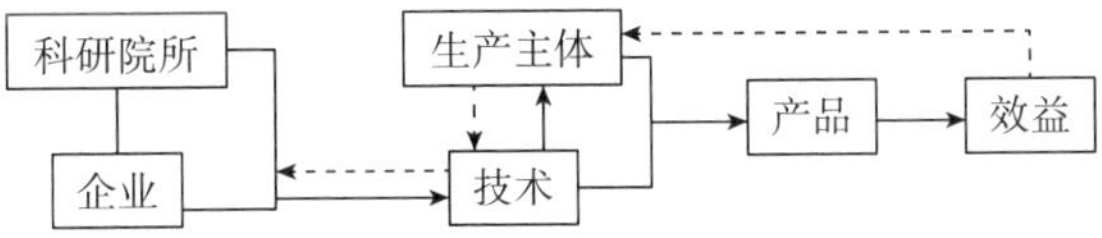

图4－10　农业生产技术供需与效益关系

在调查中也发现，绿色农业生产技术的供给不足主要表现在以下三个方面：一是目前推广的技术种类不多，表中所列技术大部分还是研发过程中，还未进入示范与推广程序。如加工储运技术、农产品精深加工技术等。二是部分技术的效率和可靠性不足，如畜禽粪便处理技术的有机肥推广，因其价格高、撒播不便等原因，推广范围受限，而杀虫灯和稻鸭共生种养模式的效果达不到农业生产主体的期望，影响了大范围的推广。三是技术的难度大，成本高，经济性不足，推广困难。如沼气沼液发电处理系统、智能化农业装备等。

出现这种问题的主要原因，一是绿色农业技术研发主体、技术推广主体、应用主体的目标存在显著差异。研发主体主要是高校科研院所，其研发目标不是为了生产实际需要，更多的是项目经费和职称晋升，所研发技术的经济性和可用性就难以保证。二是推广主体主要是政府农业部门和示范单位，技术示范组织主体的目标更多的是政府补贴，对技术运用的经济性和可靠性不会考虑太多。三是农业生产主体的目标是取得经济效益，如果不能降低成本和实现效益，也就不会考虑采用绿色农业生产技术，除非政府有补贴，而且补贴能够弥补成本的增加。三大主体的目标不一致性导致了技术供给与需求的不一致性。

三、绿色农产品的市场效益实现不易，制约了绿色农业发展技术的运用

市场效益是农业生产主体运用绿色农业技术的强大动力，效益的实现体现在价格和产量两个方面，如图4－11所示。技术能带来价格的提升和产量的增加，就能获得市场效益，进而驱动农业生产主体采用绿色农业技术。由于市场上绿色农产品的数量和品种较多，影响了绿色农产品的辨识度，优质难以优价。根据调查，愿意购买绿色农产品的消费者当中，有30%左右的人认为，绿色农产品没有辨识度，看不出明显差别。另外，不少农业生产主体上市销售获得认证的绿色农产品，质量并不能保证，导致绿色农产品市场混乱，影响了消费者对绿色农产品的忠诚度，不愿意支付高的价格购买不确定优质的农产品，市场效益的实现变得困难。

由于农产品的特殊性，品种多、产地广、品质多样、评价复杂，不同消费群体对产品具有不同的偏好，因此，农产品的品牌建设、维护难度比较大。一般农业生产主体自建品牌困难，加上其他农产品生产主体的投机行为和机会主义行为的存在，导致品牌建设共同陷入囚徒的困境状态，相关农业生产主体提升绿色农产品质量的意愿受到抑制，优质与优价良性循环没有形成。同时，绿色农产品产业链延伸的附加值没有实现，部分绿色农产品的市场效益实现变得困难。

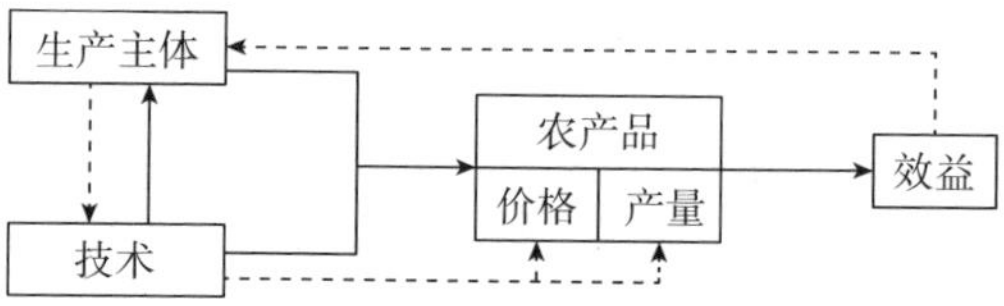

图 4－11　技术运用与效益关系

农业生产经营主体具有明显理性人特征，其从事农业生产的目的主要是获得相应的收益。而绿色农业生产技术的运用需要增加一定的成本，且收益具有不确定性。绿色技术的研发主要以改善环境为主要目标，往往在产量方面的作用上还不如化肥的作用。因此，在不能获得收益且增加的成本得不到补偿的情况下，绿色农业生产技术是不会被农业生产主体主动运用的。政府虽实施了补贴，但补贴的力度如果不能弥补增加的成本，补贴对农业生产主体运用绿色生产技术的激励也将会是无效的。

四、绿色兴农政策的有效性和针对性有待于进一步提升

从农业发展的角度来看，存在市场与政府两种力量，目前而言，政府的作用还是必不可少的。政府的作用可以在以下三个方面：一是运用财政政策工具，如补贴、税收、补助、投融资等优惠政策工具，间接推动相关主体实施绿色农业发展。二是制定相应的政策维护技术、生产、销售等市场环境，为绿色农产品创造一个合适的环境，保障绿色农产品效益的实现。三是通过行政、经济与法律等相关手段，推动土地、资金、人力等资源向绿色农业发展倾斜，实现绿色农业的优先增长。

近年来，绿色农业发展获得了政府的大力支持，特别是补贴政策丰富多样，如表 4－6 所示，表中为 2018 年以绿色生态为导向的补贴。另外，江苏还有生态循环农业示范县、示范基地等专项补贴。但部分补贴政策的对象不清晰，补贴力度存在偏差，并没有完全激活农业生产主体推动绿色农业发展的活力，如秸秆综合利用的相关补贴，并没有撬动市场力量推动综合利用秸秆产业链的形成。如图 4－12 所示，秸秆综合利用，涉及收集、运输、周转、集中、加工、销售等环节，因此，针对哪个环节进行补贴进而带动整体是需要进行研究的问题。目前的补贴收集经纪人和加工企业方面都有补贴，但补贴的力度还不大，补贴对象还需要调整，秸秆综合利用的产业链还没有形成。

表 4-6 2018 年以绿色生态为导向的补贴

序号	补贴名称	序号	补贴名称
1	农业支持保护补贴	6	有机肥替代化肥补贴
2	农机购置补贴	7	绿色信贷及专业化担保补贴
3	畜禽粪污资源化利用补贴	8	绿色高效技术推广服务支持补贴
4	秸秆综合利用补贴	9	农村一二三产业融合发展补贴
5	渔业油价补贴	10	培养新型职业农民补贴

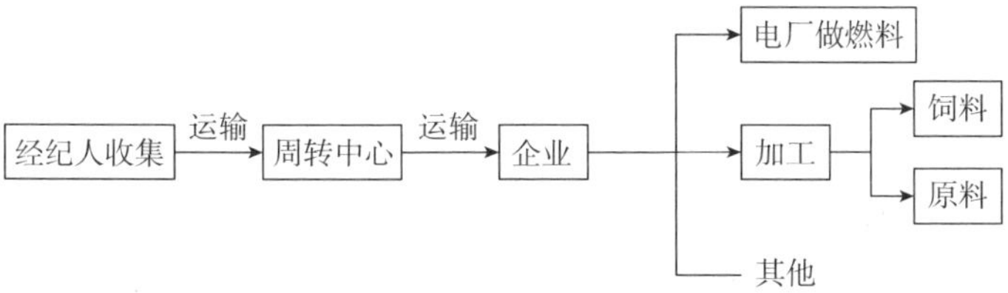

图 4-12 秸秆综合利用流程

五、绿色兴农涉及的生产资源优化配置困难

当农业生产经营主体具有绿色农业生产的意愿并决定进行绿色农业生产的时候，需要对土地资源进行相应的调整，包括扩大生产经营规模。由于我国耕地的模式是家庭联产承包经营，人均耕地较少，土地规模的扩大只能通过土地的流转或合作的形式实现，因此，具有较好的土地资源调整的环境将有助于农业生产主体进行绿色农业的生产经营决策。但土地流转租金较高、租赁合同违约行为时有发生，虽然通过合作也能实现农民组织化，扩大生产规模，为绿色农业创造条件，但如何保证合作的稳定性，真正实现合作效应，还需要进行引导和指导。

土地资源的调整目标实现后，还需要资金的支持，包括新技术的运用和生产资料的购置等，获取资金支持的渠道包括政府财政支持、社会和工商资本支持以及金融资本的支持，对于具有一定资本积累的社会和工商资本而言，从事绿色农业生产是一次新的投资决策，资金的影响不是关键因素，调查中也发现，有 37% 的农业生产主体不存在资金问题；对于其他缺少资金的绿色农业生产者来说，政府政策资金和金融资金支持是十分必要的，政府资金具有明显的指向和政策目标，并不能完全解决绿色农业生产过程中的资金需求问题，金融市场的融资渠道是否畅通就显得非常重要，但这一农业金融融资渠道往往存在成本较高、渠道不畅的约束。

进行绿色农业生产还需要劳动力，在目前劳动力成本较高且数量不足的情况下，用机械代替人工是必然选择，但机械代替还存在一些问题，一是机械的适用性问题，如秸秆还田需要大型机械，但小农户和种田规模不大的农户就存在困难；二是有机肥撒播的机械偏大且价格较贵，使用效率也不高，一般农业生产主体购置愿望不强，影响了有机肥的使用；三是还有一些废弃物收储利用，也需要大量的劳动力，劳动力的不足和成本影响了相关废弃物综合利用的推进。这些问题的解决需要通过政策扶持，发挥引领作用，拉动各方力量参与到绿色农业发展中来。

六、绿色兴农所需社会化服务体系不够健全

绿色农业发展除农业生产者之外，还需要更多的服务支持。一是生产服务。包括绿色生产资料的提供、绿色品种的生产与销售、农机化绿色作业服务、绿色技术提供等。随着社会分工和商品生产的发展，很多原来由县、乡、村农业部门单位完成的工作逐步分化了出来，由相应的企业来完成，如种子公司、生产资料供应公司、农机销售公司、农产品加工储运公司等，为农业生产提供产前、产中、产后系列化服务。但这些企业都是通过市场进行运作，并按照市场效益来进行决策，导致部分收益不明显的环节服务缺乏，难以满足绿色农业发展的需要。如围绕绿色农业发展的机械作业服务、有机肥生产与撒播服务、废弃物的收储服务等。

二是技术服务。主要包括技术研发与推广，以及生产技术服务。绿色生产技术主要由高校和科研院所研发，如绿色肥料、废弃物综合利用技术等的研发，但产学研研发体系还没有完全建立；绿色生产技术服务包括测土配方精确施肥服务、绿色植保服务、废弃物处理服务等。但目前的绿色技术提供不足，示范与推广体系不够完善，技术研发的速度和转化速度较慢，技术的效果和可操作性有待提升；绿色农业技术的示范带动不强，往往示范区成为了任务工程，对技术的运用带动力不强；技术的推广往往也是运用行政力量，通过政府补贴推动部分技术的使用。

三是信息服务。信息服务就是指农业信息的收集、处理、传播、应用，为农业生产经营者提供农业的产前、产中和产后各环节信息。目前，信息服务在农业资源调查、农业生产管理决策和病虫害诊治、农业生产过程自动化控制等方面有所进展。但各层次农业信息服务主体的功能还没有完全实现，缺乏通过市场为农业生产主体服务的动力机制，还主要靠政府农业部门提供信息服务，社会化的服务组织缺乏；另外，农业信息服务手段不够多样化，媒体面向农业生产主体和农村的节目栏目很少，书籍、报纸、杂志中为农业、农村和农业生产主体提供服务的信息有限，公共图书馆和书店大都设在城市，距离农村远，增加了农业生产主体获取生产经营信息的成本。

四是金融服务。农业生产主体金融服务需求多元化，其金融服务需求贯穿于生产经营周期的各个领域和各个环节，经营规模扩大租赁土地、购买大型农机具、引进绿色农业生产技术等事项都对资金有需求，金融需求由以往单纯的田间作业等传统生产需求转向加工、流通、商贸等综合需求。并且，融资需求带有明显的季节性特点，融资成本承受能力较低。目前，金融服务主体比较缺乏，受绿色农业生产的风险影响，以及绿色农产品收益的不确定性影响，金融服务条件严格，农业生产主体抵押资产有限，农业生产主体在银行贷款存在困难，如部分有机肥生产企业所用土地为农业辅助用地，则不能用于抵押，造成了融资困难。

第六节　江苏绿色兴农的路径与对策建议

一、基本思路与路径

绿色兴农的基本含义是通过绿色农业发展使农业兴旺发达，兴旺发达体现在好的效益、高的生产效率和强的国际竞争力等方面，实现这一目标的主体就是农业生产经营主体；绿色农业发展的成果就是绿色农产品，通过高质量绿色农产品获得好的收益；基于农业的特征，绿色农业的发展需要政府的支持，通过补贴、税收、补助、投融资等，提升农业生产经营主体的意愿和能力，并为绿色农产品创造好的市场环境，保障绿色效益的实现。其各因素之间的关系，如图 4 – 13 所示。基于绿色农业的社会效益和生态效益的意义，政府政策将发挥重要作用。

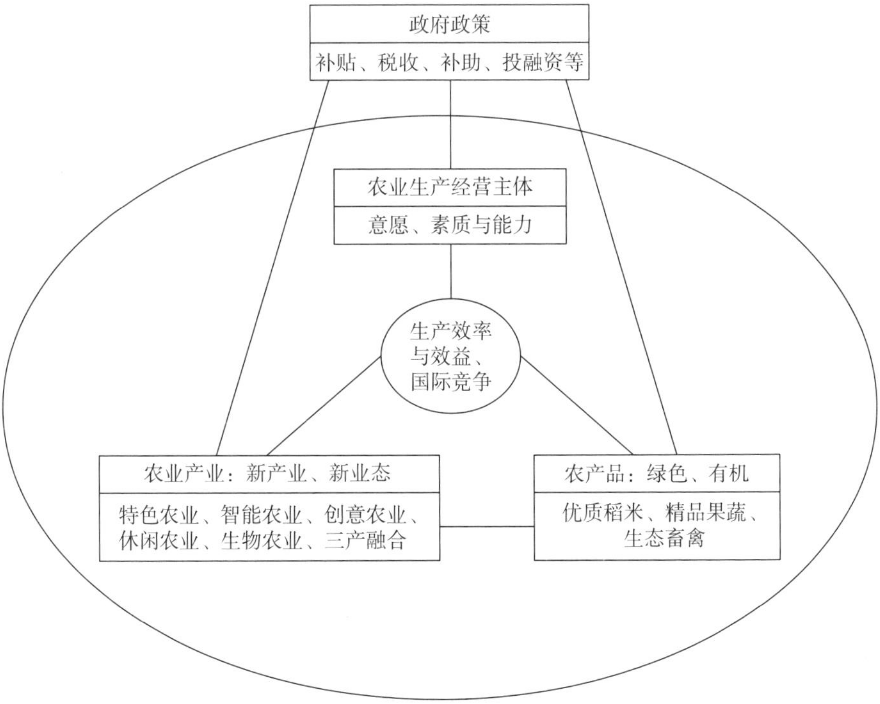

图 4 – 13　绿色兴农各影响因素关系

根据江苏绿色农业发展的基础和现状以及各影响因素之间的关系，走江苏绿色兴农路径应该从以下做起。第一，利用政策的力量培育农业生产经营主体，提高主体的数量与素质以及他们发展绿色农业的意愿和能力。缺少农业生产经营主体，绿色兴农无从谈起。第二，要为农业生产经营主体进行绿色农业生产创造条件，特别是土地流转、资金筹集、劳动力雇用等资源配置方面，确保农业生产经营主体生产的顺利进行。第三，构建市场需求信息平台，推动农业生产经营主体有计划有科学地安排生产，包括安排生产品种和生产数量，保持生产计划与市场需求的一致性。第四，加强绿色农业技术研发以及技术推广与服务，协助解决农业生产经营主体在生产中的实际问题，构建技术研发与推广服务体系。第五，加强对农产品生产过程和产品质量的监督，保证产品的质量，形成良好的市场声誉，实现绿色农产品的绿色效益。第六，推进企业和区域绿色农产品品牌建设，推动一二三产业融合，探索种养结合新模式和新业态，实现绿色农产品的优质优价和产业链及其休闲旅游附加值。第七，构建绿色农产品的储藏、物流与营销平台，为绿色农产品提供最后环节的服务，实现真正的绿色兴农。

路径具体体现为：主体培育—资源配置条件创造—市场供需信息平台构建—技术研发与推广服务—产品与生产监督—品牌与三产融合及模式创新—物流与营销平台建设—效益实现—主体兴旺发达。涉及因素及其关系如图 4 - 14 所示，其中，政府的作用贯穿始终。

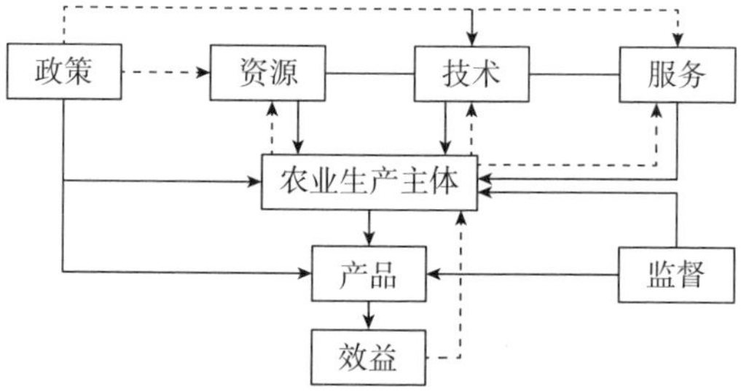

图 4 - 14　路径影响因素相互关系

二、实现绿色兴农路径的对策建议

基于绿色兴农的基本思路和路径考虑，路径实现的关键是主体，产品是核心，动力在政策，资源是条件，服务是保障，技术是难点，效果在监督，成败在效益。具体的策略建议主要包括以下九个方面内容。

（一）强化主体的形成、培养与激励

首先，提升农业生产经营主体的意愿形成、素质及其能力。采取特殊的绿色农业创业人才扶持政策，吸引涉农专业人才进入绿色农业生产领域，发挥其示范引领与带动作用。实施精准培训，提高农业生产主体的素质和能力。一是内容精准，既要有基本农业生产的内容，也要有新技术的展现；既要有农产品生产技术讲解，也要有生产管理和产品销售等管理理论的介绍；既要有理论知识介绍，也要有实践环节的训练。二是形式精准，推进集

中培训与分散培训相结合，满足农业生产主体的需要；推进课堂培训和实践基地培训相结合，让农业生产主体具有实践体验。三是手段精准，充分利用互联网信息技术，将简单易学的内容制作成视频课程，满足农业生产主体随时随地地自我学习。四是培训对象精准。省、市、县不同层次进行不同内容的培训，对同一类农作物生产的主体进行专业培训，对专项绿色生产技术进行专项培训等。

其次，服务主体的培育与市场环境创造。从社会分工角度以及绿色农业产业发展需要来看，社会化服务体系是绿色农业发展的重要保障，服务的供给是由相关主体提供，因此，要培育绿色农业发展需要的服务主体，包括绿色生产资料提供、绿色生产机械化作业服务、绿色农产品生产技术服务、信息咨询服务和金融服务等主体。虽然服务主体的形成是由市场需求所驱动的，基于服务主体在促进绿色农业产业发展方面的作用，应该扶持一部分服务主体的产生，推动绿色农业产业的发展，进而形成对服务的市场需求，形成服务主体与绿色农业产业发展的良性互动。同时，要加强对服务主体的监督与管理，保证服务的规范化，服务质量和水平满足绿色农业生产主体的需要。

最后，加强地方政府主体和农业部门的激励。调查结果显示，农业生产主体的生产行为受政府引导影响很大，因此，在绿色兴农战略实施过程中，地方政府和相关农业部门的作用至关重要。特别是区域性农产品品牌的建立，测土配方施肥以及产后销售等环节，需要地方政府和农业部门的指导和引导。因此，要借助农业农村职能合并的契机，从绿色农业发展需要出发，完善地方政府农业部门，合理设计相关职能部门，加强与市场监管部门、标准质量监督部门的合作；在农业部门职能转变后，根据相关管理与服务职能需要，构建县乡村绿色农业工作体系，强化对绿色农业生产技术的指导、推广与应用，以及农产品质量的控制与监督。加强对地方农业部门管理人员的培训，提升绿色农业管理与服务的能力和水平。

绿色兴农需要三方面主体之间相互协同，在目前绿色兴农战略实施的初级阶段，地方政府和农业部门的作用发挥最为关键。既要提高自身素质，完善自身职能、构建自身服务体系，还要承担提升农业生产经营主体的数量和质量的职能；并且要创造市场环境，推动各类服务主体的形成。

（二）基于区域特色，提升绿色农产品的质量

结合当地土壤资源和农业资源，进行区域品种选择。绿色农业产业发展也需要遵循现代农业的发展规律，注意农产品的市场消费特征，才能实现优质优价。根据调查，消费者对绿色农产品的感知并不明显，但对具有地方特色的农产品具有明显偏好，因此，各地应依据本地农产品资源，进行农产品品种选择和重点扶持，把本地特色农产品与绿色农业发展目标结合起来，形成具有区域特色的绿色农产品，并发挥带动作用，形成标准化生产和技术规范，产生良好的市场效应，实现优质优价目标。如东台的西瓜、高淳的螃蟹、无锡的水蜜桃、东海的淮猪、仪征的食用菌等。

通过行业协会有组织地推进标准化生产和清洁生产。具有品牌的绿色农产品可以通过扩大规模获得规模经济效益，而扩大规模的途径除土地流转外，还可以通过发挥龙头企业

的作用，带动更多的农业生产主体生产同样特色农产品，为维护品牌声誉，保证绿色农产品质量，需要制定相应的农产品生产标准，并采用清洁生产技术。目前，江苏已经制定了各类标准化生产技术规范1万多项，涉及各类地方特色农产品，已经形成的规范中大多不是从农产品生产的角度出发制定的，清洁生产的内涵比较缺乏。因此，要进一步修订相应的标准化技术规范，制定新的绿色农产品生产技术规范，并通过相关绿色农产品生产协会或龙头企业推动技术规范的遵守，通过融合清洁生产理念的标准化生产，保证绿色农产品的质量和效益。

（三）明确政策目标，提升政策的有效性

基于农业和农民的特征，应注重实际效果来选择合适的补贴方式。绿色兴农战略实施需要政府发挥应有的作用，财政政策是政府发挥作用的工具。应该将绿色农业发展纳入地方政府综合考核当中，采用绿色农业发展补贴与成效奖励相结合的形式，推动生态循环农业的发展。对于区域成效显著的绿色农业发展模式，如秸秆综合利用多样化形式的比较、农药废弃物回收等，给予相应的项目资助，鼓励地方农业部门的研究人员进行相应的基层研究，以利于模式的创新、完善、总结与推广。依据不同农产品、不同绿色农业生产技术、不同类型的主体和不同的生产环节，制定不同的补贴政策，提高政策的实际效果，包括直接补助、政府购买服务、贴息、先建后补、以奖代补、资产折股量化、担保补助、设立基金等补贴方式。粮食作物的绿色生产、绿色生产过程中测土配方施肥、废弃物综合利用生产企业等应该成为重点扶持的政策优先，确保绿色农业发展政策效果。

基于绿色兴农政策目标，注重政策效率，确定合理的政策力度和范围。政策的实际效果还与政策力度有关，地方政府是从区域利益进行决策，企业和农业生产主体更多的是从经济效益角度进行决策。对于地方政府而言，政策的力度对区域经济和个人业绩影响不大的情况下，往往积极性不高，表现为对省里的部分补贴并不热衷，因为补贴项目增加了工作量的同时还要承担更多的责任。对于企业和农业生产主体而言，绿色农业生产更多是基于环境保护和土壤改良角度，具有一定程度的社会公益性质，因此，政策力度将会影响企业和农业生产主体的绿色农业生产参与决策。如有机肥生产企业生产的有机肥主要依赖政府采购，经济效益难以保障，农业生产主体的有机肥替代化肥，增加了购置成本和人工撒播成本的同时，还可能牺牲一定的产量，在补贴力度不足的情况下，绿色农业生产技术的推广与运用将受到影响。因此，要针对政策目标，确定合理有效的政策力度，包括补贴的额度、涉及人员的激励措施等。

基于市场力量发挥，注重政策带动效应，确定政策对象和环节。政府政策的作用将推动绿色农业发展，同时也会产生政策挤出效应，特别是会影响到市场力量的发挥。因此，要把政府政策力量和市场力量结合起来，政府政策力量要能撬动市场力量，最终通过市场机制驱动技术研发主体、农业生产主体、相关企业主体作用的发挥，实现绿色农业发展。要扶持绿色农业技术研发企业，并以之为技术创新主体，通过产学研合作，研发出满足生产主体需要的技术；扶持有机肥和秸秆综合利用生产企业，推动畜禽粪便和秸秆的收储、运输、周转等内化为企业内部行为，形成基于企业的废弃物综合利用体系；扶持绿色农产品生产的龙头组织，包括合作社和家庭农场，发挥新型农业生产主体的带头作用，由龙头企业承担绿色生产监督职能，通过品牌附加值获得绿色经济效益，进而推进绿色生产技术标准和清洁生产；对绿色农业发展带动效应强的关键环节进行补贴，如有机肥撒播机械，推动整个体系的绿色发展。

（四）创造农业生产资源优化配置的市场环境

基于绿色农业发展人才需求构建绿色农业发展人才培育体系。绿色农业发展需要大量人才，包括技术研发与应用、生产计划与管理、农业生产模式创新、绿色农产品营销与品牌建设、绿色农产品电子商务与物流、产业链与供应链价值创造、信息咨询与技术服务等，多年来，由于农村剩余劳动力转移过程中，转移出大量年轻的本地人才，而进入农业并从事农业的人才很少，导致绿色农业发展所需人才短缺。因此，应该充分发挥各层次院校的人才培养职能，强化绿色农业发展人才培养，部、省、级院校注重绿色农业发展需要的高层次人才培养，满足江苏绿色农业顶层设计和技术研发需要；高等职业院校注重区域性特色绿色农业发展人才培养，满足区域性绿色农产品生产需要；中等农业职业学校注重生产实际需要，培养一线农业人才；政府要在构建绿色农业发展所需人才培养体系方面，通过政策措施，推动绿色农业人才的培养和涉农人才从事绿色农业发展。

基于互联网和社会金融发展趋势，构建金融支持体系。从事绿色农业产业发展需要资金的支持，包括技术的研发和示范、畜禽粪便处理与有机肥生产、秸秆资源化利用，以及农业生产过程中的绿色生产控制等。便捷的融资方式和有效的渠道将对绿色农业发展发挥巨大推动作用。因此，要充分发挥农村信用合作社、商业性农业银行、政策性农业发展银行的作用，同时鼓励弥补传统金融服务局限性的新机构、新模式、新工具等新金融业态的产生，包括电商型综合金融、产业链金融、第三方 P2P 贷款以及分期或融资租赁。创新“银保联合”和试点农村土地经营权抵押贷款、农业机械购置补贴贷款、新型农业经营主体“互联网金融＋品牌质押”贷款等融资方式。

基于土地制度和地方经济发展状态，构建耕地规模优化机制和模式。科学计算土地流转租金，合理确定流转合同期限，规范土地流转程序，为农业生产的结构性调整提供支持。一是发挥地方乡村政府的作用，充当好协调人角色，降低土地流转农户的违约行为和纠纷，为新型农业生产经营主体的可持续生产提供保障。二是加强对新型农业经营主体的选择、培训与考核，减少新型经营主体跑路和撂荒违约行为的发生，提高流转土地的生产效率。三是根据当地经济发展水平和经营主体的生产能力与收益情况以及土地的质量，科学计算土地流转租金，保证土地流转的可持续性。四是依据农作物品种生产的投资回收期和农作物的生长周期，合理确定土地流转租赁合同期限，保证经营主体的经济效益。五是发挥村级政府的作用，规范土地流转程序，完善土地流转模式，制定土地流转双方的风险分担和收益共享机制，确保合同的有效履行，保障结构性改革的土地调整需要。

（五）稳步推进社会化服务体系建设

基于绿色农业生产需要，保障绿色农业生产资料供应。结合农业和农民及新型农业生产经营主体的现状，绿色农业发展迫切需要各种服务主体的服务。首先要鼓励信息服务主体的产生，借助互联网和信息技术构建信息服务平台和农业 App，提供市场需求、绿色农产品价格等信息；鼓励绿色农业发展规划咨询服务主体的产生，为农业生产主体提供生产产品的品种选择、生产计划安排、品牌建设与维护等咨询服务；鼓励绿色生产资料供应主体的产生，对高效抗病品种、生态农药、有机肥等品种和产品进行宣传、销售、推广和施用指导服务，满足农业生产主体的实际需要。

基于绿色农产品生产需要，提供必要的机械作业与技术服务。绿色农业生产主体在生产过程具有产中服务需求，应鼓励土壤检测服务主体的产生，结合政府农业部门的职能，扩大测土配方施肥的面积和范围，降低化肥用量，提高施肥效果；推进农业机械作业服务主体的形成与完善，在已有的农机合作社、农机大户等服务主体的基础上，鼓励企业化服务组织形式的产生，为绿色农业全程和全面机械化服务，弥补农业劳动力的数量和质量的不足，满足农业生产主体耕、种、收、植保等生产环节的需要；鼓励专业化生产技术服务主体的产生，如葡萄、西红柿、西瓜、青菜等各类绿色农产品的生产技术指导主体，专业化的生产技术指导将推动绿色农产品产量与质量的提高，实现绿色效益。

基于绿色农业产业发展规律，构建绿色农产品销售信息平台，主要服务内容包括咨询与分析等。绿色农业发展还需要产后服务，应鼓励农产品检测服务主体的产生，结合政府市场监管部门农产品检测机构，做好绿色农产品农药残留等检测服务，保证绿色农产品质量；推进农业废弃物综合利用主体的形成与发展，特别是畜禽粪便处理与有机肥生产企业、秸秆资源化利用企业的生存与发展，彻底解决废弃物对环境的影响问题；鼓励绿色农产品品牌孵化与咨询服务主体的产生，构建区域性特色绿色农产品品牌，推进品牌的持续发展，实现品牌效益；鼓励绿色农产品电子商务主体的形成与发展，利用互联网信息技术和新媒体平台，扩大绿色农产品的销售范围，实现绿色农产品效益。

（六）加强技术研发、示范与推广

依据技术研发规律，推动绿色农业技术的研发、示范与推广体系建设。加快调整农业科技创新的方向和重点，落实农业农村部制定的绿色农业发展技术导册要求。发挥江苏育种能力强的优势，加快商业化育种步伐，增强品种创新能力，培育一批绿色农业发展需要的优质高效新品种。结合生产实际需要，开发土壤改良需要的高效复合肥料，降低毒性并具有良好杀虫效果的生物农药；研发智能化深松整地、高效节水灌溉、有机肥撒施、秸秆还田等农业机械装备；高效配方施肥的绿色生产技术，果蔬保鲜的产后增值技术等，满足绿色农业生产实际需要。推进绿色农业产业技术体系和农业科技云平台服务体系构建，加强绿色农业科技综合示范基地建设，真正把新品种、新技术、新模式推到农户、落在田块。大力推广应用“农技耘”App，扩大绿色农业科技云平台服务对象，提高绿色技术推广效率。

以农业生产主体需求为依据，注重绿色农业技术的经济性和可操作性。绿色农业生产技术的研发要结合农业生产主体的需要，在绿色农业生产技术代替传统农业生产技术的生产决策过程中，农业生产经营主体第一考虑的是经济性，如果增加成本大于农业生产主体的预期，正常情况下，将不会选择新的绿色农业技术；要注重绿色农业技术的可操作性，由于农业生产主体的文化程度和专业水平有限，绿色生产技术运用难度过大，将超出农业生产主体的能力范围。绿色农业生产技术研发还要以绿色农业发展需求为依据，注重绿色农业技术的可靠性和科学性，特别是与传统技术相比，其效果不能存在过大差距，如生物农药的治虫效果、有机肥的增产效果等，既要考虑保护生态环境的需要，也要考虑到农业生产效益实现的需要。

（七）加强市场监督，提升绿色农产品认可度

构建农业生产诚信体系，强化对农业生产主体的行为监督。职业农民从事农业生产应该具备职业道德，职业农民的职业道德就是保证农产品的质量；同时，在生产过程中保护环境，主动进行清洁生产和节约水资源。因此，应该广泛宣传新型农业生产经营主体应该具备的职业道德，提高农业生产主体的责任心，主动关心和关注生产对自然环境和人体健康的危害，自觉运用绿色农业生产技术，推进绿色农产品的生产。适度推进农业生产主体的绿色生产诚信体系，通过社会各方力量监督农业生产主体的绿色生产行为，对违规施用农药化肥、废弃物处置不当的行为进行诚信记录，在政府补贴、生产服务等方面对失信主体进行制约，逐步将绿色生产成为农业生产主体的自觉行为。

加强产品检测与质量追溯体系建设，加强对农产品质量的监督。推进绿色农产品追溯体系建设。按照统一技术标准和建设原则，积极支持有条件的地区选择畜禽肉、蔬菜、虾蟹类等绿色农产品统一开展追溯体系建设，在此基础上逐步扩大追溯范围。鼓励有条件的规模化农产品生产经营主体建立企业内部追溯管理系统。推进主要农业生产资料追溯体系建设。以农药、兽药、饲料、肥料、种子等为重点，建立农业生产资料电子追溯码标识制度，建设主要农业生产资料追溯体系，实施生产、经营、使用环节全过程追溯管理。

（八）提升产品附加值，推动绿色效益实现

基于区域差异和农产品特征，强化品牌建设，实现优质优价。品牌化是农业现代化的重要标志，是绿色农产品获得绿色效益的重要途径之一。要强化品牌意识，发挥各区域名特优农产品资源禀赋优势，建立完善的绿色农产品品牌培育、发展和保护机制，推进优质绿色农产品品牌建设；鼓励形成有机绿色农产品生产基地，实现绿色有机与效益之间的良性循环。大力推行农业标准化生产，推广优良品种、清洁生产、生态循环的绿色发展方式，强化农产品质量风险控制和溯源管理，以质量筑牢品牌基础。大力推进绿色食品、有机农产品和地理标志农产品开发，提升“三品一标”农产品品牌公信力和示范带动效应，重点打造一批像盱眙龙虾、阳山水蜜桃、东台西瓜等市场知名度高、消费者反响好的“苏”字号农产品大品牌、区域公共品牌。积极参与国家、省级品牌创建推介，充分利用江苏国际农展中心等各类境内境外、线上线下展示展销平台，开展最受消费者喜爱品牌、最具影响力品牌等系列评选推介活动，提高品牌知名度和影响力。同时，基于农产品消费者对区域形象的认知来影响对某一地区绿色农产品的接受程度，各地还应该加强文化建设，把地方文化融入到绿色农产品品牌中去，提高绿色农产品的文化内涵。

基于产业链角度，强化一二三产业融合，实现产品附加值。提升绿色农产品附加值也是实现绿色效益途径之一。实现绿色农产品附加值要通过产业链延伸，强化一二三产业融

合。一是要做强绿色农产品，形成区域特色和区域品牌，形成一定的市场占有率和市场竞争力，在此基础上，推动绿色有机农产品的加工，促进加工企业的集群集聚，并进一步推进休闲农业、旅游农业及文化农业等农业新业态的发展，延伸绿色农产品产业链，提升绿色农产品附加值。二是引进与地方绿色农产品资源相关的加工企业，以绿色农产品为基地，实现绿色农产品资源优势向产业优势转化，不断拓展加工产业集聚，实现种养殖、加工、商贸、综合服务等产业链延伸。三是鼓励贸易型和品牌孵化型企业立足区域利用绿色农产品资源，进行品牌孵化和农产品加工，做强产业链，实现系列化产品，实现绿色效益。

探索推进种养加一体化循环技术模式，降低生产成本，提升绿色农产品效益。基于绿色农产品资源和轮作改良土壤需要，推进“猪—沼—菜/果/茶/大田作物”规模化种养结合模式，或者“稻—虾/鱼”种养模式、“牧草—作物—牛羊”种养模式、“粮—菜—猪”种养模式、“稻—菇—鹅”种养模式，实现循环生产效益，推动整体效益的提升。

（九）完善激励与约束机制，推动生产行为绿色化

从农业生产主体激励与约束角度出发，不同的政策措施具有不同的激励与约束效果。为促进农业生产主体主动积极参与绿色兴农战略，应利用好具有激励与约束效应的政策措施，推动绿色兴农战略目标实现。

在激励方面，主要是通过激励政策和满足需求的激励措施安排，推动主体的绿色生产行为。主要包括三个层次：一是强激励。政府的财政政策工具包括农业补贴和补助等，具有较强的激励作用。一方面，科学地选择激励对象和生产环节激励指向，合理确定激励力度和范围，将有力促进绿色农业发展。另一方面，通过地区品牌建设，带动生产主体，实现绿色效益，将对同类农产品生产者产生较强的激励作用，激励新型农业生产主体主动按照品牌标准化生产要求进行生产，实现绿色兴农目标。二是中度激励。可操作性和经济性好的绿色生产技术对农业生产主体具有一定的吸引和激励作用，特别是既可以实现环保又可以增产的技术。因此，应对技术进行分类，政府对经济效益难实现的绿色生产技术应加大支持力度。只要是有利于生产主体获得生产效益增加的技术都将对农业生产主体产生吸引力和激励作用。三是弱激励。方便快捷的社会化服务具有一定的激励作用，包括品种选择和生产计划安排咨询服务、机械作业服务、资金与技术服务、销售服务等，想做的事都可获得服务，就会推动农业生产主体的绿色生产行为。因此，应着力加强社会化服务体系构建。

在约束方面，通过检测和质量控制要求约束农业生产行为，推动主体的绿色生产行为，也包括三个层次：一是强约束。农产品检测与质量追溯体系对农业生产主体具有较强的行为约束作用，因此，普遍的产品检测会有助于绿色技术的运用，质量追溯对规模化的生产主体约束作用明显。二是中度约束。地区性的标准化生产与清洁生产要求对农业生产主体具有一定的约束作用，如果通过职业农民的职业道德要求，再构建一定的农业生产诚信体系，约束效果会更好。三是软约束。消费者的绿色消费行为对农业生产者具有一定程度的约束，当消费者拒绝购买任何非绿色生产的产品时，这一反馈机制将对产品生产者产生约束效果。

参考文献

[1] Albersmeier F., Schulze H., Spiller A.. System Dynamics in Food Quality Certifications: Development of an Audit Integrity System [J]. International Journal on Food System Dynamics, 2010, 1 (1).

[2] Barham B. L., Callenes M., Gitter S., et al.. Fair Trade/Organic Coffee, Rural Livelihoods and the "Agrarian Question": Southern Mexican Coffee Families in Transition [J]. World Development, 2011, 39 (1): 134 - 145.

[3] Carter M. R., Laajaj R., Yang D.. The Impact of Voucher Coupons on the Uptake of Fertilizer and Improved Seeds: Evidence from a Randomized Trial in Mozambique [J]. American Journal of Agricultural Economics, 2013, 95 (5): 1345 - 1351.

[4] Gaurav S.. Are Rainfed Agricultural Households Insured? Evidence from Five Villages in Vidarbha, India [J]. World Development, 2015 (66): 719 - 736.

[5] Godfray H. C. J., Beddington J. R., Crute I. R., et al.. Food Security: The Challenge of Feeding 9 Billion People [J]. Science, 2010, 327 (5967): 812 - 818.

[6] Horlings L. G., Marsden T. K.. Towards the Real Green Revolution? Exploring the Conceptual Dimensions of a New Ecological Modernisation of Agriculture That Could "Feed the World" [J]. Global Environmental Change, 2011, 21 (2): 441 - 452.

[7] Koohafkan P., Altieri M. A., Gimenez E. H.. Green Agriculture: Foundations for Biodiverse, Resilient and Productive Agricultural Systems [J]. International Journal of Agricultural Sustainability, 2012, 10 (1): 61 - 75.

[8] Kuminoff N. V., Wossink A.. Why isn't More US Farmland Organic? [J]. Journal of Agricultural Economics, 2010, 61 (2): 240 - 258.

[9] Mahul O., Verma N., Clarke D. J.. Improving Farmers' Access to Agricultural Insurance in India [R]. The World Bank, 2012.

[10] Meredith S., Willer H.. Organic in Europe - prospects and Developments [R]. IFOAM EU Group, 2014.

[11] Reganold J. P., Wachter J. M.. Organic Agriculture in the Twenty - first Century [J]. Nature Plants, 2016, 2 (2): 15221 - 15240.

[12] Shiva V.. The Violence of the Green Revolution: Third World Agriculture, Ecology and Politics [M]. Lexington: University Press of Kentucky, 2016.

[13] Trienekens J., Zuurbier P.. Quality and Safety Standards in the Food Industry, Developments and Challenges [J]. International Journal of Production Economics, 2008, 113

(1)：107－122.

[14] Uematsu H., Mishra A. K.. Organic Farmers or Conventional Farmers：Where's the Money? [J]. Ecological Economics, 2012, 78 (3)：123－145.

[15] 段清斌，吴长好，马新叶，王甜甜. 绿色农业发展中存在的问题和对策研究——以河南省息县为例 [J]. 中国农业资源与区划，2015，36 (4)：59－66.

[16] 韩长赋. 大力推进质量兴农绿色兴农 加快实现农业高质量发展 [N]. 农民日报，2018－02－27 (001).

[17] 胡海婧. 发展绿色农业的理性思考 [J]. 广西社会科学，2017 (2)：88－92.

[18] 胡鹏辉，吴存玉，吴惠芳. 中国农业现代化发展道路争议评述 [J]. 中国农业大学学报（社会科学版），2016，33 (4)：57－65.

[19] 李由甲. 我国绿色农业发展的路径选择 [J]. 农业经济，2017 (3)：6－8.

[20] 刘喜波，张雯，侯立白. 现代农业发展的理论体系综述 [J]. 生态经济，2011 (8)：98－102.

[21] 潘世磊，严立冬，屈志光，邓远建. 绿色农业发展中的农户意愿及其行为影响因素研究——基于浙江丽水市农户调查数据的实证 [J]. 江西财经大学学报，2018 (2)：79－89.

[22] 谯薇，云霞. 我国有机农业发展：理论基础、现状及对策 [J]. 农村经济，2016 (2)：20－24.

[23] 王玉荣，王立杰，刘光辉. 河北省绿色农业发展对策研究 [J]. 农业经济，2010 (1)：15－17.

[24] 翁伯琦，徐晓俞，罗旭辉，钟珍梅，郑开斌，应朝阳. 福建省长汀县水土流失治理模式对绿色农业发展的启示 [J]. 山地学报，2014，32 (2)：141－149.

[25] 谢玉梅，浦徐进. 澳大利亚有机农业发展及其启示 [J]. 农业经济问题，2014，35 (5)：105－109.

[26] 严立冬，崔元锋. 绿色农业概念的经济学审视 [J]. 中国地质大学学报（社会科学版），2009，9 (3)：40－43.

[27] 严立冬，何伟，乔长涛. 绿色农业产业化的政策性金融支持研究 [J]. 中南财经政法大学学报，2012 (2)：88－92.

[28] 杨灿，朱玉林. 论供给侧结构性改革背景下的湖南农业绿色发展对策 [J]. 中南林业科技大学学报（社会科学版），2016，10 (5)：1－5.

[29] 杨曦. 我国绿色农业发展制约因素与发展对策探析 [J]. 统计与管理，2015 (8)：85－86.

[30] 于法稳. 实现我国农业绿色转型发展的思考 [J]. 生态经济，2016，32 (4)：42－44＋88.

[31] 张春梅，郭立夫. 绿色农业生产积极性的影响因素分析——以吉林省大安市绿色水稻种植为例 [J]. 社会科学战线，2014 (9)：247－249.

[32] 张厚美. 关于绿色农业发展的若干思考——以广元市为例 [J]. 环境保护, 2016, 44 (Z1): 106-108.

[33] 郑微微, 沈贵银. 江苏省农业绿色发展现状、问题及对策研究 [J]. 江苏农业科学, 2018, 46 (7): 1-5.

[34] 钟雨亭, 闫书达. 绿色农业初探 [J]. 中国食物与营养, 2004 (8): 60-63.

[35] 周芳, 张敏, 金书秦. 基于 SWOT 分析的西藏农业绿色发展对策研究 [J]. 经济研究参考, 2018 (33): 52-59.

[36] 周新德. 产业化和集群化: 我国绿色农业产业发展探析 [J]. 农村经济, 2013 (10): 36-39.

第五章　江苏农村第二三轮土地承包政策衔接

摘要：解决好农民与土地的问题是新形势下深化农村改革的主线，党的十九大明确提出保持土地承包关系稳定并长久不变，第二轮土地承包到期后再延长三十年。为巩固和完善农村基本经营制度，基于“二轮”承包期间的相关制度表现，探讨二三轮土地承包政策衔接，本研究采用座谈与问卷调查相结合的方法，以镇江市、泰州市、淮安市为调研区域，分别代表苏南地区、苏中地区和苏北地区，实地调研承包地分配经营现状、农民主张及以往主要处置办法。通过问卷调查发现，江苏存在承包细碎化、经营老龄化、流转需求普遍化的趋势，规模化、集约化经营受到土地调整的冲击，农民调地需求集中表现为对“公平”的诉求和土地价值凸显的激励，并且区域差异明显，农民对土地承包政策总体了解，但对具体实施的主张各有看法。通过政府座谈总结了各地在面对一二轮承包衔接、“二轮”承包期间的调整、土地确权纠纷、土地征收问题时的主要处置办法。

研究表明，确权不彻底、农民调地需求长期存在、历史遗留问题难以解决、规模经营主体预期不确定、集体组织发包权和统筹权不足是江苏二三轮土地承包面临的主要问题。建议：①尽快明确承包期延长的内涵，减少农民错误预期。②进一步完成确权工作，合理确定集体成员身份，增强再延长依据。③化解农民调地需求，落实退出机制，加强市场手段，建立与承包地脱钩的农民福利政策。④规范承包地的个别调整，多种形式解决好土地承包的历史遗留问题。⑤稳定规模经营主体的预期，实现土地承包期延长与适度规模经营同步驱动。⑥强化集体组织统筹权，保护和合理利用耕地。

第一节　引　言

一、研究背景

1997 年，《关于进一步稳定和完善农村土地承包关系的通知》提出“在第一轮土地承包到期后，土地承包期再延长 30 年”，即为“二轮”承包。《农村土地承包法》和《物权法》将这一规定法律化。2008 年，中共十七届三中全会提出了“土地承包关系要保持稳定并长久不变”，将原来的“长期稳定”换成了“长久不变”，进一步稳定了农户土地承包关系。在工业化、城镇化快速推进的背景下，农村劳动力持续向外转移，农业从业者呈现“高龄化、女性化、低文化”特征，农业生产经营出现“兼业化、副业化、粗放化”趋势。“谁来种地”“地怎么种”，日益成为我们必须面对和解决的重大问题，解决好农民与土地的问题是新形势下深化农村改革的主线。2017 年 10 月 18 日，党的十九大报告提出“保持土地承包关系稳定并长久不变，第二轮土地承包到期后再延长 30 年”。这一政策是在土地流转、农业生产规模化集约化、农业现代化发展和城镇化发展、保障农民权益等背景下提出的，旨在抑制土地频繁调整、减少土地细碎化、提高农业生产积极性等，对巩固和完善农村基本经营制度、保持土地承包关系稳定并长久不变做了很好的制度安排，提升了农民对土地权利的信心，激励农民更积极地对所经营的土地进行长久的投资，同时消除了承包期限问题带来的不确定性，稳定了农地流转市场。这意味着将使农村土地承包关系稳定 75 年不变，体现了政策的稳定性和连续性，给农民吃下了“定心丸”。无论是拥有承包地的农户还是流入承包地的新型经营主体或者是外出务工的农民，都有了稳定的信心，农民既可以沉下心来搞生产，又可以放心流转土地经营权，还可以安心进城务工。

然而，土地承包权再延长 30 年，对于失地农民来说，面临着“种田无地，工作无岗，保障无份，创业无款”等风险。在我国相关惠农政策陆续出台、农民福利逐步提高的背景下，失地农民和农村新增人口对获得地权有了更高的期望，甚至会要地、争地、抢地，对此我们应预防承包权延长政策带来的土地权利不公平问题，避免诱发更大的社会矛盾和冲突。由于我国目前大多数承包合同为“二轮”承包时所签订，随着“三权分置”、土地确权、集体经营性建设用地入市等制度改革，使签订承包合同时所依据的相关政策、社会环境发生了较大的变化，原承包合同中承包面积过大、承包权过长、承包费过低等问题阻碍了农村土地改革需要，农村土地承包中存在偏离制度设计初衷的表现，如土地所有权虚化、承包经营人权利不稳定、人地矛盾及土地细碎化与规模化经营客观要求相矛盾等问题，在实际中土地调整情况居多，土地调整需求高涨，农地确权中暴露的问题较复杂。这些异化表现使实行“再延长 30 年”的政策存在障碍，不利于发挥制度绩效。因此，为了稳定农村基本经营制度、保护农民财产性权利、促进农业生产投资、优化农村土地资源配置、发展适度规模经营，我们有必要探讨第二三轮土地承包政策的衔接，科学合理地解决“二轮”承包期间产生的问题，从农村基本经营制度出发，剖析现代农业发展趋势及其对土地承包政策改革的要求，调查农民的真实意愿与呼声，结合我国“二轮”承包、“三权分置”以及土地确权等政策安排，提出土地承包经营制度回归的现实需求与具体路径，为“二轮”“三轮”土地承包政策的有效衔接做充分的准备，是目前农村工作的一个重要问题。

二、政策评价

自实行家庭承包经营制度以来，中央先后两次宣布延长土地承包期限，并推动相关法律制度的完善，依法维护了农民土地权益。我国的农村土地承包包括两轮：第一轮，

1984～1998 年，我国农村土地从 1984 年开始第一轮土地承包，承包期不低于 15 年；第二轮，1999～2028 年，要求在第一轮承包 15 年的基础上，承包期再延长 30 年不变，开启我国农村土地的第二轮承包。根据党的十九大报告可知，保持土地承包关系稳定并长久不变，第二轮土地承包到期后再延长 30 年，即我国农村土地承包期将由 2028 年延后至 2058 年。这将有利于形成长期稳定的土地承包关系。具体表现在以下三个方面：

第一，有利于促进农业适度规模经营。近年来，农村土地经营权流转规模呈快速加大趋势，大量农村劳动力转移到城镇就业，各类家庭农场、合作社、农业产业化龙头企业等新型农业经营主体大量涌现。农业产业化、水利化、机械化及科技进步等对完善农村生产关系提出新的要求。延长农村土地承包期，有利于通过土地流转促进规模化、专业化长期经营，提高农村土地使用效能，释放出更多的劳动力和资源红利，提高农民土地收益、实现土地价值，为构建现代农业产业体系、生产体系、经营体系创造了有利条件，加快了推进农业现代化。

第二，有利于完善农民土地承包经营权的权能，保障农民土地承包的权益。目前，国家层面已明确要求赋予农民土地承包经营权更加完整的权能，2015 年 12 月，十二届全国人大常委会第十八次会议提出拟在北京市大兴区等 232 个试点县（市、区），允许以农村承包地的经营权抵押贷款。土地承包经营权贷款的基础是未来的收益权，需以稳定、持续的集体收益为前提，承包期限越长，越有利于得到更大数额的贷款（崔红志、王佳宁，2017）；同时，一些新型农业经营主体以其农业设施进行抵押融资，但这些设施附着在土地上，承包期短，银行对农业设施价值评估价就低（崔红志，2016）。从地方实践来看，新型农业经营主体仅仅能得到农业设施评估价一半的贷款，因此，从解决农业融资难的角度来看，延长承包期限也有合理性。另外，承包期延长 30 年深化了“三权分置”改革，有利于农业资源流转和农村土地“三权分置”改革的推进，为解决农民承包权的“稳”与经营权的“活”创造了条件。对于普通农户来说，土地承包延长 30 年，相当于吃了一颗“定心丸”，有利于保护进城农民的土地承包权益，促使农民放心落户城镇，加快城乡融合（黄凯莉，2018），承包期延长其实质是土地收益权进一步延长 30 年，农民可以放心流转土地。

第三，稳定新型农业经营主体的生产投资信心。土地承包延长 30 年，让新型农业经营主体有了稳定的预期，愿意增加对土地的基础设施投入，更好地实现多种形式的适度规模经营；鼓励企业签订更长期限的流转合同，客观上增加了农业企业对土地的使用期限，并增加了土地流转面积。由于农民土地产权意识的增强和土地中介服务便利度的提升，土地流转变得更加容易，农业企业可获得流转面积将增加。同时有利于促进农业生态化发展，较长的承包期使经营者有可能放弃掠夺式经营，注重发展生态农业，实施集约化经营，促进可持续发展，有利于结合产业链延伸与一二三产业融合，拓展农业休闲旅游，稳定推进农业供给侧结构性改革。

土地承包期在第二轮到期后再延长 30 年，该政策在很大程度上稳定了土地承包关系，对土地规模经营、农业长期投资经营、稳定土地流转市场等产生了积极的影响，但同时我们还需考虑该政策实施可能面临的问题，并对此做好应对措施，做好第二轮、第三轮承包期的有效衔接，保障第二轮承包期延长30年政策的顺利开展。“二轮”承包期再延长30年政策在实施中可能面临的问题主要体现在以下三个方面：

第一，地权分配不公平。土地承包关系的“长久不变”政策使得失地农民和无地农民获得土地更加困难，尤其是由于我国农民与土地的承包关系经过两轮的承包分配过程之后，由于人口变动、土地征收等原因造成的人均占地不均的问题越发明显，“二轮”承包到期后再延长30年，无疑是将土地权利公平问题进一步深化，使得如何在贯彻中央土地承包期政策的背景下，保证农民土地权利公平成为一个重要问题。对于失地农民而言，政府通过土地征收的途径使得部分农民成为无地群体，失地农民虽在土地征收中获得了一定的征地补偿，但在第二轮承包期间仍有重新分地的诉讼需求，原因在于征地补偿标准不合理，征地补偿范围有限，使得农民权益无法获得长期保障。征地补偿主要考虑的是土地所有权和农民在30年承包期内的社会保障费用，并未考虑失地农民的社会保障成本。对于新增人口而言，在“二轮”承包期间并未对农地重新分配，人地关系基本固化，使得农村新增成员成为了无地农民。导致土地资源分配不均衡，以及“无地可种、有地不种”的冲突局面，使得该部分成员对土地获得的诉求也与日俱增。

第二，资源配置效率低下。土地到期再延长30年让失地或无地农民再次分地的愿望落空，有可能导致有地不种地、弃耕、撂荒等现象，无疑造成了农地资源的浪费。无地农民通过租赁方式获得的耕地面临着租期短、成本高、利润低等特点，农民往往采取竭泽而渔的耕作方法，以获取更高的农地利润，这显然不利于农业的可持续发展。另外，失地农民和无地农民不得不进城务工谋生，以致进行农业生产的是老、弱、病、幼等劳动能力较低的农民，不利于农业生产率的提高。

第三，加剧社会冲突的风险。在土地承包期再延长30年政策背景下，土地延期利益补偿并没有在现行的征地补偿标准中体现，现有的补偿标准难以保障在承包期到期后30年的生活，农民在土地征收补偿中获得利益并不均衡，会直接对农民的生活保障起到短暂的保障作用，尤其是一次性的补偿对于文化素质不高、生活技能低的农户来说。而在市场经济快速发展的背景下，土地市场增值空间较大，农民对土地征收的补偿标准随之增高，原有的征地补偿标准已不能满足农民的土地权利预期，加剧了征地风险，已被征地的农民会强烈要求后续补偿，未被征地的农民会抵制征地行为，新增人口对于获得地权的呼声更高，从而会对社会稳定产生一定的影响。

对此，基于土地承包期再延长30年的政策，分析在“二轮”承包期间相关土地制度供给表现，主要体现在“三权分置”、土地确权、农业经营体系创新、土地经营权抵押、土地产权交易等方面以及在政策制度实施过程中出现的偏离政策设计初衷的异化现象，如集体所有权虚化、土地承包经营权权能不完善、土地经营制度向财产制度转化、人地矛盾以及农民权益受损等方面。进而结合江苏苏南地区、苏中地区、苏北地区三大研究区域的调研和座谈数据，分析“二轮”承包期间相关政策制度的实施情况以及农户对新政策的接受程度，以公平和效率为理论依据，梳理土地承包期再延长30年的行为选择，总结和概括在“二轮”承包期间对土地调整、土地确权、土地征收、土地经营权退出等制度政策存在问题的解决途径，找出江苏在二三轮承包期衔接时可能面临的主要问题，结合江苏的地区实际情况为第三轮承包期顺利延长提出对应的政策建议。

第二节　“二轮”承包期间的相关制度表现

一、制度供给

作为服务于农业生产的农村承包经营制度，理应随着农业生产经营变化进行调整，“二轮”承包合同签订时土地经营制度与当时的农业生产经营方式、农业技术条件和农村经济环境相适应，是一种有效的制度。近年来，随着农业生产经营环境发生巨大变化，土地制度供给已不能满足需求。“二轮”承包期的土地分配格局是基于“人人有份”，具有强大的公平取向。随着城镇化进程的加快，农村劳动力逐渐向城市流动，土地细碎化负面影响逐渐凸显。《国家新型城镇化规划（2014－2020年）》将“有序推进农业转移人口市民化”作为基本目标之一，农民逐渐脱离农村，对土地资源的重新配置产生了新的要求。另外，农业技术进步已不能适应“小且散”的小农户经营方式，农户与现代农业化对接困难。这些问题除了与客观技术条件和社会条件发生变化外，还与政策供给有关。

（一）三权分置

面对人地分离带来的土地承包经营权错位配置，政策亟须调整到如何将土地使用权配置给农业经营者的方向上来。2013年，党的十八届三中全会提出“三权分置”制度，被认为是中国特色土地制度的再次创新，是农村生产力发展的必然结果（陈锡文，2014）。旨在不改变农民土地承包关系的基础上，将土地承包权和经营权分离，放活经营权，将土地经营权以多种方式向专业大户、家庭农场、专业合作社等新型农业经营主体转让，构建了一种“集体所有、家庭承包、多元经营”为特征的农村土地制度框架（杨玉珍，2017）。根据科斯定理，明晰产权可以有效促进市场交易，能够有效降低交易成本，农地“三权分置”化解了农村土地流转过程中土地承包经营权的社会保障属性与财产权属性之间的矛盾，促进了农地流转，缓解了人地矛盾，但现实政策执行情况与理论不相一致，政策实践情况并不理想，一方面，存在所有权、承包权、经营权之间的失衡等问题，用地经营不断主张自己的权利，经营权侵蚀承包权，经营权绑架所有权，如经营权的存续时间超过“二轮”承包期；土地经营权频繁调整；另一方面，对经营权流转认知存在偏差。“三权分置”中存在“经营权流转有利于规模经营，规模经营提高收益”的思维逻辑，但实际上，经营权流转与收益增加之间并无必然的联系。原因在于土地规模经营是农业规模经营的要素之一，在土地规模扩大的同时还需要加大农业资金、农业技术、机械等要素的投入来实现农业规模经营（杨玉珍，2017）。

（二）土地确权

土地确权是对土地使用权和其他权利的确认和确定，赋予农民土地“承包经营”的合法地位，并用法律权证形式保障农民这种权利在土地流转中依旧明晰，是深化农村土地制度改革、保证新一轮承包顺利推进的基础性工作。该项工作的重点是解决农户承包地面积不准、空间位置和四至边界不清等问题，有利于稳定土地承包关系，现有的土地承包关系是在第一轮土地承包基础上延包形成的，由于客观条件影响，原确认的土地承包状况与实际土地承包情况存在一定的偏差，导致农村土地承包纠纷日益突出。为保护农民的合法权益，必须对农村集体所有土地的各项权利及其关系予以确认。土地确权可以有效解决农村土地权属纠纷，化解农村社会矛盾，在工业化、城镇化和农业现代化的推进过程中切实维护农民权益（蔡洪祥，2015）。另外，有助于尽快落实“三权分置”政策，促进土地经营权流转，明晰的产权可以促进土地流转并保障农民获得收入。土地确权有助于土地流转，但不一定必然会带来土地流转，已有研究表明，土地确权在很大程度上推动了土地流转规模和实现了农民的流转效益，而农村土地如何沿着农民土地权益的方向进行流转成为目前农村经济工作成败的关键问题。同时土地确权不仅仅是为了确立承包期仅剩十余年的“二轮”承包经营权，而且服务于“长久不变”政策。

（三）农业经营体系创新

近年来，随着新型城镇化推进和农业技术加速进步，土地承包制度异化对农业经营造成的负面影响日渐凸显，并被政策制定者所意识到。开始推行农业经营体系创新，来解决“谁来种地”和“如何种地”的问题，培育家庭农场、农民合作社、农业产业化龙头企业、农业社会化服务等各类新型农业经营主体，健全农业社会化服务体系，创新农业生产经营体系，在带动小农户融入大市场方面发挥着重要作用。首先，针对目前农业兼业化、农村“空心化”、农民老龄化等现实问题，培养一批新型职业农民，对推行农村产业融合、优化农业资源要素、实现农业高质量发展具有重要意义；其次，培育新型农业经营主体是发展农业农村新动能的迫切需要，目前农业的主要矛盾体现在供给侧结构方面，要以构建现代农业产业体系、生产体系、经营体系为抓手，加快推进农业现代化；最后，培育新型农业经营主体是带动小农户发展的有效路径，创新农业经营体系，不能忽视普通农户，要兼顾小农户发展，以家庭农场、合作社为重点，提升生产经营能力，建立健全龙头企业、社会化服务组织与小农户的利益联结机制，使其有动力带动小农户，把小农户引入现代农业发展大格局。

（四）土地经营权抵押

农地经营权抵押贷款是近年来农村金融的重要创新举措，全省各地在土地承包经营权确权登记颁证基础上，因地制宜地采取多种农地经营权抵押价值评估方法，贷款对象多为规模化的新型农业经营主体，截至2016年4月末，全省共有36个县（市、区）开展了承包土地经营权抵押贷款业务，贷款余额10.4亿元，同比增长134%，其中，10个全国试点地区贷款余额5.7亿元，同比增长95%，目前，江苏开展土地经营权贷款的县数位居全国前列。但在该制度执行过程中，并未达到预期的效果。这些所谓的抵押贷款不仅具有很强的政策性，是在政府推动下完成的，而且与“土地承包经营权”抵押无关。除法律约束之外，银行基本不接受土地承包经营权抵押，农村土地承包经营权的扩能尚未开展，原因主要有以下四个方面：第一，在不改变土地用途的情况下，农用地的资产价值很低，抵押额度较低；第二，由于土地承包经营权抵押融资主体通常是流转土地的大户，一旦大户经营不善破产，银行将面临资产处置难问题，甚至有可能出现替跑路的经营大户向农民支付租金的情况；第三，抵押登记手续难以办理，在实践中农村集体土地管理中由于各种客观的原因，很多土地承包经营权并未办得土地承包经营权证，仅有发包方和承包方签订的承包合同，这在很大程度上阻碍和限制了将来推进土地承包经营权办理抵押登记手续；第四，土地价值难以评估，土地承包经营权作为依附于农村集体土地上的一种用益物权，其范围和用途较广，如何对其价值进行判定并得到市场各方的接受和认可，没有统一的标准，这给土地作为抵押物向银行融资无形设置了一道障碍。

（五）土地产权交易

农村土地产权交易平台是指为强化市场力量对土地资源配置的影响，对被政府征用的农民土地、农村土地承包经营权、农村集体建设用地使用权、农村宅基地及房屋所有权、农村林地使用权，按照依法、诚信、公开、公正、公平的原则，通过拍卖、竞价、招标投标、协议和其他法律、法规、规章规定的方式进行交易，并提供信息咨询、交易行为规范与监管、争议处理等综合服务的机构，其根本目的是保障农民的合法权益，提高农村土地资源的使用效率。根据江苏省委农工办调查统计，截至2016年6月，全省已经有62个县（市、区）、618个乡镇建立了农村产权交易平台，县级覆盖面超过68.9%，乡镇覆盖面超过62%，南京市、扬州市、宿迁市、泰州市、淮安市、连云港市等8个省辖市实现全覆盖。对促进农村集体资产保值增值和农民增收的作用十分明显，通过平台交易的项目平均溢价率超过5%。但在运行中仍存在一些问题使得土地经营权市场化运行的有序流转机制尚未建立，主要体现在：①土地承包经营权流转行为不规范，大部分土地承包经营权参与者只有土地的租用双方，流转协议主要以口头协议为主，有的合同标的不明、四至不清，有的权利义务关系不明确，没有规定流转收益增长的补偿办法。②土地流转渠道不畅通。目前尚未建立统一的土地流转交易市场，存在流转形式多样、难监管的问题，如用地企业与农户直接签约流转、合作组织与农户签约流转、农户与农户直接签约流转等，由于用地性质不一，在流转价格、期限、用途等方面存在差异性，农户承包利益难以维护。③土地流转费用过高，在一些地区土地流转费用甚至超过了农民自己耕种获得的土地纯收益，在农业规模种植低效、自然灾害不断涌现的背景下，农业经营主体表示土地流转费用过高，导致农业经营主体经营困难。④部分经营主体出现“撂荒、转租”现象。由于粮价下跌、自然灾害、流转费用居高不下等因素，部分新型农业经营主体面临亏损，进行农业生产经营受挫，一些地方出现“毁约退地”现象。

二、相关制度异化表现

（一）集体所有权虚化

在法律层面上，《土地承包法》强调禁止土地调整，规定“增人不增地、减人不减地”，稳定了农户的承包经营权，但集体土地所有权的权能受到限制，收益权、发包权和收回权等权利被虚置，集体随意调整土地属于侵权行为，集体在承包期内调整土地的权利被取消，对于土地撂荒、人地矛盾等问题该权利并未能有效地发挥其作用；《物权法》明确了土地承包经营权的用益物权，但并未明确规定“集体”是如何享用收益和处分权能，使得土地资源分配不合理、土地细碎化与农业生产经营规模化客观要求相矛盾等问题的出现。第二轮承包关系是在第一轮承包关系的基础上直接延长承包期，明确了“小调整、大稳定”的原则，这意味着国家通过政策直接替代集体完成土地发包工作，那么可以推断出，在“二轮”承包期延长30年这一政策下，在“三轮”承包期中集体的权利将会继续被虚化。

从第二轮承包以来的政策来看，都强调稳定土地承包关系，如“土地确权颁证”政策和“三权分置”制度再次固化了这种关系，但在不同时期已发生根本变化，土地经营制度改革的目标已由提高农业经营效率转化为土地权利保护，即土地承包经营权成为了一种财产权利，党的十八届三中全会决议明确了“赋予农民更多财产权利”的土地制度改革目标。土地承包经营权发生了从经营制度向财产权利制度的异化（桂华，2016），在“二轮”承包期间进行的土地承包经营权物权化、土地承包经营权确权颁证登记、土地承包经营权抵押试点等都是将土地作为财产进行的改革。一些学者指出，目前我国的土地承包经营制度造成了土地实质私有化，集体公有制是名义上的，因此，要防止不断抽空集体土地所有权变相私有化的做法。

（二）土地承包经营权权能不完善

在农村土地集体所有制的背景下，农用地的所有权属于集体所有，承包经营权属于农户所有，实现了所有权和承包经营权的分离。承包经营权实际上是使用权的具体体现。农地的使用权是一种用益物权，包括土地的占有权、使用权、收益权和部分处分权。产权结构表面上看似稳定、清晰，但是在实践中农户的土地承包经营权不仅与农户的身份不相称，而且本身权能也并不完善（乔惠波，2017）。实际上农户仅有耕种权、不充分的收益权，处分权并不存在，关系农户切身利益的抵押权和继承权也没有明确规定。承包权和经营权的合二为一使农户的抵押权和担保权的行使在实践中存在着较大的风险。抵押农户抵押的是承包权还是经营权目前还没有定论。如果将经营权进行抵押或者担保，抵押或担保权人实现权利时，难以只收走经营权，承包权有可能同时丧失。承包权和经营权的合二为一，实际上是现在农地的承包和发包的债权关系和农地的物权关系并存的反映。农地债权和物权是两个不同性质的权利关系，在实践中必然会产生冲突。

（三）土地经营制度向财产制度转化

在稳定承包关系的指导下，第二轮土地承包以来相关政策赋予了农户更多的权利，同时削弱了集体土地权利，相关的政策制度都强调稳定土地承包关系，其目的是服务于农业经营效率目标，并基于此目标所进行的相关政策调整，符合土地承包经营制度作为经济制度的定位。从土地承包期、农户负担集体义务、农户处分土地权利等方面来看，农户所拥有的“土地承包经营权”已经突破了“承包经营”的制度初衷。由稳定承包关系逐渐指向“赋予农民长期而有保障的土地使用权”，2002 年颁布的《土地承包法》明确了这一目的之后，改革土地承包经营制度的直接目标由提高农业经营效率转换为土地权利保护，2013 年中央一号文件提出“改革农村集体产权制度，有效保障农民财产权利”，党的十八届三中全会决议明确了“赋予农民更多财产权利”的土地制度改革目标。

土地经营制度的核心是将利用土地从事生产经营的权利，即土地承包经营权从土地所有者手中剥离，赋予实际从事农业生产活动的耕作者。在土地“二轮”承包期间，工业化和城镇化吸引大量农村劳动力进城务工，越来越多的承包户不再从事农业生产，在此背景下，稳定承包关系的目的就是构建承包户“占有”土地的权利体系，在此基础上再通过土地流转进行生产资料再配置。这样，原土地承包户获得土地的目的就是进行流转并获得地租收益。在承包期间进行的一系列制度改革，让农户手中的承包地从生产资料变成了财产对象，土地承包经营制度从经营制度向财产制度转化。目前正在或者已经进行的土地承包经营权物权化、土地承包经营权登记确权、土地承包经营权抵押试点等，都是将土地作为财产对象而进行的改革，这些制度逐渐背离土地作为生产资料用于农业生产的目标。另外，随着农民意识的觉醒，即使农户对土地的依赖性减弱，但惠农政策以及土地附加的利益使得农民对土地权利产生的追求依然强烈。

（四）人地矛盾与土地调整

在当前农地制度背景下，人地矛盾主要体现在三个方面：一是人口增长与耕地资源减少的矛盾；二是劳动力与耕地资源之间的配置错位，即“有人无地种、有地无人种”的矛盾；三是土地调整与稳定产权的矛盾。自家庭承包经营制以来，农村土地的承包权经历了“不确定—15 年以上—30 年—30 年”这样的一个过程，“稳定”和“长久不变”是未来农村土地承包关系的基本方向，旨在保护农民权益，提高土地资源的配置效率。《农村土地承包法》提出了禁止调整土地及“增人不增地、减人不减地”等政策制度，虽然在形式上保持了土地承包经营制度的相对稳定，但隐含的分配不均问题是该制度的一个重要缺陷。于是出现了一个悖论，调整土地违背法律和政策，不利于对土地的中长期投资及土地的资本化运营，不调整土地会导致人地矛盾问题，如何在“长久不变”政策下解决人地矛盾成为了关键问题。

《农村土地承包法》第 27 条明确规定“承包期内，发包方不得调整承包地”，然而在实际中，由于人口变动（迁入、迁出、出生、死亡）、公共基础设施需求和土地征收等原因对土地调整产生了需求，这与“长久不变、增人不增地、减人不减地”是冲突的。在实践中，对承包地进行调整仍是我国土地政策在村级执行的重要特征，在湖南邵县、河南汝南县等土地调整较为普遍，调查显示，大部分村民对认为“土地调整”已成为了约定俗成的“组规”。人地关系是土地调整的动力基础，人的流动性和地的不可变动性决定了人地矛盾的长期存在，土地调整虽暂时可以缓解人地矛盾，但也同时引发的后果也应引起重视，一是农民不稳定的经营预期，影响土地投入资本，二是在土地调整过程中，农民的土地权益易受到侵害。

（五）农民权益受损

自改革开放以来，我国逐步建立了较为稳定的土地征收制度。近年来，随着经济高速发展，在城镇化过程中，城市扩展、建立开发区、旧城改造、村庄产业化、建设新区等都涉及土地征收问题，征地规模和速度与日俱增。在土地征收过程中，处于弱势地位的农民，其权益往往得不到有效的保障，政府作为政策制定者和执行者，处于绝对强势地位，通过土地征收，政府能够获取更多的财政收入，产生“寻租”行为，以公共利益掩盖背后的自身利益追求，忽视农民个体的利益追求。农民虽在征地过程中获取一定的补偿，但农民收到的土地征收补偿却很低，为一次性的经济补偿，农民土地被征收后成为失地农民，其长期的生活保障和养老保障难以维持。一方面，加快土地承包经营权流转成为我国农村经济发展的现实要求，旨在使原来分散的土地得以整合利用，促进农业发展进步和农民增收，但在流转过程中，出现了农民权益受损的情况，土地流转价格过低，农民常常被动接受土地流转价格，而且流转期间租金一旦确定基本不再调整，农民的土地流转收益无法随着土地增值而得到相应增加；另一方面，土地的最终处置权归政府和村集体所有，某些地方农民被迫接受土地流转，违背了政策遵循农民自愿流转的政策初衷。

三、承包地制度安排的逻辑：公平与效率

（一）承包地制度安排与现代农业发展

现代农业是中国农业发展的基本方向，然而，人多地少、农户经营规模小、生产经营方式比较粗放等构成了现代农业发展的严重制约因素，为此需要在坚持家庭承包经营基本制度的同时选择和创新农业经营模式。党的十九大提出实施乡村振兴战略，要求坚持农业农村优先发展，深化农村改革主线是处理好农民和土地的关系，推进土地经营权有序流转，发展农业适度规模经营无疑是重要的解决路径，“三权分置”“农地确权”“再延长30年”等承包地制度安排为此奠定了制度基础。根据产权理论，明晰产权可以促进自发的市场交易，而模糊的产权配置或对产权模糊的认知会阻碍自发的对双方有益的交易。农地“三权分置”，可以化解农村土地流转过程中土地承包经营权的社会保障属性与财产权属性之间的矛盾，“农地确权”明晰农地产权，有利于土地资源合理利用，降低了农地流转市场交易成本，从而促进农地流转，“再延长30年”有利于稳定农民生产预期，减少短期的掠夺性生产行为。“三权分置”作为中共十八届三中全会以来农地制度的重大制度创新，在向农民赋权和农地产权赋能方面做出了重大的突破，同时在实践层面，承包权的稳定是放活经营权的基础，经营权的流转又促进了土地要素在更大范围内的流动和配置，促进了农业生产经营主体的转型与升级，促进了农业生产经营主体的转型与升级，涌现出了包括家庭农场、农民专业合作社等新型农业主体，激发了工商资本下乡经营农业的积极性，大量的人才、技术、资金开始涌进农村、投向农业，新型农业经营体系加速形成等，

而这为中国农业现代化乃至整体现代化进程奠定了坚实的基础。江苏作为我国的农业大省，近年来以农地“三权分置”为抓手，积极推动农地产权分置与土地经营权流转，有力促进了农业增产、农民增收，农业机械化水平、农业科技贡献率等不断提升，现代农业进程加速了推进。

现代产权理论是进行地权稳定性研究的出发点。稳定的产权对行为主体具有激励作用，有效的激励就是充分调动主体的积极性，使其行为的收益预期与其活动的数量和质量或者说与其努力程度一致。而如果产权不稳定，经济活动主体就缺乏基本的安全感，从而导致滥用资源、掠夺式经营等短期化行为。稳定土地承包权的投资激励作用是一种“保证效应”。首先，承包权稳定可以保证投资回报，投资者只有在预期收益可获得时，才会去进行投资。如农户对土地进行的设施建设、培肥地力等中长期投资行为，当承包权不稳定时，有可能在投资回收期失去承包权，农户就只能享受到这些投资的部分收益，从而削弱其对这种长期投资的积极性。其次，对土地承包权的排他性长期占有，可以保证其成果不被政府、其他机构或个人侵占，从而促使其放心投资。再次，独享其土地上所有剩余产出，拥有土地的剩余索取权，也可以促进农业生产的积极性。然而非正式制度如声誉机制和正式制度如合同和登记相比，并不一定缺乏效率，其同样对农业生产投资具有激励作用。而流转期限无论是口头还是书面约定，都会对农业生产投资行为产生激励。最后，承包权稳定可以通过保证投资回收、强化排他占有、独占剩余收益的方式促进农户提高生产投资、优化投资结构、采用土地可持续利用和长期经营的策略、改进生产技术，这些都将有利于农业生产绩效的提高。

户均经营规模小且分散化的经营格局是我国传统农业的重要特征，同时也是制约我国现代农业的最大障碍，因此，经营规模扩大既是有效克服传统农业发展弊端的有效路径选择，同时也是发展现代农业的必然要求。“三权分置”“农地确权”等承包地制度安排实施以来，落实了农户承包权，实现了农地经营权在更大范围的流动与配置，促进了土地的流转集中与适度规模经营，有效实现了现代农业经营所要求的土地要素的集聚。根据2018年5月对江苏淮安市的农户调研数据发现，在265个调研样本中发生经营权流转行为的有194个，农地流转率达到73.20%，户均转入规模、实际经营规模以及粮食种植规模分别达到325亩、331亩和281亩，说明在“三权分置”的制度安排下，农地经营权的加速流转，农地规模经营得以有效推进，为我国现代农业规模化经营的实现奠定了坚实的基础。

农地“三权分置”的实施，加速了农地流转集中与规模经营的同时，也加速了现代农业生产经营主体的培育和壮大，不同于过去依靠众多同质的小农户从事农业生产活动的经营方式，主体多元构成了现代农业经营体系最重要的基础特征，同时也是农业向现代农业演进中的必然现象（陈锡文，2013）。当前我国在农地流转过程中逐步形成了以家庭农场、农民合作社以及农业产业化龙头企业为代表的新型农业经营主体，这一快速发展并且不断壮大的队伍构成了我国现代农业发展的骨干力量。统计数据显示，截至2016年底，江苏共有家庭农场3.6万家，其中被县级以上农业部门认定为示范性家庭农场的共计

6084 家，农民合作社 7.5 万家，其中被农业部门认定为示范社的共计 1.1 万家，全省县级以上的农业龙头企业 6.2 万家，其中有国家级农业龙头企业 61 家，一批批富有活力、创新力和竞争力的新型农业经营主体队伍的发展壮大，正在发挥着多种实行适度规模经营在现代农业建设中的引领作用。

农村改革的深入推进，促进了资本、技术、人才等产业要素向农业、农村的流动与配置，产业要素与农村特有的地域资源相结合催生了诸多新产业、新业态、新模式，加速农业生产、农产品加工流通、农资生产销售和休闲旅游等服务业有机整合、紧密相连，进而实现了农村一二三产业的融合发展。从实地调研来看，当前的融合模式主要有农业产业链延伸、三次产业集聚集群发展、农业农村功能拓展、种养业重组主导的循环经济等几种。如靖江市马桥镇徐周村，通过全村土地的整建制流转，组建 7 家农民专业合作社。合作社结合村发展乡村旅游的目标定位，积极发展创意农业、休闲农业等新业态，促进旅游与农业、林业、教育等产业的融合发展；同时结合地方芦笋产业发展的传统优势，该村成功申报“青宁芦笋小镇”泰州市全域旅游规划重点项目，通过雄狮、碧波、徐联三家合作社组团建立徐周芦笋基地，然后基于稳步发展的芦笋一二产业，加入芦笋观光工厂、旅游地产、芦笋展览馆等第三产业项目，实现芦笋种植、深加工产品销售与旅游服务业有机结合。

中国发展现代农业，面临的最薄弱环节是农业生产的组织化、社会化程度，因此，提高农业生产的组织化和社会化程度必须作为发展现代农业的重要突破方向（张红宇，2018）。当前大量的家庭农场、农民合作社、农业企业等新型农业经营主体以及不同主体的进一步联合与合作，形成了包括农场联盟、合作社联合社、农业产业化联合体在内的新的组织形式，促进了农业生产的组织化程度的提高，同时伴随着生产组织的大量涌现，代耕代种、土地托管等不同形式的农业社会化服务也相伴而生，加速了农业生产的社会联系、社会化程度提高。如宿迁市的家庭农场集群综合服务中心就是农业生产组织化和社会化的产物。从 2014 年下半年开始，宿迁在全省率先开展了家庭农场集群及综合服务中心建设，经过两年多的实践探索，宿迁市家庭农场集群初步形成了“农场集群、产业集聚、发展集约、服务集中”的可复制发展模式，目前，全市已建成家庭农场集群 28 个，综合服务中心 27 个，各集群累计引进培育家庭农场 710 个，累计经营面积 22.07 万亩，通过生产服务、接待服务及展销、电子商务、仓储加工等服务的集中供给，有效解决了生产经营主体组织化和社会化程度低的问题。

现代农业是现代科技、资金等现代生产要素相结合的产物，舒尔茨认为现代要素的注入是实现传统农业向现代农业蜕变的关键。随着农村土地制度改革的进行，农地流转的管制不断放松，实现了在不同主体之间的有序流转，具有经营管理能力或者想在农业方面一展身手的城市资本、农村精英、种田能手等，纷纷进驻农村、投资农业，进而促进了资本、技术、先进经营理念等现代生产元素在乡村、在农业的集聚；同时，在农地经营权流转过程中所形成的一批农业经营者由于其经营管理水平较高、资本实力较丰厚、追求农业经营收益动力更足、现代农业技术采纳意愿更强等原因使资源在集聚的同时，也实现了集约和节约利用，资源利用效率得以提高，收入状况得到改善。以宿迁市为例，截至目前，工商资本下乡投资的企业或公司共105家，各企业主体流转农村土地共计9.23万亩。其中：租赁农户承包耕地8.194万亩，租赁农户承包耕地分别用于粮食作物种植2.97万亩，用于经济作物种植5.36万亩。投资规模为389655万元。投资总额中，投资第一产业136666万元，占35.07%；第二产业205261万元，占52.68%；第三产业47728万元，占12.25%。从数据可以看出，工商资本投资已经从纯粮食种植转向收益较高的养殖业、加工业和休闲旅游业。例如：宿豫区大兴镇瓜蒌现代农业产业园，占地2100亩，总投资约2400万元。其中一期投资约1150万元，年产值630万元，可带动就业1000余人，人均年增收6000余元；宿迁市兴呱呱瓜子有限公司在2017年投入610万元，完成瓜蒌深加工项目建设，每年可带动周边群众增收1500万元；位于曹集乡境内的600亩石榴种植项目由工商企业钟明霞投资建设，目前已投入资金360多万元，项目全部投产后可带动农民就业100多人，季节性用工150多人；宿豫区顺河建设发展集团有限公司投资建设的顺河街道张圩王庄民宿项目，总投资约为2584万元，已成为了以特色餐饮、民宿、休闲垂钓、自然养生为主的40亩综合服务基地。

围绕农业现代化建设，江苏积极调整农业结构，培育壮大优势特色产业，突出发展设施农业，加快推进现代高效农业建设，以现代机械替代手工劳作，用现代科学技术改造和发展农业，用现代经济管理科学经营和管理农业，大大提高了农业的专业化、集约化和市场化水平。农业的根本出路在于依靠农业科技进步。江苏坚持把加快农业科技进步作为农业现代化建设的中心任务，深入实施科技与人才兴农强农战略，着力解决农业技术推广"最后一公里"问题。2015年农业部发布的《全国农业可持续发展规划（2015－2030年）》提出，到2020年全国农业科技进步贡献率达到60%以上。江苏2010年农业科技进步贡献率达59.3%，2011年达61.2%，率先超出了预定的目标。农业科技进步贡献率近几年一直居全国各省市之首。江苏坚持把粮食生产全程机械化作为保证粮食安全的首要任务，强化惠农政策落实，推广农业机械化新技术、新机具，促进农机农艺融合，全面提升农业机械化水平。与2010年相比，2015年全省农业机械总动力达到4827.5万千瓦，增长22.6%。农机化作业水平稳步提升，全省农业综合机械化水平超过80%。其中，主要农作物生产机械化水平达85%，高效设施农业主要环节综合机械化水平达到50%。水稻机插秧面积超过2430万亩，机插率达到75%，总体进入了水稻种植机械化的新阶段。纯作玉米的机播和机收水平分别达到了82%和75%。秸秆机械化还田工作再上新台阶，2015年全省全年夏秋稻麦秸秆还田面积超过3800万亩，超额完成省政府确定的目标任务。江苏农机化在全国率先实现了由中级阶段向高级阶段的跨越，为发展现代农业做出了积极贡献。

（二）承包地制度安排与农地规模经营

党的十九大提出实施乡村振兴战略，要求坚持农业农村优先发展，深化农村改革主线是处理好农民和土地的关系，推进土地经营权有序流转，发展农业适度规模经营无疑是重要的解决路径，"三权分置""农地确权""长久不变"为此奠定了制度基础。"三权分置”提出要在始终坚持农地集体所有权根本地位的基础上，稳定农户承包权，放活农地经营权。

农地产权安全性会形成生产性效应、交易价格效应和交易成本效应，农户最终是否流转农地以及流转的规模取决于这三种效应的叠加影响（马贤磊等，2015）。安全的产权环境一方面通过降低农地交易成本增加了农地经营边际收益，另一方面安全的产权还将引致农业生产性效应，激励农户对农地的投资，两者均有助于提高农业生产绩效并激励农户对农地的转入需求（钱忠好，2003）。农户内生的风险偏好则会放大农地产权安全的影响效应（马贤磊，2009）。一方面，当产权不安全时，风险厌恶型的农户将强化产权不安全的主观认知，此时农地转入需求随之下降，风险偏好型农户则倾向于弱化这种不安全产权的影响效应，导致其农地转入意愿下降不显著，或者下降速度和水平低于风险厌恶型农户。另一方面，当产权由不安全变为安全时，风险厌恶型农户将弱化产权安全的主观认知，农地转入需求增加较慢，但是风险偏好型农户会强化产权安全感知，提高农地转入需求。因此，产权安全认知实际上是实际产权安全水平对农地转入意愿的影响在农户认知层面（不同风险偏好水平）的反映（仇童伟等，2015）。“三权分置”将农民手中的农地承包经营权分开，保障承包地农户在转出农地后依然具有承包权，也保障了经营户手中的农地经营权，其政策的提出为农民提供了更充分的权益保护，提高了产权安全性，在确保农民土地权利的基础上帮助实现农民利益的最大化。

虽然产权安全认知对农地流转市场潜在需求具有激励效应，但是对不同类型农户的激励效应并不相同。转入户拥有丰富的农地经营经验和农地流转渠道，从事农业生产具有比较优势，“三权分置”政策使产权安全认知水平提高，不仅会激励其农地投资，同时还将降低农地流转的预期交易成本，表现为农地投资效应和交易成本减少效应，两种效应的正向叠加会激励转入更多的土地。而对于转出户来说，转出土地意味着农户已进入非农行业，这不仅显化了农业经营的机会成本，还弱化了农业技能。当“三权分置”政策推进农地确权，提供农地权益保护，使农户的产权安全认知水平提高时，一方面将激励农户的农地投资，提高农地经营的边际收益，激励转入农地的需求；另一方面有助于降低农地流转的交易成本，激励农户转出意愿，降低转入农地的需求，因此，产权安全认知对转出户的转入意愿的影响取决于两种效应负向叠加后的净效应。总体来看，产权安全认知对转出户农地转入需求的影响效应会显著小于对转入户的影响。

农户对地权稳定性的预期越低，其租入农地的可能性越小，租入农地的面积也越小。第一，承包地制度安排稳定促进农户提高生产投资，从而保障规模效应收入预期，激励农户转入更多农地。第二，产权的明晰和稳定可以减少不确定性，从而降低交易费用，促进资源配置达到最优化，农地确权、长久不变，可以降低土地买卖和租赁的交易费用，一方面，非正式制度只有在熟人圈子里才能发挥作用，对于农户扩大经营规模不利，而正式合同和登记可以突破村庄熟人间通过声誉机制流转的限制，而获得更多的社会认可，吸引更有投资能力的经营者，实现规模流转。另一方面，明晰的承包权也可以使转出户安心外出务工并转出农地，降低流转主体间的协商成本，从而减小规模流转的阻力。而土地的规模流转，可以提高农业生产效率。首先，农地流转可以提高资源配置效率，通过市场竞争使土地流向更有投资能力、生产技术的农户手中。其次，土地流转有助于实现规模效应，并引进更先进的机械、技术和管理手段。最后，土地规模流转有助于经营者获得抵押贷款，从而缓解资金约束。因此，承包地制度安排稳定有利于土地规模流转，并最终提高农业生产绩效。

Besley 等（2012）将“产权制度改革使得资产产权明晰并具备有效抵押物的属性，从而有利于金融市场运行绩效改善（包括信贷供给增加和贷款利率下降等）的效应”定义为德·索托效应（De Soto Effect）。土地是最好的抵押物品，国家正在逐渐放开对于土地承包经营权抵押的限制，减少规模经营主体的融资约束，降低其生产成本。承包地制度安排稳定可以增强农户抵押信贷获得能力，从而用于生产性投资，这就是“抵押信贷效应”。一方面，非正式制度并不受正式金融机构所认可，并不能增加其信贷获得能力，而农地确权证书，可以作为土地承包经营权抵押的凭证，克服借贷双方的信息不对称，而且通过地权交易可以提高抵押物变现能力，促进农地承包经营权成为有效的抵押品，增加金融机构提供抵押信贷的意愿，提高农户贷款可获得性。另一方面，长期稳定的承包经营权可以提高抵押物的价值，凸显农地因地权稳定性增强、交易费用减少、可交易性增强所引致的溢价效应，并激励经营主体转入更多农地，从而使规模经营主体获得更多的抵押贷款。而承包经营权抵押信贷，不仅有助于规模经营主体缓解农业生产的资金压力，提高其投资能力，而且有助于其选择更先进的生产技术，这些都将有助于农业生产绩效的提高。

（三）承包地制度安排的村庄治理

承包地的调整与延包，还涉及村庄的公平伦理和农民的利益诉求，根据村庄的人口变动适时进行土地调整有利于实现公平，而土地产权的稳定能够提高农业生产效率，这也是提出“长久不变”的初衷，但这样也陷入了公平与效率的抉择之中，两者不可避免地存在冲突，因此，基层违反中央政策进行土地调整的情况时有发生，屡禁不绝。承包地制度安排应该从公平和效率平衡的角度出发，不能顾此失彼。我们在调研中发现，多数地方村民都要求调整。其原因主要为：一是部分地方“二轮”承包采取延包方式，到期人地矛盾十分突出；二是部分地方原村规民约定期进行调整；三是部分地方现有家庭人口增加而耕地未增，数量较少的农户要求按人享受耕地；四是部分地方无田户希望通过调整获得耕地，部分地方“二轮”承包延续的一轮承包，已经出现较严重的人地不均，至“二轮”结束人地矛盾将更加突出，如不调整土地，有的人将终生不能享有土地承包权，因此调整土地的呼声将较大。

通过调查可以发现，农民主张的一是公平，二是利益。承包地属于村集体所有，从人民公社、大包干到“三权分置”，农村承包地的财产权利属性被不断增强，这也激发了村民的财产意识和利益诉求。一些具有土地调整传统的地区，以地方实践历史为基础，形成了当地农民认可的承包地分配共识，仍然进行土地调整（万江红、孙明扬，2018）。可见，中央对于承包地的制度安排不能完全推行下去，很大程度上是因为缺少村庄治理经验，与村庄自身的非正式制度相冲突。效率假说认为制度安排的发生与发展是根据效用最大化原则进行的理性选择结果，具体而言，在需求高、交易成本低的村庄倾向于选择农地调整。因为土地调整是村庄内部集体决策的结果，效率假说忽视了制度变迁背后的政治过程，实际上基层承包地制度安排的选择是一个风险分摊收益与谈判成本和效率损失之间的权衡过程（姚洋，2000）。现实的承包地制度安排是基层面对中央“不得调地”“长久不变”的制度安排选择是否实施的结果。村民根据村庄社会经济条件等环境因素形成各自承包地制度安排实施意愿，村民不同的实施意愿在成员意愿的表达和决策民主性等村庄组织特性的作用下，形成了村庄承包地制度安排。因此，村庄承包地制度安排是集体理性决策和政治过程共同作用的结果。

村民对承包地制度安排的实施意愿可以与村庄社会经济等环境因素和长久形成的村规民约等非正式制度有关。在农地资源较少、农地资源价值较高，经济发展水平和非农就业水平较低，农地流转市场发育不成熟或社会保障制度较缺乏的村庄，村集体成员对农地调整形成较高的需求；随着土地资源数量的增多，经济发展水平和非农就业水平的提高，农地流转市场发育和社会保障制度的完善，村集体成员对农地调整的需求降低，而对稳定的承包地制度安排产生了较高的需求。同时，不少村庄自人民公社、大包干以来，普遍存在强调公平的村庄社会伦理，逐渐形成了定期调整承包地的村规民约。考虑到中国村庄实际情况，村庄往往会通过村干部走访、村集体成员开会、村代表开会等一种或多种方式结合的途径获取村民的实施意愿，村集体成员的意愿表达可能出现不充分的情况。村集体成员的意愿是否充分表达是影响村庄农地产权稳定性制度安排的重要因素，而且，村集体成员意愿表达越充分，村庄越容易实施与大多数人意愿一致的承包地制度安排。在村庄成员意愿表达充分的基础上，村集体还需要一个民主化的决策过程，才能选择出符合大多数成员意愿的制度安排。但是，现实中可能存在有影响力较大的村干部或较大宗族的成员通过其正式或非正式的能力影响集体选择结果。而且女性在土地分配中处于更不利的地位。女性不论是在村庄政治参与意愿和能力，还是在村庄集体决策中都处于弱势地位。这导致无论是实施禁止土地调整政策还是定期调整土地的村庄，女性拥有更少的土地（田传浩、陈佳，2013）。女性更可能因为婚嫁等原因而产生居住地迁移，从而使得她们个人的土地承包权难以得到有效保障。因此，基层民主的缺失极有可能会损害农民利益和妇女权利。

村庄承包地制度安排的法律逻辑来自其权利属性，即使在“三权分置”的背景下，承包地的所有权依旧归村集体经济组织所有，承包权依旧归承包户所有。因此村集体和承包户理应享有承包地分配的权利。这一法律逻辑成为了村庄层面承包地制度安排的依据，并强化了实施土地调整的意愿。由于中央政策一直强调承包地属于农民的财产权利，这无疑强化了农民的权利意识，尤其是面临征地时，承包地具有很高的增值收益，这使得村民不愿意放弃承包地。在免除农业税之前，承包地是一种负担，许多人不愿意种地，因此在“二轮”承包时放弃了承包地。如今随着土地价值的凸显，他们迫切要求重新获得承包地，这一要求理所应当，但在现行政策下却无法得到满足。破解思路是建立兼顾国家、集体和个人的土地增值收益分享机制，创新集体成员权实现的体制机制。只有这样，才能使承包地制度安排兼顾公平和效率这两个维度。

第三节 实地调研与分析

一、样本选择

选择江苏的镇江市、泰州市为主要调查区域，采用座谈与问卷调查相结合的方法，一方面听取各级地方政府的意见，另一方面深入村庄调查农民的意愿。其中，以江苏的镇江市农委、泰州市农工办为主要对象，就第二三轮土地承包政策衔接等问题进行了多次政府座谈会，吸取各地方农委、农工办的意见。同时村庄调研按照分层抽样的方法，选择镇江市、泰州市和淮安市作为苏南地区、苏中地区、苏北地区的代表，每个市分别选择 2 个县区，每个县区选择 2 个乡镇，每个乡镇选择两个村开展实地调研（见表 5－1），共获取问卷数量 370 份，其中镇江市问卷数量为 128 份，淮安市问卷数量为 122 份，泰州市问卷数量为 120 份。分别就农户基本特征、土地承包经营状况、土地调整与确权情况、政策认知与期望等方面进行问卷调查，并对村干部就村庄基本情况和土地承包经营情况进行访谈。

表 5－1 调查区域名称

市	县/区	乡/镇	村
镇江	句容	边城	光明、陈武
		开发区	河桥、九华
	丹徒	荣炳	蒲干、高庄
		上党	五塘、薛村
泰州	泰兴	姚王	阡垡、夏家岱
		河矢	西荡、矢迷
	兴化	兴东	兴王、灶陈
		陈堡	沈芦、校果
淮安	金湖	戴楼	戴楼、衡阳
		黎城	工农、黎东
	盱眙	古桑	白虎、石龙
		维桥	大桥居委会

二、调研结果分析

（一）农户基本特征

被调查农民的基本情况如图 5－1 所示。从被调查农民的年龄分布来看，超过半数都是60岁以上的老人，这主要是因为随着农业现代化的快速发展，农业生产技术、机械化程度提高，农村出现大量剩余劳动力，与此同时，工业化、城镇化进程加快，对劳动力的需求增加，青壮年劳动力大多不从事农业生产或不在家，他们大量进入非农产业以谋求更高的收入机会，土地经营者呈现老龄化的特征。从事农业生产的以老人居多，一方面是因为老人缺乏非农就业的机会，另一方面是因为老人对土地更有感情和耕种经验。从被调查农民的受教育程度分布来看，农村人力资本水平总体较低，在被调查对象中只有28%以上的村民具有高中以上学历，文化素质普遍不高。

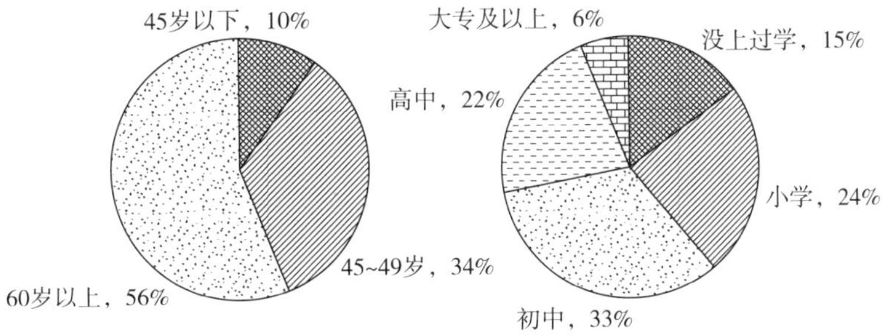

图5-1 受调查村民基本情况

（二）承包地分配现状

对调研结果进行统计分析，可以得出，样本农户户均承包地面积4.61亩，户均承包地块数3.67块，人均承包地面积1.07亩，如表5-2所示。不同地区的土地资源禀赋具有一定的差异性，在淮安市、镇江市、泰州市三个研究区域中淮安地区承包面积为最大，如图5-2所示。但人多地少的基本格局没变，承包地零散的情况依旧存在。如果不断进行土地调整，可能会进一步加剧耕地细碎化的局面。

表5-2 承包地面积与地块数

	平均值	最小值	最大值
家庭承包地面积	4.61	0.80	29.00
承包地块数	3.67	1.00	13.00
人均承包地面积	1.07	0.20	5.00

（三）规模化集约化经营现状

户均经营规模小且分散化的经营格局是我国传统农业的重要特征，同时也是制约我国现代农业的最大障碍，因此，经营规模扩大既是有效克服传统农业发展弊端的有效路径选择，同时也是发展现代农业的必然要求。

根据调研结果分析得出非农收入在家庭总收入中比重高达67.63%，可以看出被调查的农民兼业化程度较高，非农就业收入是家庭收入的主要来源，农民对土地的依赖性有限。而农地流转率达73.20%，为农业规模经营提供了良好的基础，在一定程度上提高了农业机械化水平。另外调研区域农业机械化程度高达95.00%，农户通过购买农机服务等方式基本实现了农业机械化（见表5－3）。同时，由于当前从事农业生产的农民年龄都较大，77%的村民都表示“二轮”承包结束后更希望将土地流转出去而不是自己耕种（见图5－3），反映了农民对土地流转需求的普遍性。

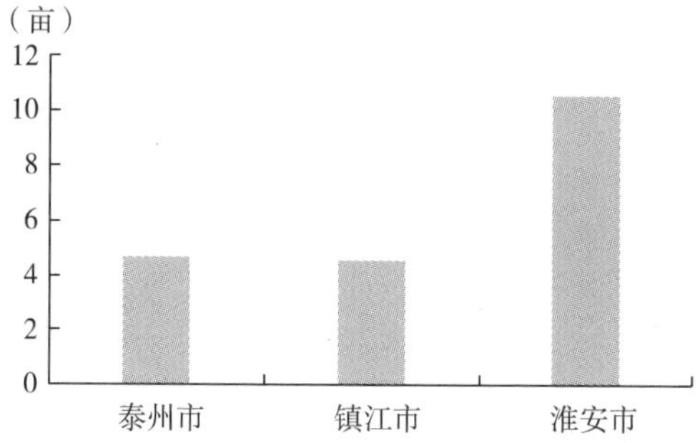

图5－2　各地区户均承包地面积

表5－3　非农收入与农业机械化率

指标	平均比重（%）
非农收入比重	67.63
农业机械化率	95.00
农地流转率	73.20

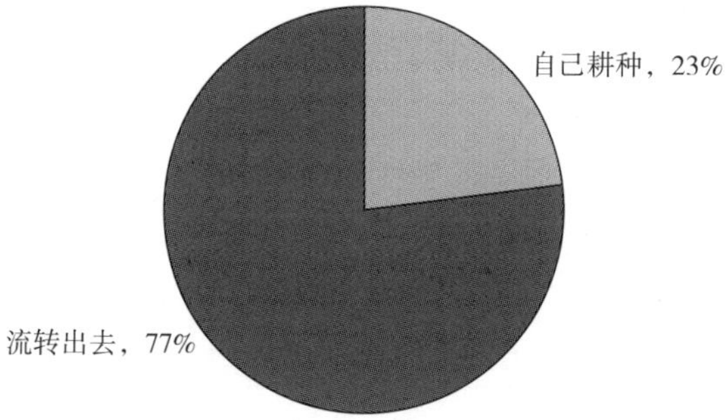

图5－3　“二轮”承包结束后土地流转意愿

调查统计显示，淮安市农户户均转入规模、实际经营规模以及粮食种植规模分别达到325亩、331亩和281亩，土地面积已经形成一定的规模，如表5－4所示。但是平均流转年限较低，原因主要是受到“二轮”承包期的限制，土地流转合同规定的年限不能超过“二轮”承包期，使得土地流转年限大多不会超过10年，经营者难以获得具有较长预期的土地经营权，进而影响经营者的生产投资和抵押融资。

表 5-4　淮安市调查农户规模经营情况

户均转入规模	户均经营规模	户均粮食种植规模	平均流转年限	平均流转租金
325 亩	331 亩	281 亩	6.2 年	686 元

（四）土地调整与要素投入

"二轮"承包期结束后，为了保障规模经营主体的稳定预期，大部分规模经营主体希望在租期上可以"延长"，以做好流转关系的衔接，租期的延长有利于经营主体加大对生产要素的投入。土地调整虽能有效缓解人地矛盾，但同时也降低了土地经营者的预期稳定性，影响化肥、农药等要素投入以及雇佣机械和农业服务等相关支出，不利于农业生产者的长期稳定经营。在调研区域内，"二轮"承包期间土地调整的比例高达 35%，农户对土地调整的强烈需求使得现有的政策制度实施受阻，需进一步优化改革。其中，在要素投入上，肥料投入平均花费 200.12 元/亩，雇佣机械平均花费 170.23/亩（见图 5-4），农业生产成本呈现较高的水平。另外，土地调整和土地未发生调整地区在肥料投入和雇佣机械支出上存在一定的差异，发生过调整的地区在这两项投入上都低于未发生调整的地区。可见，土地调整既不利于培肥地力等与特定地块相连的农业生产投资，也会造成耕地细碎化不利于机械化作业，从而影响农业生产的集约性。因此，土地的频繁调整可能会导致土地抛荒和低效利用的后果。

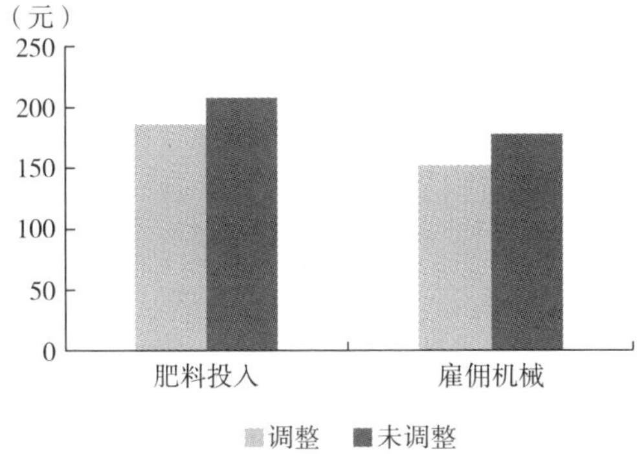

图 5-4　土地调整与农业生产投资

土地调整在一定程度上会影响到土地流转年限。根据调研区域结果分析，发现对于频繁发生土地调整的地区，无论原承包户还是实际经营者的预期都不稳定，更倾向于短期的合同，使得土地流转年限更短（见图 5-5），在发生过土地调整的地区，土地流入年限只有 2.25 年，土地流出年限只有 5.07 年，原因可能是由于频繁的调整会降低土地经营者的投入，不仅仅是生产资料要素的投入，同时也反映在土地流转年限上。因此，进一步验证了土地调整不利于稳定农地承包关系。

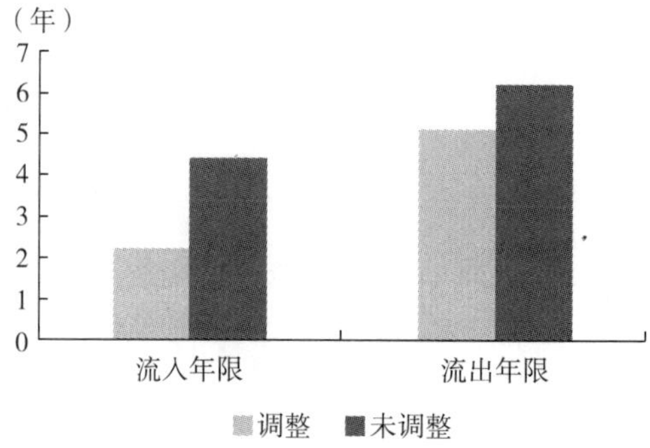

图5－5　流转年限与土地调整

（五）农民主张

根据调查可以发现，土地调整的原因有很多，如图5－6所示，但是最终的落脚点在于农户对于公平的追求，而中央政策实施的宗旨是“效率优先，兼顾公平”。在调研区域内，在众多进行土地调整的原因中，其中，由于家庭人口发生变化而对土地调整产生强烈需求的农户占比36%，说明村民的公平伦理其实是一种平均主义，村民认为如果家庭人口发生了变化，增人就应当增地，减人就应当减地；而土地调整成为村庄习俗的占比为22%，在长期生活中，村民对这种公平理论的认同逐渐形成习俗，而“土地确权”更激发了村民要求公平分配土地的意愿；另外，因土地征收被占用，农民基于公平或未来生活保障的追求，进行土地调整，该部分占比为11%。因此，地方土地调整屡禁不绝的根源便在于这种平均主义的公平伦理，村民的公平意识形成了要求土地调整的呼声，进而影响了村庄的土地调整决策。如果对这个问题不加以重视，忽视村民的公平意识，可以预见将来第三轮承包政策的落实必然会受到影响。

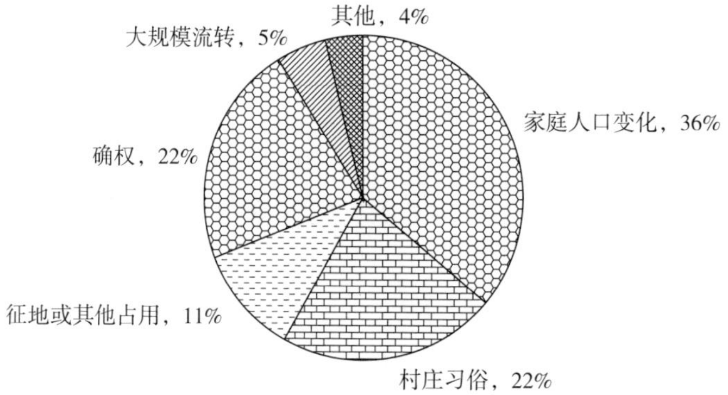

图5－6　发生土地调整的原因

我们发现接近半数村民希望进行土地调整，不希望调整的村民只有30%，如图5－7所示。这表明村民普遍存在公平意识，希望通过土地调整寻求公平。希望调整土地的村民人均承包地面积仅为1.1亩，低于调查的平均值1.2亩，而不希望调整的村民人均承包地面积则为1.5亩，明显高于调查的平均值，如图5-8所示。这表明人地矛盾和村民的利益诉求也是影响土地调整需求的重要因素。一方面是因为农地的利益开始逐渐显现，即使不种也可以流转，如果被征收更能获得很多征地补偿，人均承包地较少的村民便希望能借土地调整的机会获得更多土地。另一方面则是因为人均承包地越少，人地矛盾越突出，村民越看重土地，利益诉求越强烈；而土地资源相对富裕的地区人地矛盾没有那么大，导致对土地调整的需求不如前者迫切。同时，作为苏南地区代表的镇江市希望土地调整的只有42%，低于总体的47%，而作为苏中地区代表的泰州市土地调整意愿更强烈，达到了50%，如图5-7所示。这说明经济发展水平与土地调整意愿有着负向关系。越是发达地区，第二产业、第三产业越发达，农民的非农就业机会越多。

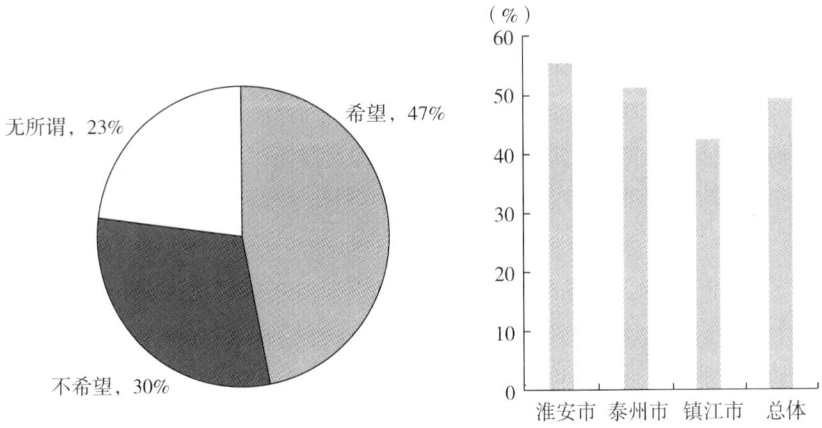

图5-7 村民土地调整的意愿

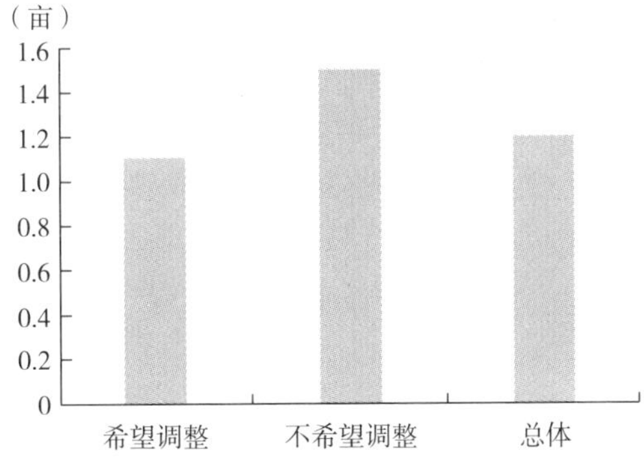

图5-8 土地调整意愿与人均承包地面积

党的十九大明确提出了“保持土地承包关系稳定并长久不变，第二轮土地承包到期后再延长30年”的政策，对于问题“您对该政策的了解程度”，80%的村民表示了解或者听说过该政策（见图5－9），而且支持率也达到了56%（见图5－10）。这表明，延长承包期限在村民中已经得到了广泛的认知，同时也说明了国家政策的宣传比较到位。另外，村民在面对国家政策时往往处于被动的接受地位，不愿意表达自己的反对意见，但是依旧有16%的村民明确表示对该政策的反对，实际的反对率可能更高。另外，对于问题“是否愿意用土地换社保”和“是否愿意有偿退出承包地”，其中有62%的农户表示愿意用土地换社保，64%的农户表示愿意有偿退出承包地，同时绝大多数村民表示只要当补偿合适的情况下才会愿意退出承包地，对于农民来说，失去土地就失去了生活保障，但由于农业投入成本高、利润较少等原因，农民更愿意用土地换取社保的形式来对自身未来生活进行投保，这也是农民的一个理性选择，间接反映出相关政策的制定和实施应从农民的利益出发，从农民中来，到农民中去，才能确保政策的有效实施。

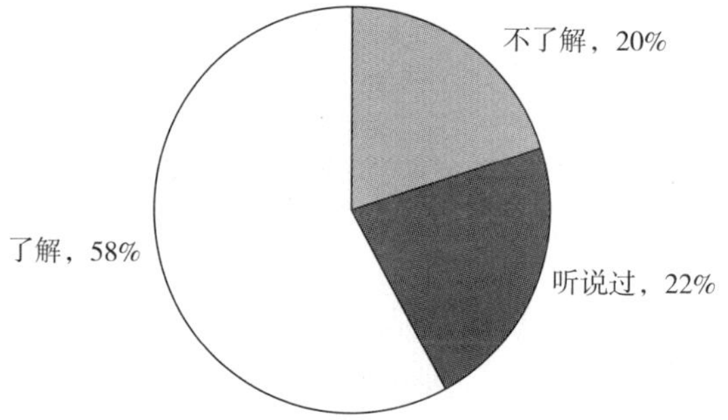

图5－9 村民对中央“再延长30年”的了解程度

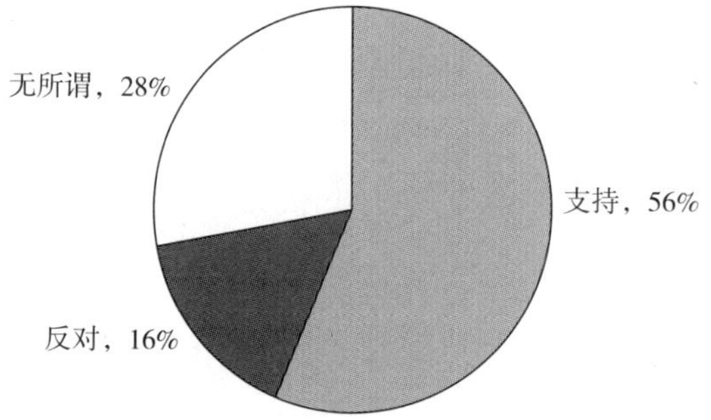

图5－10 村民对中央“再延长30年”政策的看法

村民对第三轮承包的看法如图5－11所示，认同“不调整”直接延长承包期限的仅占22%，说明绝大部分村民对土地调整有强烈的需求，与对中央“再延长30年”政策的支持率56%相去甚远。这表明村民并不一定真正地支持中央“保持土地承包关系稳定并长久不变，第二轮土地承包到期后再延长30年”的政策，而更有可能是被动地赞同。“打乱重分”和“小范围调整”是各地方进行一二轮承包衔接和一直以来解决人地矛盾的办法，受到了较多人的认同。其中有33%的农户表示支持打乱重分，赞同小范围调整的农户占比 22%，原因可能由于目前村民在对土地调整有诉求的前提下，“打乱重分”和“小范围调整”是农户认为土地调整最快速直接的办法，并未从整体层面考虑到打乱重分带来的一系列问题。而“按股份分红”作为一种新兴的模式也得到了 16% 村民的认同，这些村民所需要的往往不是土地，而是土地所附带的功能。在实践中，仅仅有部分地区采取了按股份分红，并取得了一定的成效，地区之间更多的是结合实际情况进行借鉴，并未全面开展。

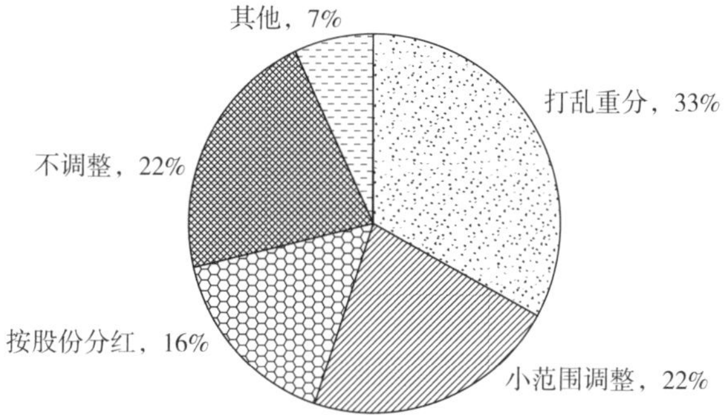

图 5－11　村民对如何进行第三轮承包的看法

第四节　二三轮承包衔接面临的主要问题

一、土地确权不彻底

土地承包制是农村最基本的经济制度，是影响土地投资和土地规模经营的重要因素。农村土地确权（简称确权），在一定程度上明晰了政府、村集体和农民的土地权利边界，固化了土地承包经营权，抑制和规范了土地调整行为，保障了土地转出、转入方的权益，是将来二三轮承包衔接的基础，必须圆满完成土地确权工作，确保农民家家都有一本证。但是实际上农村土地确权还存在一部分问题尚未解决，首先，土地确权的基础是不稳定的，当前土地确权是在农村土地关系存在较多问题的情况下实施的，进而缺乏合理稳定的基础，对农村土地承包关系的进一步固化在一定程度上会加剧人地矛盾；其次，土地确权是在“二轮”承包期间提出来的，土地确权到 2028 年截止，到期后是否要重新进行确权，这是一个值得商榷的问题。土地确权的不彻底将成为一个隐患，导致将来实行“延长 30 年”政策时缺乏依据，甚至引发纠纷。土地确权可以说提前暴露了未来二三轮承包衔接时的问题，对土地确权的重视可以避免将来这些问题再次发生。无论是权属的纠纷、面积的争议，还是地块边界的模糊，都要尽快寻求解决办法，厘清思路，推进确权工作圆满完成。

二、农民调地需求长期存在

在中央免除农业税之前，农民需要交够国家的，留足集体的，剩下的才是自己的，土地是一种负担，许多农民因此不愿意耕种土地，放弃承包。在第一轮土地承包期间，农业机械化水平低，土地3~5年进行调整一次，农民调地需求不是很强烈。但是，一方面，随着中央免除农业税、土地征收补偿标准的提高、土地流转租金的上涨等原因，土地的价值开始凸显，土地逐渐成为一项财产权益，而不仅仅只有过去的生存保障功能；另一方面，随着农村人口的增减变化，原来平均分配的土地重新变得不均，对于人地不均较严重的地区，农民土地调整意愿更强烈，因此在一二轮衔接中，针对人地矛盾严重的地区进行了重新调整。而在二三轮承包衔接过程中，虽然人地不均的情况依旧存在，但没有“二轮”承包时严重，由于“二轮”承包时一家有三四个小孩，如今因为计划生育政策的实施，一家只有一两个小孩，人口变化没有“二轮”承包时明显，农民要求调地的愿望没有“二轮”时高，但农民土地调整的意愿反而更强烈。随着国家惠农政策的实施，农户维权意识的逐步提高，土地在市场化过程中其潜在的价值逐渐显现，土地变得越来越值钱，对于分配不均的农户来说要求土地调整的呼声更高。

土地调整的需求会长期存在，而法定的可以用于调整的土地，只有集体机动地、开荒和承包方依法自愿交回的土地，现实调研中发现这些土地数量很少。这就形成了土地调整需求强烈与法定可以用于调整的土地稀缺之间的矛盾。这种矛盾的解决，要么通过村庄政治的途径表达，要么农户私下调整土地，而这些都不符合法律规定。于是就形成了村庄调整土地的事实与法律规定不允许调整土地之间的分歧。这种矛盾只能缓解，不能根治，因为公平分配本就是集体所有制的应有之义，但是频繁的土地调整又会影响地权的稳定，加剧耕地细碎化，不利于农业生产投资的持续性。因此，缓解的途径只能通过替代性的制度安排来实现，如市场机制和社会保障体系等的完善等。

三、历史遗留问题难以解决

自1998年“二轮”承包到如今农地确权基本完成，涉及农村承包地的大部分问题已经解决，矛盾也基本已经化解，但依旧存在一些历史遗留的“疑难杂症”难以根治。

第一，无地农民应有的土地承包权利如何保障？这里的无地农民是指依法应分配到土地而没有分到土地，或曾分到土地但实际上无法占有土地的农民，主要包括以下几种情况：①第二轮土地承包时未分配承包地的人员（如分地时的非集体经济组织成员）和承包后新增人口（如新出生的人口）。②“二轮”承包乃至“一轮”承包时不愿意交土地税费而放弃承包地的农民，当时土地负担重，而如今土地价值凸显，这些未承包土地的农民便主张获得土地。③因土地抛荒被集体收回土地或者被其他农民耕种不退还而失去土地的农民，这其中又涉及进城务工的农民抛荒土地，他们返回村庄要地，却发现土地已经被收回或者被他人耕种，极易引发矛盾。④相较男性而言，女性在土地承包中处于弱势地位，男性往往以户主身份代表农户家庭签订土地承包合同，女性在出嫁前依附于父母兄长，出嫁后依附于丈夫，土地承包权益极易受到发包方和家庭内部成员的侵害，如妇女因外嫁而丧失原娘家承包地，而实际使用权在婆家村又分不到土地，或因离婚、丧偶失去土地成为无地农民。由于土地承包权延长、耕地补偿制度不完善、社会保障制度不健全等原因，在部分地区出现了无地农民“种田无地、就业无岗、低保无份”的局面。如果将来承包期直接“延长 30 年”，他们仍旧无地可种，必会引发社会矛盾稳定，不利于相关土地政策制度的顺利开展。

第二，“以租代征”问题，即通过租用农民集体土地进行非农业建设，擅自扩大建设用地规模。与农地征收相比，“以租代征”规避了征地过程中必须办理的农用地转用审批手续，同时逃避了缴纳有关税费、履行耕地占补平衡法定义务（曹炎等，2016）。一些地方政府为修建政绩工程，大搞非法经济开发区或工业园区建设，对于农村集体土地而言，其所有权长期虚置，农户所拥有的仅仅是承包经营权，农民所赋予的相当于是一种虚拟的权利，为“以租代征”提供了便利。其结果必然会严重冲击用途管制等土地管理的基本制度，影响国家宏观调控政策的落实和耕地保护目标的实现。然而，为了集体经济的发展和各种规划项目的落地实施，各种“以租代征”的现象并不少见。在实地调研中，发现江苏兴化市葛尤村 20 多户农户与村里签署了一份协议书后便彻底失去了自己的土地。从征地手续上看，该区域所建的产业园区完成了土地性质改变，但一开始并未完全得到所有农户的认可，部分未签字村民土地被强征，从补偿款来看，市级财政已将补偿款打到村级账户，但村镇两级仍按照“以租代征”的形式发放补偿。“以租代征”虽然暂时缓解了政府财政压力，保障了各种项目的落地，但也形成了一种隐性的政府债务，如果不找到合适的解决方法，未来在二三轮承包时又如何处理？

四、规模经营主体预期不确定

在工业化、城镇化快速发展的大背景下，农村劳动力大量进入二三产业，农业劳动力结构性不足的问题日益凸显，农村劳动力的老龄化、女性化和低学历化情况日益严重，同时农业兼业化、副业化现象越来越突出，但农户在综合权衡各种利益得失后，一般并不会选择放弃土地。未来可能面临少数人有能力耕种与多数人不愿意放弃土地的矛盾。培育新型经营主体，通过土地流转促进适度规模经营是必然的路径。

但是规模经营主体的生产预期也受到土地承包政策的影响。一方面是土地承包期限对于土地流转期限的约束，（土地流转的年限不能超过“二轮”承包结束期的 2028 年），使规模经营主体难以获得较长的土地经营权，进而在农业生产经营中会影响到经营主体的投入决策行为，同时“二轮”承包到期后，届时他们将面临如何续租的问题。另一方面是频繁地调整土地对规模经营有一定的影响，因为土地每调整一次，往往需要重新签订流转合同，使得规模经营主体可以流转的年限更短。因此，“延长 30 年”的政策不应该只惠及普通农户，也应激励到规模经营主体，相应延长土地经营权的期限，乃至突破土地承包期的限制，使规模经营主体的预期更稳定，以更有利于农业长期生产投资。

五、"三轮"承包政策未具体化

党的十九大报告中只提出了"第二轮土地承包到期后再延长三十年"这一政策，而并未对"三轮"承包的具体概念进行界定，针对"二轮"承包中出现的问题，尤其是人地矛盾的问题，并未进行清晰的说明。①在"二轮"承包期间没有分到土地的农户在"三轮"承包时是否能够享受到承包地，如承包期顺延，该部分农户将如何安置的问题。②土地确权是在"二轮"承包期间提出来的，其确权结果是否应用于"三轮"承包，也并未进行说明。③对于因土地征收而失去土地的失地农民而言，在土地征收过程中，征收的是"二轮"承包期间的承包经营权，那么在"二轮"承包到期后，"三轮"承包时是否获得重新分地或土地延包补偿款？这些问题在相关政策文件中并未进行明确解释，但又关乎到政策实施效果的问题，因此必须引以重视。

六、集体组织发包权和统筹权不足

我国《土地管理法》第十条规定："农民集体所有的土地依法属于村农民集体所有的，由村集体经济组织或者村民委员会经营、管理；已经分别属于村内两个以上农村集体经济组织的农民集体所有的，由村内各该农村集体经济组织或者村民小组经营、管理；已经属于乡（镇）农民集体所有的，由乡（镇）农村集体经济组织经营管理。"根据法律规定结合农村实际情况可知，我国法律对"集体"所有的确切含义没有进一步阐述，现实中很多集体经济组织基本上都处于一种虚置状态，导致并无一个与法律规定相一致且在现实中可予以落实的法律主体来行使农村集体所有权。

其结果导致了两种极端的情况：①村委会实际上代行了这一权利，甚至异化成了个别集体干部的所有权。这导致了土地名为集体所有，实为少数人所有，给少数人带来了发土地横财的机会，土地承包合同被肆意修改，承包土地任意被调整和重新分配，征地补偿费"暗箱操作"等不良后果。②要么则是村集体实际上对土地的发包权和统筹权丧失和弱化。在免除农业税的同时，也免除了集体经济组织收取的相应费用，而且禁止集体在承包期调整土地，即使土地抛荒集体也难以收回承包地。集体经济组织逐渐退出了农业生产活动，其"统"的职能也转变为农业社会化服务，主要负责组织农民进行农田水利建设和向农民提供某些生产服务等，但由于缺乏经济基础和激励，提供的服务普遍较少、可持续性差、覆盖的生产环节不全面。

第五节　成功经验借鉴

针对土地承包政策的落实情况，我们主要从一二轮承包衔接情况、"二轮"承包期间土地调整情况、土地确权纠纷，土地征收情况等方面开展了调查和访谈，发现各地方在面临这些问题时处置办法各有差异。分析地方处置问题办法，并结合其他地区成功经验，总结和概括针对“二轮”承包期间政策制度执行中出现问题的路径选择，有利于二三轮承包期的有效衔接。

一、一二轮承包衔接的处理

1993 年《中共中央、国务院关于当前农业和农村经济发展的若干政策措施》强调“为了稳定土地承包关系，鼓励农民增加投入，提高土地的生产率，在原定的耕地承包期到期后，再延长 30 年不变”，因此“二轮”承包应当是“一轮”承包的顺延，而非再进行一次土地再分配。然而在我们的调研中发现，在进行“二轮”承包时，江苏各地方主要有三种做法：

第一，在原承包基础上直接顺延。这种方式最符合当时中央政策的指向，但在实践中比例比较少。

第二，在原承包基础上对部分农户进行小调整，在实践中采取这种方式的地区也不多。

第三，打破原承包基础，重新落实，多数按人或按劳分地，少数种田积极性不高的地方按需分配，剩余土地对外发包。这种方式在实践中最为普遍，但与中央政策却完全不符，按需分地也导致有的农民无地、少地的情况。

由此可见，一二轮承包衔接时，各地方并未完全落实中央政策，由于当时未分地的新生儿较多，每家可能有三四个，人口变动较大，人地矛盾比较突出，调地需求比较强烈，因此造成了这样的局面。在“二轮”承包期间，“三权分置”“土地确权”“农业经营体系创新”等相关政策制度的出台，在稳定土地承包关系的同时也进一步加大了人地矛盾和土地调整需求，土地调整创新模式在各个地区逐渐显现。因此，应充分吸取一二轮承包衔接的经验教训，在二三轮承包衔接中注意重视农民调地需求和与之相应的政策制度环境。

二、“二轮”承包期间的土地调整

尽管中央一直强调在承包期内不得调地，为避免频繁的土地调整，2002 年出台的《农村土地承包法》规定在承包期内发包方不得调整和收回承包地，而只是在因自然灾害严重毁损承包地等特殊情形下，通过法定程序进行个别农户之间的调整。2005 年正式实施的《江苏省农村土地承包经营权保护条例》第十四条规定，承包期内发包方不得收回承包地、不得调整承包地，法律、行政法规另有规定的除外。在现实实践中，常常因为一些情况对土地调整产生需求，主要体现在：①由于自然灾害摧毁土地需要对土地进行调整。②由于征收拆迁或公共设施建设等占用了全部或者部分村组的土地，使得一部分村民无地可种，引致土地调整意愿。③由于实施农田改造，原有承包地的地形地貌和“四至”已全部被打乱，需对村庄承包地进行重新划分。④由于人口变动，导致“有人无地可种，有地无人去种”的冲突现象，亟须对现有的土地进行调整来缓解人地矛盾。“二轮”承包期间，进行土地调整的地区之间有成功经验可供借鉴，但推动土地调整的原因却不尽相同，因为需结合本地区具体情况进行有选择性的土地调整，而不是盲目的效仿。

在政策层面，对于承包期内产生人地矛盾不太严重的情况，主要有三种措施来解决矛盾：用预留的机动地、新开发和承包方交回的承包地。如以上三种条件都不具备，那么通过土地承包经营权流转来解决（优先流转给无地农民），或者可以考虑发展二三产业优先雇用无地农民的方式来解决无地农民的生活问题。中央确定农村土地政策的基调是“效率优先、兼顾公平”，旨在稳定农地承包关系。而在实际中，随着土地改革的推进，土地对于农民而言逐渐由生活保障转变为农民财产，“二轮”承包期间，有些土地调整是不可避免的，现实中农村有不少地方调整了土地，全国比例保守估计不低于20%。有的地方的做法是“排队等地”，新增人口按照先后次序排队等，到调整期时“以生顶死”，在个别农户之间进行“抽补”，将死亡或者户口迁出的农民的土地调给新增人口，调整期一般为5~10年。土地调整具体表现为村庄习惯层面的应然性与法律制度层面的不合法性之间的社会冲突，“二轮”承包到期后，如继续沿用现有的农村土地制度，“土地不得调整”政策的实施会遇到更大的阻力，会导致资源配置效率低下，农民对土地调整的呼声加大。现有的“三权分置”“休耕轮作”等政策没有对农民土地调整需求做出回应，为此，针对农民“土地调整”的现实需求，法律层面的“不得调整”的规定应在理论和实践上予以回应。

旨在化解因人地关系引发的冲突或纠纷的土地调整，有利于土地权益的公平分配，对于农民而言，是为了获取农地的一系列功能，我们称之为“社会保障效应”，表示农地对于农民群体所发挥的经济收益、社会保障、心理安慰、稳定就业等综合性的社会功能。农民的社会保障效应推动着土地调整。而土地调整的阻力主要来源于“不得调整”的法律规定，旨在最大限度降低农地调整的负面作用，若频繁调整，降低地权稳定性，不利于对土地的长期投资。在“一轮二轮”承包期间，为了避免潜在的或已有的社会冲突，各个地区在实践中逐渐探索出了化解“土地调整”类社会冲突的路径，并取得了一定的成效。具体体现在以下三个方面：

第一，允许农村社区内部小调整。虽然《土地承包法》规定，预留一定比例的机动地分配给新增人口和需要调整的人口，但是在实际中，可供调整的土地在数量上即为有限。土地“大调整”几乎无可能，只能在总体稳定地权的前提下适当放开“小调整”，在“增加的人口”与“减少的人口”之间进行调配。

第二，可替代性保障：赋予新增人口。赋予新增人口可替代性保障，避免新增人口为了争夺土地而引发社会冲突；如给予新增人口一定的经济补偿、一定的社会保障等，让新增人口能够享受普通居民一样的成员权，这样可以在实践中规避新增人口与其他成员争夺土地的冲突。

第三，实施股份制承包权。股份制承包权是指在现有的产权制度下，集体拥有土地所有权，根据社区拥有土地数量、拥有社区成员权的居民数量，确定集体土地承包权的股份总数和人均股份数，周期性实现土地承包权股份在不同居民之间的重新分配。

三、土地确权问题

2015年，江苏被农业部确定为农村土地承包经营权确权登记颁证整省推进试点省份，在省委、省政府的统一部署下，全省98%的应确权村启动确权，其中49%的行政村完成合同签订任务，并要求2017年全省要基本完成土地确权工作，力争80%以上行政村完成登记发证、50%以上行政村通过验收。在全省上下共同努力下，江苏农村土地承包经营权确权登记颁证工作基本完成。但是其中暴露出的部分问题尚未全部解决，甚至有部分群众信访反映。这些问题大多是历史遗留问题，主要表现在：①“二轮”承包落实不到位。一是个别地区未开展“二轮”承包；二是当时部分农民不愿交土地税费而未分地或少分地；三是个别村干部存在工作失误。这些历史遗留问题在农地确权时还未得到解决引起争议。②农民对土地面积或权属有争议。主要是土地确权面积与农民自以为拥有的面积不符。③土地抛荒被村集体收回重新发包，而又没有正式文件，原承包人不服，引发争议。④各类规划和重点工程占用耕地，为发展壮大集体经济，只能暂缓确权。⑤实施农田改造，原有承包地的地形地貌和“四至”已全部被打乱，界限不清难以确权。针对这些问题，各地方的处理办法主要有：①依据“二轮”承包合同，现实耕作情况，村民民主讨论、户籍情况等重新进行了分地并确权。②采用“排队等地”的方式，等有人退出了耕地再补给存在争议的人。③采取“只确大地块，模拟小地块”的方式，动账不动田，将大地块分摊给每户农民。④矛盾突出暂缓确权。

本轮土地确权工作的主要目标在于形成便于个体农户耕种的土地承包格局、激发农地流转和规模经营的内在动力、减少农地产权登记和交易成本。针对土地确权过程中面临的问题主要集中在两个方面：第一，是否调整土地；第二，是否需要严格确地。“调整”是对细碎化土地的整合，“确地”表示将“四至”位置清晰的土地固定到户。而在实际操作中，“调地”和“确地”面临着不同的现实需要和操作成本，有必要对其进行区分，目前根据相关研究，将土地确权模式总结为以下四种：

（一）依据现状确权确地模式

以“二轮”承包合同为基础，对当前农村承包地的现状不做调整，严格坚持“确权确地为主，确权到户到地”。该模式适合农民对土地存在一定的依赖和耕地需求、农民耕种负担较小，土地确权依据清晰、土地争议纠纷调解难度小的地区。东北“平原区”人均耕地面积约为南方省份的15～25倍（孙德超、曹志立，2017），在土地确权中，农村“多地”问题较为突出。在“一轮”向“二轮”承包过渡过程中，由于延包工作不规范，导致了家庭承包土地面积普遍多于原承包合同面积，对于多出来的土地，应由谁拥有、拥有多大比例、收益归谁等问题成为该地区开展农村土地确权工作的主要忧虑。东北“平原区”地广人稀，适宜大面积粮食作物种植，农民对土地有较强的依赖，因此确权确地能够充分确保土地在家庭收入和社会保障方面的重要作用。对于多地问题，以村集体协商讨论的办法处理，例如，有的地区对于多地或不合理的土地进行适当收费，受到了当地农民的认可。另外，确权确地为平原地区的农业生产服务社会化以及规模经营奠定了基础，在不改变农户土地承包权的条件下为农户提供粮食生产的全程服务，促进土地流转和规模经营。

具有典型代表的是黑龙江的“阿城模式”，哈尔滨市阿城区自2012年被农业部确定为承包地确权登记颁证试点以来，实现精准确权，取得了明显成效。首先，阿城区通过打造“三一工程”，即将此项工作作为全区“一号任务”，坚持各级、各部门“一把手”负责制，实行“一篇否决”，打造良好工作格局；其次，阿城区严格规范确权环节，精准登记承包地经营现状，通过“自建CORS基站+RTK测量仪”，采用“卫片+全野外多点精准实测”组合法，在技术路线选择上实现精准测量；最后，以依靠群众为宗旨，坚持从群众中来、到群众中去，镇街党政主要领导要到实测面积与“二轮”承包合同面积存在差异的农户家中走访，对每一个面积差异问题做一个问题清单。通过此次确权登记，阿城区“二轮”承包合同面积119.1万亩，此次确权实测面积133.5万亩，相对原承包合同面积多出14.4万亩，对此阿城区提出了四种解决办法：一是“二轮”承包时未进合同多地问题，由所在村民小组讨论决定；二是私自扩大种植面积多地问题，实行一村一策；三是违法耕种集体机动地多地问题，统一退还村集体进行处理；四是开荒多种地问题，由村集体统一收回后再通过其他方式有偿承包。通过分类处理，有效解决了当地确权工作中的难题。

（二）调整土地后确权确利模式

该模式是以原“二轮”承包面积为基础，将土地面积分配到各家各户，但不将具体承包地的边界“四至”确权给个人。通过村组层面的土地大面积整合来促进集体合作经营，形式上实现“个人+集体”的土地经营权运作模式，该模式适合对土地依赖性较小的地区，农业经营需要依靠高度集约、规模统筹来实现。该种模式适合西北“荒地”区，农业生产面临土地效力低和农民耕种意愿不强的问题。西北地区人少地多，但由于自然条件限制农地升值潜力不足，农业生产成本较高、产出偏低，使得农户对土地依赖性不强，故其农业经营方式必须有效发掘其地区优势并回避劣势。调整土地后确权确利模式可以有效解决西北“荒地”区农业生产面临的土地效力低和农民耕种意愿不强的问题。首先，按照承包面积确权，集体预留部分适合耕作的土地依据农户申请，交由农户耕种，对于经营效益低下或会导致环境恶化的不适合耕种的土地统一收归集体或由政府进行绿化改造；其次，调整土地后确权确利，西北“荒地”农业生产需依靠基础设施投入和科技支持；最后，确利的方式为集体合作经营，企业带动农地经营过程中农户参与提供了产权制度基础。该种模式的代表为宁夏平罗县以“二轮”承包为基础，探索以承包地自愿有偿退出和农村老人以“三资”股权收益来获得收入、缴纳养老保险和置换养老保障服务的办法，以这种承包地的再调整和利益分配模式，有效解决了村庄“空心化”和老龄化带来的土地闲置困境。

（三）调整土地后确权确地模式

调整土地后确权确地模式是对村组集体发包的土地，按照集体民主和农户自愿的原则，积极推动土地调整置换，实现“小田并大田”，或将土地整合后，重新按户连片发包，完成土地调整后，再将土地按照边界“四至”与面积逐户登记。该模式的适用范围较广，不仅适用于那些农户具有较强调整土地意愿的地区，也适用于一般的人多地少地区。尤其是对西南“碎地区”的土地确权工作有重要指导意义，不仅实现碎地整合，能够在农民权益明晰的前提下提高集体土地的整合率，高效地完成农村的土地确权和碎地整合任务，而且促进了土地流转和规模经营，西南地区过于碎片化的土地在一定程度上阻碍了市场流转，借助土地产权登记来实现碎地整合，为农地规模经营和流转市场培育提供了良好的条件，具有典型代表的是四川成都市，实行调整土地的方案和意见由村民会议自行协商确定，尊重群众调地的意愿和协议，明确交地条件，即可实施“调地确权”。

（四）依据现状确股确利模式

依据现状确股确利模式是指在不改变农村土地集体所有制下确地到村或组，统一对集体土地面积进行股权份额量化，以人口或农户为单位来明确承包资格、实际承包地股权及收益比例。该种模式一般适用于人地关系紧张、承包地无法精确分割或确权到户成本过高等地区。东南“城郊地区”人口集聚，耕地资源有限，耕地质量和区位条件较好，属于“人地关系紧张、农地升值潜力大”的类型，对于“城郊区”的农村土地，无论是经济作物种植或建设用地征用，往往会给集体和承包户带来较大的收益。虽然优势区位条件为农业生产带来的高附加值在一定程度上抵消了个体经营成本，但人多地少背景下土地碎片化和经营分散化的问题依旧存在。依据现状确股确利模式在减少确权确地的边界纠纷和多地少地矛盾的同时，使得集体经济组织成员的经营权转让和承包期退出更加顺畅。其实质上是保留农户的收益权，在完成土地确权的同时实现了农户承包权和经营权的分离，实现资源配置效益最大化，促进集体规模经营和土地流转。在实践中，珠三角地区、江浙地区取得了成功经验，具有典型代表的为广东的“南海模式”，采取农民以土地承包经营权入股实现集体内的股份合作经营，形成“以权入股，按股分红”的格局，在保障农户承包权益的同时，也推动了集体经济组织的发展壮大。

四、土地征收问题

土地征收也会造成土地承包经营权的不稳定性，尤其是土地征收过程的不规范和补偿的不合理更会侵犯农民的利益。在调研中发现，接近半数土地被征收的农民表示，土地被征收对他们的生活状况造成了影响，大多是负面影响。主要体现在以下几个方面：①土地征收补偿标准不合理，土地征收后对农民的补偿费并不能完全体现出该部分土地所具有的价值，且更多的是以经济补偿为主要形式进行一次性发放，并不能从根本上保障农民未来的生活保障。②土地征收补偿落实不到位，对于土地补偿款并没有明确的分配方法，土地补偿款被逐层克扣后才能发放到农民手中，使得农民的利益得不到有效的保障。③失地农民不能享受完整社会保障，土地征收后，农民失去了基本的生活保障，如全面的医疗、生活来源等社会保障。

实际上，单一的经济补偿形式并不能对农民未来的生活进行保障，不利于农村社会稳定，由于农民理念和综合素质不足，大部分征地补偿款会在短期内消耗或占用；同时由于非农业收入增加有限，农业收入减少，而支出成本却大大增加，势必会造成农民普遍感觉生活水平变化不大或降低。考虑到失地农民对经济补偿有较大的偏好，以调研区域内安置失地农民具体措施为主导，参考其他省份成功经验，先将在“二轮”承包期间除基于失地农民一次性经济补偿外，探索新的补偿模式，具体有以下几种模式：

（一）城乡结合安置模式

对于城乡结合区愿意征地的原因主要与当地的经济水平有关，该地区经济较为发达，有更多的就业机会，农户文化水平相对较高，其中非农收入在家庭总收入中占比较大，远高于农业收入水平，故农户更愿意土地被征收后获取一部分补偿款。而另一部分不愿意被征地农户，主要是因为在该项目区征地主要是用于商住用地的开发，而高额的土地价格使得农户对土地征收补偿价款有较高的期待；另外，考虑到“城乡二元体制”的存在，城乡结合区的农民失地后面临着“就业无岗、低保无份”的困境，补偿措施或社会保障难以实施和生活没有保障是农民不愿意土地被征收的主要原因。针对城乡结合区愿意土地被征用，对养老保险和医疗保险有较高的需求；同时，对地价有更高的补偿期待和未来生活保障的担忧，对城乡结合区的土地补偿宜以“经济补偿＋土地换保障/住房＋培训促就业”的模式为主。

（二）沿海区安置模式

对于沿海地区，农户征地意愿较高，对经济补偿有较大的偏好，由于对土地依赖程度较高，同时土地征收主要用于商住用地开发，使得农户便产生了较高的补偿价格意愿，希望通过补偿款可以改善家庭经济状况，普遍认为征地后收入降低、支出增加。农户将补偿款更多地用于建房、养老和经商，主要担忧的是生活没有保障，更希望能够得到养老保险。针对沿海区愿意土地被征用，征地补偿款多用来建房和经商，对土地依赖性较强，对地价和养老保险有较高的需求，主要是因为对未来生活保障的担忧，对该区的土地补偿宜以“经济补偿＋养老保险安置＋用地单位安置”的模式为主。

（三）山区安置模式

对于丘陵或山区的农户来说，其征地意愿最低，少部分农户愿意土地被征用是因为种地收入太低，希望通过获得征地补偿款来改善生活，不愿意的原因主要是因为农户对土地的依赖性较强，劳动技能和就业途径的欠缺，山区的征地补偿款主要用来建房，建房后征地补偿款所剩无几，又缺少其他的收入来源，一旦征地款用完，生活水平便会迅速下降甚至生活出现困难。针对山区对土地的依赖性、非农收入来源较少以及对养老的忧患，对该区域的土地补偿宜以“经济补偿＋土地换保障＋调整承包土地安置”的模式为主。

五、土地经营权退出问题

随着工业化、城镇化的快速发展，农村大量劳动力进入城镇就业，农民和土地的关系出现了新的变化，加剧了人地分离，出现了“离乡不弃农、进城不退地”等现象，导致土地资源的要素功能和资产功能受到限制；同时，土地流转速度加快，全国开展的土地承包经营权确权登记颁证工作有序开展，为土地承包经营权退出奠定了较好的基础（高强、宋洪远，2017）。基于此，党的十八届五中全会通过的《中共中央关于制定国民经济和社会发展第十三个五年规划的建议》明确要求，“维护进城落户农民土地承包权、宅基地使用权、集体收益分配权，支持引导其依法自愿有偿转让上述权益”。2016年发布的《国务院关于实施支持农业转移人口市民化若干财政政策的通知》要求，逐步建立进城落户农民在农村的相关权益退出机制，积极引导和支持进城落户农民依法自愿有偿转让相关权益。自农村土地承包经营权退出实施以来，虽退出前提已经具备，但在实际操作中仍然面临着许多问题，对此结合近年来试点区的经验启示，探索有效退出的模式。

（一）宁夏平罗模式

宁夏平罗县结合地区经济发展和本县的实际情况，利用有利条件对农村土地有偿退出进行了多方面的探索，主要做法有：一是推行农村土地和房屋确权登记，为土地退出奠定基础。到2015年，全县农村房屋确权登记率、集体荒地承包经营权颁证率已达100%，集体耕地承包经营权、宅基地使用权颁证率分别达到97.2%、96%，同时，平罗县开展的“二轮”承包经营权与集体荒地承包经营权证“两证合一”工作基本完成。二是结合生态移民工作，实施农村土地和房屋收储。基于平罗县为每户移民提供12万元的安置资金，农村房屋闲置、耕地流转十分普遍的事实，2013年初，平罗县制定《农民集体土地和房屋产权资源永久退出收储暂行办法》，由县人民政府出资500万元设立农村土地和房屋退出收储基金，并启动了农村土地的收益分配权退出政策。三是结合老年农民的养老需求，进行农村土地和房屋退出安排。面对农村人口老龄化日益严重的现实，2014年，平罗县为老年农民自愿退出土地承包经营权、宅基地使用权和房屋使用权“三权”开辟制度通道，如与子女拥有同一住宅的老年农民，可以只退出农村土地承包经营权而保留宅基地使用权和房屋所有权；老年农民是户主身份的，必须经家庭“二轮”承包时所有共有人和村集体经济组织同意，方可退出所有农村财产权利；老年农民退出的承包地既可以一次性转让，也可以用流转获得的收益缴纳养老金，流转交易后置换养老社保。四是鼓励集体组织成员内部交易，尝试农村土地的集体组织回购。平罗县探索建立农村土地承包经营权、宅基地使用权、房屋所有权“三权”在集体经济组织内部自愿转让和村集体收储制度，以盘活农村土地和房屋资源。对于在政府规划保留村庄内回购的宅基地和房屋，村集体可以以等价置换的方式，用于安置村庄规划区外的农户。对村集体经济组织回购后全村整建制退出得到的土地，复垦后按照城乡建设用地增减挂钩政策，置换城镇建设用地指标，在县域范围内统筹使用。

（二）重庆市梁平模式

重庆市梁平县是农业大县，全县家庭承包土地面积98.12万亩。梁平县在探索农村土地承包经营权退出试点工作中坚持政府引导、农民自愿、市场运作，形成了发包方有退出通道、退出方有退出意愿、承接方有用地需求、政府有政策支持配套的“多方联动、退用结合”的多元化退地模式。截至2016年8月底，梁平县已有101户农民自愿退出承包土地297.47亩，引进新型农业经营主体6个，促进了适度规模经营，提高了农民财产性收入。具体措施为：一是明确退地农户前置条件，严格执行退出程序。土地退出分为法定退出和自愿退出，法定退出要按公示、初审、复核、审核、注销、备案的程序办理，自愿退出按照农户申请、民主决策、村镇审核、张榜公示、签约交割、注销权证、上报备案的程序办理。二是合理制度退出补偿价格，多方筹集退出补偿金。依据当地经济社会发展水平，结合本轮承包期剩余年限和当地年均土地流转价格，形成合理的自愿退出补偿价格，原则上不超过同期征地补偿标准。三是强化退出土地管理利用，完善退出进城农民工各项保障。退出土地通过互换、“小并大、零并整”或“确权确股不缺地”等方式使退出的承包地集中成片。同时，将退地农民纳入就业创业政策扶持范围，在金融信贷、创业服务等方面给予支持，积极引导符合条件的退地农民参加城镇企业职工养老保险。

（三）浙江宁波模式

浙江宁波市实施与产权制度改革相结合的“股改”退出模式，主要做法为：一是坚持自愿有偿原则，必须由股东本人自愿申请，若将股权退还股份合作社，合作社应基于合理补偿。二是明确退出条件，退出股权的股东应有稳定的就业或收入来源，有固定住所，在出让股权前办理好养老保险或者预留相应的养老保险金。三是允许继承股权，继承股份的人可来自集体经济组织外部，继承人平等享有收益权、选举权等各项权益。四是允许转让股权，股权可退还给合作社，也可转让给本集体经济组织成员，但不能转让给本集体经济组织以外的人员。五是组建股权交易平台，股东退股前要向合作社董事会提出书面申请，合作社董事会审核确认后，股东在股权交易平台上发布转让信息。2016 年，宁波市海曙区胜丰股份合作社的一名股东将 30 万股挂在交易平台拍卖，每股价格 1.5 元，后因故撤销拍卖申请。总体来看，试点地区农村股份经济合作社已经通过股权的方式，打通了农村土地承包经营权退出的通道。

第六节　对策与建议

一、尽快明确承包期延长的内涵，减少农民错误预期

明晰“三权分置”政策内涵有助于促进农户的农地流转行为决策，推动农地流转市场的发展。在进一步界定和完善“三权分置”政策内涵的基础上，完善农地流转机制。坚持中央“长久不变”的政策导向，贯彻落实党的十九大精神，加大政策宣传力度，使稳定承包权的政策深入人心，给农民吃下“定心丸”。尽快依据新修改的《土地承包法》出台相关政策，界定“再延长 30 年”的基本内涵，定好“三轮”承包的基调，明确延长的法律和现实依据，促进各地方制定具有针对性和可操作性的预案并加大宣传，帮助农民领会中央精神，减少误判和不当预期，稳定承包关系，保证农村土地第二轮承包和第三轮承包衔接工作的前瞻性、连续性和全面性。帮助农户提升相关的认知，可以有效地促进农地流转。一要开设与农地产权“三权分置”相关的知识宣传培训讲座，帮助农民明确农

地产权，使其农地产权的安全性、稳定性和收益的可预期性提升，从而提高农民的农地流转意识；二要加强国家的法律以及政策的宣传和解释，引导农民对国家的土地政策具有较为正确的认知，从而能够通过明晰国家法律和政策，使自身的权益保护不被损害。

二、进一步完成确权工作，合理确定集体成员身份，增强再延长依据

应保质保量完成土地确权工作，通过确实权、颁铁证，消除农户产权不稳定的隐忧，奠定农地稳定流转的制度基础。进一步完成确权工作，一些应确权没确权或推迟确权的，要尽快完成，提高确权执行力和制度绩效。要以农村土地确权成果为依托，禁止打乱重分，限制土地调整。加强农村土地确权成果的转化，积极探索确权成果在推进土地流转、承包地有偿退出等方面的转化应用，推动确权红利持续释放。

合理确定集体成员身份和权益分享机制可以满足农民的公平愿望，也可以作为“再延长 30 年”的依据。在集体所有制的框架和土地流转的大趋势下，土地承包已经成为一种成员权，归根结底是对集体资产收益的分配问题。应按照尊重历史、兼顾现实、群众认可的原则，统筹考虑户籍、土地承包关系等因素，进行农村集体经济组织成员身份确定工作，明确集体成员身份取得、保留、丧失的条件和程序，解决成员边界不清的问题。进一步可以结合农村集体产权制度改革，试行农村土地按股分红，股权量化到人、固化到户、户内继承。明确相关权益，减少延长承包期阻力，明确集体成员承包土地的权利与义务，明确包括妇女在内的所有家庭成员应平等享有土地承包权，明确没有承包地的集体成员在集体土地被征收后，有参与分配的权利，明确土地承包权的可继承性。

三、化解农民调地需求，落实退出机制，加强市场手段，建立与承包地脱钩的农民福利政策

农民要求调地的主张主要是因为长久以来的均权思想和土地价值的凸显，不能通过频繁地调整土地来解决这类问题，土地越分越细并不能解决问题，要通过农村体制机制创新寻求化解路径。

要落实退出机制，加强市场手段。注重保障进城务工落户农民的合法权益，明确即使户籍迁到外市，也可以不放弃土地承包相关权利，外市不得以放弃承包地为落户条件。积极引导进城务工落户农民自愿有偿退出承包地或流转土地经营权，避免承包地的抛荒，防止因土地抛荒被他人耕种，原承包户回来要地产生的纠纷。结合“三权分置”政策，加强市场手段来解决人地矛盾问题。通过土地流转、开发新土地资源、发展乡镇企业和二三产业等途径，用市场的办法解决，而非行政手段调整承包地。

要建立与承包地脱钩的农民福利政策。对农民的福利要减少通过或者借助农地（如补贴）实现的方式。农业补贴是鼓励农地利用者的。完善农村社会保障体制，推进城乡一体的社会保障体系建设和城乡公共服务均等化建设，减少农民的后顾之忧。

四、规范承包地的个别调整，多种形式解决好土地承包的历史遗留问题

对于一些无法化解的特殊情况或者特殊矛盾，可以根据当地情况进行个别调整。如“二轮”承包时因各种原因导致应该有承包地但却没有的农民遗留问题，还有人地矛盾较大的地区，可以优先利用集体机动地，新增部分等进行分配，机动地和新增耕地不足的，可以进行小范围的调整。对于农民希望获得连片承包地的，可以引导其进行集体内土地承包经营权的互换和流转，以满足其需求。

应出台相关政策法规，规范承包地的个别调整行为，必须要注意以下几点：①不能存在权力真空，不能让基层干部决定。②必须坚持土地承包关系稳定、不得打乱重分的原则。③必须经本集体经济组织成员的村民会议 2/3 以上成员或者 2/3 以上村民代表的同意，并报乡（镇）人民政府和县级人民政府农业等行政主管部门批准。

五、稳定规模经营主体的预期，实现土地承包期延长与适度规模经营同步驱动

培育新型经营主体、发展适度规模经营是实现现代农业的必然之路。稳定规模经营主体的预期，关键问题在于流转关系的衔接和流转年限。当前的流转合同受限于土地承包期限，只能签到 2028 年甚至更短，相比较于长久稳定的土地承包经营权，土地经营权显得较不稳定，不利于规模经营主体增加长期生产投资，应减少掠夺式利用，改善土地质量。因此依据前期确权，如有必要，当前订立合同的期限就可以包含到“三轮”承包期，之前订立的合同，经过流转双方的同意，也可相应延长期限，以稳定规模经营主体的预期。一是充分落实农村土地“三权分置”政策，一方面要稳定承包权，承包权是经营权的基础，要做好农地确权的收尾工作，并抓紧研究“二轮”承包到期后再延长 30 年的具体办法；另一方面也要加强经营权的稳定性，有序推动土地流转双方形成稳定的利益共同体，引导农地流转期限长期化，以稳定农业经营主体的生产预期，实现农地经营权的长效激励机制。二是促进农地经营权市场发育，加强农地经营权的权利保障，要构建完善的土地流转市场，规范土地流转合同签订，完善农地经营权登记，以帮助农业经营主体扩大经营规模和获得抵押信贷。

六、强化集体组织统筹权，保护和合理利用耕地

丰富“承包”内涵，强化耕地保护责任。明确权利和义务，强化承包者的耕地保护责任，防止耕地非农化，保证耕地的产能提升和产品的质量安全。明确在一定抛荒撂荒或者一定时期无主的情况下，集体可以收回的制度。建立土地有偿退出与储备制度，利用集体组织财力和社会资金，把自愿有偿退出的土地集中，并及时进行招租，发挥集体组织“统”的作用。

城中村、城郊村和经济发达村早已不从事农业，实际上也没有多少农地，在这些地方应该扎实推进集体产权制度改革。其改进空间在于：短期赋予集体成员退出权；长期开放

股份社，建立股权交易市场，实现股权的证券化、市场化，逐步实现股份社公司化转置。

典型农区村庄的改革应该在明确成员退出权的基础上，允许空间重组和集体再联合。具体操作：①明确集体经济组织成员整体退出权，建立农村土地（林草地）承包权、宅基地使用权、集体收益分配权等由集体成员权直接转换来权利的“一揽子”退出计划，鼓励符合条件的进城农户依法自愿有偿退出上述权利。②成员权退出过程中，允许相应权利不退还村集体，而在符合条件的农户之间进行直接流转。③允许打破既有集体经济组织边界，探索通过合作社等形式组建跨社区的新型集体经济组织，原村庄集体所有权可转移到新的集体经济组织。

参考文献

[1] Besley T. J., K. B. Burchardi, M. Ghatak. Incentives and the De Soto Effect [J]. The Quarterly Journal of Economics, 2012, 127 (1): 237 -282.

[2] 蔡洪祥. 土地确权应与第三轮土地承包相衔接 [J]. 农村经营管理, 2015 (7): 36 -37.

[3] 曹炎，朱喜钢，李小虎. 乡村更新中的增长联盟——以山东省堽城镇为例[J]. 现代城市研究, 2016 (5): 64 -71.

[4] 陈锡文. 构建新型农业经营体系刻不容缓 [J]. 求是, 2013 (22): 38 -41.

[5] 陈锡文. 关于解决“三农”问题的几点考虑——学习《中共中央关于全面深化改革若干重大问题的决定》[J]. 中共党史研究, 2014 (1): 5 -14.

[6] 仇童伟，石晓平，马贤磊. 农地流转经历、产权安全认知对农地流转市场潜在需求的影响研究——以江西省丘陵地区为例 [J]. 资源科学, 2015, 37 (4): 645 -653.

[7] 崔红志，王佳宁. 农村土地承包关系长久不变的内涵、挑战与对策 [J]. 改革, 2017 (9): 5 -17.

[8] 崔红志. 农村土地承包关系长久不变：内涵、挑战与建议 [J]. 农村经济, 2016 (10): 3 -9.

[9] 高强，宋洪远. 农村土地承包经营权退出机制研究 [J]. 南京农业大学学报 (社会科学版), 2017, 17 (4): 74 -84 +158.

[10] 桂华. 从经营制度向财产制度异化——集体农地制度改革的回顾、反思与展望 [J]. 政治经济学评论, 2016, 7 (5): 126 -142.

[11] 黄凯莉. 浅议土地承包延长 30 年的政策影响 [J]. 新农业, 2018 (9): 49 -51.

[12] 李政，祝天智. 承包期再延长三十年背景下地权公平分配的实现途径初探[J]. 长江论坛, 2018 (3): 46 -51.

［13］马贤磊，仇童伟，钱忠好. 农地产权安全性与农地流转市场的农户参与——基于江苏、湖北、广西、黑龙江四省（区）调查数据的实证分析［J］. 中国农村经济，2015（2）：22－37.

［14］马贤磊. 现阶段农地产权制度对农户土壤保护性投资影响的实证分析——以丘陵地区水稻生产为例［J］. 中国农村经济，2009（10）：31－41＋50.

［15］钱忠好. 农地承包经营权市场流转：理论与实证分析——基于农户层面的经济分析［J］. 经济研究，2003（2）：83－91＋94.

［16］乔惠波. 现行农村土地制度的缺陷及对策分析［J］. 农业经济，2017（1）：76－78.

［17］孙德超，曹志立. 基于农地区域类型差异的农村土地确权模式研究——推进落实党的十九大"乡村振兴战略"之思考［J］. 商业研究，2017（12）：1－10.

［18］田传浩，陈佳. 禁止土地调整与妇女土地权利保障——基于浙江和陕西的经验［J］. 经济学（季刊），2013，12（2）：719－734.

［19］万江红，孙明扬. 从"内生治理"到"事件治理"：土地调整逻辑的变迁［J］. 华中农业大学学报（社会科学版），2018（5）：129－136＋167.

［20］魏雁飞. 农村土地承包经营权抵押融资探析［J］. 海南金融，2015（8）：27－30.

［21］杨玉珍. 农村三权分置政策执行偏差的成因及其矫正［J］. 农业经济问题，2017，38（6）：23－30＋1.

［22］杨玉珍. 农业供给侧结构性改革下传统农区政策性土地流转纠偏［J］. 南京农业大学学报（社会科学版），2017，17（5）：79－87＋153.

［23］姚洋. 集体决策下的诱导性制度变迁——中国农村地权稳定性演化的实证分析［J］. 中国农村观察，2000（2）：11－19＋80.

［24］张红宇. 中国现代农业经营体系的制度特征与发展取向［J］. 中国农村经济，2018（1）：23－33.

第六章　乡村振兴背景下国土资源保障农村一二三产业融合发展政策研究

摘要：党的十九大报告指出首次提出乡村振兴战略，并以“产业兴旺、生态宜居、乡风文明、治理有效、生活富裕”为总要求。同时，乡村振兴战略实施原则中明确提出了“坚持农业农村优先发展”“坚持农民主体地位”，说明乡村振兴战略的核心仍然是解决“三农”问题。2017 年江苏为扎实推进农业供给侧结构性改革，加快构建一二三产业融合发展的现代农业产业体系，依靠农业产业的融合发展推动乡村振兴战略的实施对于农业的发展具有举足轻重的意义。本章在详细介绍江苏新沂、大丰、苏州、句容、如皋、沭阳等地区农村一二三产业融合现状后，指出了农村一二三产业融合发展中存在的土地管理问题，并分析问题的深层次原因，在此基础上提出了促进农村一二三产业融合发展的国土资源政策改革与创新路径。

党的十九大报告指出，农业农村农民问题是关系国计民生的根本性问题，并以“产业兴旺、生态宜居、乡风文明、治理有效、生活富裕”为总要求，首次提出了乡村振兴战略。同时，乡村振兴战略实施原则中明确提出了“坚持农业农村优先发展”“坚持农民主体地位”，说明乡村振兴战略的核心仍然是解决“三农”问题。积极推进乡村振兴，并将其提升到战略高度是新时代党中央着眼于全面建成小康社会、全面建设社会主义现代化国家做出的重大战略决策，是加快农业农村现代化、提升亿万农民获得感幸福感、巩固党在农村执政基础和实现中华民族伟大复兴的必然要求（韩长赋，2017）。2017 年，江苏为扎实推进农业供给侧结构性改革，加快构建一二三产业融合发展的现代农业产业体系，根据《国务院办公厅关于推进农村一二三产业融合发展的指导意见》，紧密结合江苏实际，提出《2017 江苏关于推进农村一二三产业融合发展的实施意见》。

依靠农业产业的融合发展推动乡村振兴战略的实施对于农业的发展具有举足轻重的意义，做好一二三产业融合中的国土资源保障工作成为了国土部门的重要任务。基于此，南京农业大学公共管理学院于 2018 年在江苏新沂市、大丰区、苏州市、句容市、如皋市、沭阳县等地区开展“乡村振兴背景下国土资源保障农村一二三产融合发展政策调研”，在了解江苏农村地区一二三产业融合发展现状、做法以及融合中的用地障碍的同时，拟解决乡村振兴背景下设施农用地政策优化，农村配套基础设施建设、农村产业用地标准及保障政策创新以及促进农村一二三产业融合发展的国土资源政策改革与创新路径等重难点。

第一节　江苏农村一二三产业融合发展的现状分析

一、徐州市新沂市：坚持探索产业融合发展模式

2016年以来，新沂市抢抓“国家农村产业融合发展试点示范市”机遇，积极探索农业发展新模式，不断发展壮大优势产业、延伸产业链条，以乡村旅游为抓手发挥三产优势，为第一产业、第二产业增加文化魅力，同时搭建农村电商平台，辅以骨干龙头企业为推手，从工业向第一产业、第三产业两头拓展，促进一二三产业紧密连接、协同发展，形成三产交叉融合、互促互融的现代产业体系。

（一）突出“农业产调”，夯实产业发展基础

新沂市不断深入推进农业供给侧结构性改革，坚持以市场为导向，大力发展有机稻米、优质粮油、绿色果蔬、花卉苗木、健康养殖五大领域特色农产品，努力构建“一村一品”“多村一品”的发展格局。截至2018年，新沂市高效设施农业累计达42万亩，占耕地比重近35%，“三品一标”认证238个，其中地理标志产品3个。瓦窑现代农业产业园成为徐州市首批挂牌的上海蔬菜外延基地。全市切花菊面积达到1.2万亩，成为了全国最大的切花菊基地，2017年全市切花菊出口额1200万美元，占全国切花菊出口总量的30%，形成了“中国切花菊看新沂”的可喜局面。成功举办第六届“‘新沂杯’全国赛桃会”，新沂水蜜桃斩获金奖12项、银奖14项，进一步打响了“中国第一硬溶质水蜜桃”品牌。草桥镇、窑湾镇鲜毛豆介绍节目在央视七套连续播出，两镇年销售鲜毛豆2000吨以上的大户有80多家，成为全国鲜毛豆集散基地。新沂市依托现有资源禀赋（丘陵、水面、平原面积各占1/3）和产业特色，因地制宜规划建设了42公里休闲农业带和瓦窑现代农业产业园、现代粮食产业园、现代渔业产业园、草桥菊花出口创汇产业园、时集水蜜桃产业园、邵店精品花木产业园、马陵山有机茶产业园、阿湖精品葡萄产业园八大现代农业园区，促进了精品农业多点开花，构建了独具特色的新沂农业产业发展格局。

（二）突出“业态创新”，提升产业价值链条

新沂市将“互联网+”“旅游+”“文化+”等理念植入农业，在推进农业标准化生产、打造优势农产品的基础上，坚持工业化理念发展农业，促进农业生产、加工、销售、服务一体化发展，促进全产业链、价值链提升。

第一，着力发展壮大优势产业。新沂市鲜切花自2008年开展规模种植以来，已从早期的常规种植发展为从脱毒种苗到观赏菊、食用菊、茶用菊以及菊花食品、菊花精油等系列产品，利润大幅提升，产品畅销日本、韩国等国外市场。2017年全市农产品加工值216.51亿元，农产品加工产值与农业总产值之比达3.2∶1，鲁花、卫岗、江苏农垦、中粮饲料、伊俐家食品等企业先后落户新沂市，沂岸花卉公司在上海股交中心E板上市。

全市农业龙头企业达 148 家，主要农产品加工率达 63%，鲁花、卫岗成为新沂市纳税二十强企业，绿色食品成为新沂的主导产业。

第二，不断做强农村电商品牌。新沂市依托阿里巴巴村淘项目和“一园四馆一中心”（陇海农村电商产业园，淘宝、京东商城、苏宁易购、1 号店地方馆，农村公共信息服务中心），大力发展农村电商“一镇一业”，积极培育电商经营主体，加快完善物流服务体系，不断优化农村电商生态圈，实现了线上线下深度融合。2016 年全市快递出港件居徐州市第一，相当于其他县市之和；电子商务交易额达 50.66 亿元，增长 68%；荣获首批国家电子商务进农村综合示范县、江苏农业电子商务示范县、中国快递服务 50 佳县。截至 2017 年，全市农村网店达 1 万多家，涉农网销 14.6 亿元，皮草、水蜜桃、螃蟹、盆景等产销两旺，在 2017 年国家电子商务进农村综合示范县绩效考核中，新沂市位居江苏第一、全国第二。

第三，高位推进农旅融合发展。新沂市依托“一山一湖一古镇”旅游资源优势和花厅古文化底蕴，充分挖掘田园风光、农耕文化和历史资源，举全市之力打造休闲农业带，全力争创国家全域旅游示范区。2017 年完成投资总额超 4 亿元，落地建设项目 14 个，宋庄民宿、花仙谷、南山下家庭农场等 6 个项目形象初显，全市各类农业观光园、农事体验园、乡村旅游点达到 108 个，建成精品线路 5 条，获批国家三星级以上乡村休闲农业与乡村旅游示范园区 4 个，中国最美休闲乡村和江苏最具魅力乡村各 1 个。

（三）突出“市场导向”，培育产业融合主体

一方面，新沂市采取“企业 + 基地 + 农户”“市场 + 基地 + 农户”“超市 + 农户”等种养模式，带动更多农户参与规模化经营和市场化经营，不断做大育强农业特色产业。目前全市农业龙头企业 148 家（徐州市级以上 47 家），农垦集团、新沂鲁花、伊例家酱油、卫岗牛奶、沂岸花卉、沂州焦化等一批农业龙头项目逐步做大做强，华英集团、中洋水产、中国供销·苏鲁（新沂）农产品冷链物流交易中心等一批“国字头”“中字号”龙头企业即将落户新沂。

另一方面，新沂市积极鼓励农民合作社发展农产品加工、销售，家庭农场开展农产品直销，引导土地流向农民合作社和家庭农场。2017 年，新增农民专业合作社 133 家、示范家庭农场 50 家，大广乌桕、百新园艺、葛家核桃等 6 家家庭农场被评为省级示范家庭农场，新增徐州市级以上示范家庭农场 40 家。目前，全市农民专业合作社达到 2861 家，其中，国家级示范社 8 家，省级示范社 25 家，徐州市级以上示范社 62 家；家庭农场达到 1512 家，其中，省级示范家庭农场 17 家，徐州市级以上示范家庭农场 88 家，有力地促进了农村产业融合发展。

（四）突出“改革集成”，激发融合发展活力

新沂市借助试点机遇，先后引导近 2000 名人才返乡创业，带动农民就业 1.6 万余人，有效促进了农村电商、乡村旅游等业态发展壮大，带动了农村经济蓬勃发展。同时，大力推进农村承包地“三权分置”，引导农民以土地托管、股份合作、联耕联种、出租互换等多种形式“放活”土地经营权，允许有条件的镇探索实施整组、整村的土地规模经营，

发展多种形式的适度规模经营。

（五）突出“要素整合”，完善产业服务体系

新沂市委市政府先后出台了涉及休闲农业带发展扶持、农业产业发展财政资金扶持的一系列政策文件，从财政资金中拨出3000万元的资金盘子，用于对产业主体支持奖补。积极开展新型经营主体融资需求对接，重点发展阳光信贷（贷款余额2.1亿元）、金融小社区（1.7亿元）、网商贷（1.3亿元）、富农贷（6112万元）、家庭农场贷（6040万元）等涉农贷款，“贷动”产业融合步入发展快车道。强化农业科技下乡，全年申报省级以上农业科技攻关项目2项，推广优良食味稻米清洁高效生产、稻田种养结合等农业重大技术5项，实施苏北科技专项计划，联合南京农业大学等高校，开展了畜禽养殖关键技术集成创新，农业科技支撑不断增强。积极开展粮食生产全程机械化创建活动，加大粮食仓储设施和烘干中心建设，提升农机社会化服务水平，粮食生产全程机械化水平达到了74.8%。

二、盐城市大丰区：设施农用地低效再开发

大丰区地处江苏东部、上海北翼，原为盐城市下辖县级市，2015年调整为盐城市下辖区。近年来，大丰区围绕农业现代化实现指标要求，围绕农业增效、农民增收，以粮食增产增效和高效设施农业发展为工作重点，狠抓镇级农业园区和“六沿”高效农业示范带，积极打造地方特色、提升地方档次，加快推进设施农业由第一产业向一二三产的融合转化，农业结构调整呈现跨越式发展的良好局面。

2015年，大丰区全力推进现代农业发展，高效设施农业发展迅速。全区突出现代农业示范带建设，坚持以项目建设为抓手，大力发展设施农业、高效种养业。现代农业示范带新增高效农业近6万亩，落实高效农业项目114个，其中设施农业项目62个，搭建种植业设施大棚2.5万亩。加快蔬菜保供基地建设，积极推进农业规模经营，新增土地流转面积3.5万亩、农业适度规模经营面积4.5万亩，新创办家庭农场32家，夏季联耕联种面积达19.5万亩，建成整村推进示范村11个。

（一）地方支持政策和服务措施

管理方式。生产设施、附属设施和配套设施用地直接用于或服务于农业生产，其性质属于农用地，按农用地管理，不需要办理农用地转用审批手续。生产结束后，经营者应按相关规定进行土地复垦，占用耕地的复垦为耕地。

用地规模。大丰区严格遵循设施农用地相关政策管理要求，根据不同的设施农业用途对不同的用地规模进行严格把控。进行工厂化作物栽培的附属设施用地规模原则上控制在项目用地规模5%以内，但最多不超过10亩；规模化畜禽养殖的附属设施用地规模原则上控制在项目用地规模的7%以内（其中，规模化养牛、养羊的附属设施用地规模比例控制在10%以内），但最多不超过15亩；水产养殖的附属设施用地原则上控制在项目用地规模的7%以内，但最多不超过10亩。

合理选址。大丰区各镇、区（园）依据农业发展规划和土地利用总体规划合理选址，在保护耕地、合理利用土地的前提下，积极引导设施农业和规模化粮食生产发展。在设施

建设过程中，尽量利用荒地、未利用地和低效闲置的土地，不占或少占耕地。

集中新建。大丰区国土部门从实际出发，因地制宜引导和鼓励农业专业大户、家庭农场、农民合作社、农业企业在设施农业和规模化粮食生产发展过程中，相互联合或者与农村集体经济组织共同兴建粮食仓储烘干、晾晒场、农机库棚等设施，提高农业设施使用效率，促进土地节约集约利用。

（二）土地利用主体类型

截至2016年，大丰区设施农业项目总面积已达19.02万亩，简易大棚4.3万亩（占比22.61%），单体钢架大棚8.6万亩（占比45.22%），连栋大棚0.6万亩，喷滴灌545万亩，智能温室0.02万亩，新发展50亩以上设施农业项目1269个，200亩以上设施农业种植基地213个，近1.8万人从事设施农业种植，设施种植平均亩效益4000多元，亩增收2600多元，土地利用主体类型多种多样：

专业大户带头示范规模种植。迄今为止，大丰区通过土地流转形成的种植大户已达3260家，规模种植面积达48.8万亩，发展养殖大户3605户。通过专业大户带头示范规模种植，一方面可以有利于土地集约化利用，另一方面有利于提高生产效率，增加经济效益。

新型家庭农场经营类型多样。2015年大丰区新创办家庭农场32家，累计达264家。家庭农场经营面积达10.64亩，占农户家庭承包面积的9%。新型家庭农场的兴起在一定程度上改变了小农生产模式，可以有效集聚家庭生产优势，以家庭成员为主要劳动力，以农业收入为家庭主要收入来源。

农业园区数量多效益好。大丰建设了“六沿”高效农业示范带，已建成19个农业园区，面积达5.9万亩。

各类专业合作社成效显著。目前，大丰全区已建成各类农民专业合作社1076家，入社农民达27.38万人，带动农户14.58万户，吸纳富余劳动力0.8万人，农户年租金和劳务收入达0.9亿元。

龙头企业创新农业经营模式。通过引进农业龙头企业、工商资本投资农业，创立“公司+基地+农户”的农业经营模式，以转包、租赁、入股等多种方式，集中了一定数量的土地，实施统一开发经营，并带动了周边地区农业生产发展。

（三）大丰设施农业发展成效

优化结构，扩建增量。大丰区紧紧围绕“稳粮减棉扩经作、提质增效创特色”的总体要求，粮食种植面积稳定在190万亩左右，调减秋播麦油种植面积3万亩，调减棉花种植面积3万亩，增加水稻种植面积3万亩，2015年新增设施农业种植面积3万亩，其中秋播新增高效设施农业种植面积2万亩，建成千亩连片设施基地8~10个，新建盐城市级农业园区1~2个，2015年完成联耕联种40万亩。秋播农业结构调整现场推进会议召开之后，全区上下迅速行动部署、细化分解目标、强化责任落实，进一步优化产业布局，重点打造三大特色产业带，坚持转型发展，重点突出园区建设，加快突破项目招引，努力实现设施农业扩量提升，每个园区确保新增建成面积1000亩，新招引高效设施农业项目5

个以上。大力推进规模适度经营，培养新型主体，坚持把联耕联种作为推进规模经营的主要抓手，实现实施区域、经营层次和基础实施“三提升”，土地效益和农民收入“双提高”。

丰富农产品供给。大丰区设施农业发展极大地丰富了农产品的供给。2015 年全区生猪饲养量 144.77 万头，同比增长 10.0%，其中出栏 97.67 万头，同比增长 12.2%。家禽饲养量 4579 万只，同比增长 8.2%，其中出栏 3269 万只，同比增长 10.0%。山羊饲养量 54.10 万只。水产养殖也是稳中有升。2015 年全区水产养殖面积 40.73 万亩，与上年持平，其中海水面积 26.63 万亩，淡水面积 14.10 万亩。实现水产品总产量 17.50 万吨，同比增长 0.5%，其中海水产品 7.53 万吨，淡水产品 9.97 万吨。

促进规模化经营。大丰区设施农业发展也有力地促进了规模化经营。大丰区种植大户已达 3260 家，其中 50 ~ 100 亩的有 1650 家，100 ~ 200 亩的有 960 家，200 亩以上的有 650 家，规模种植面积达 48.8 万亩。同时，大丰区积极推进沿海开发集团 10 万亩滩涂养殖、东方绿洲 2 万亩高效渔业、宝龙集团 5000 亩小龙虾、三龙镇 3000 亩和草庙镇 1000 亩南美白对虾、温氏集团种猪场、草庙镇欣运家庭农场养猪场、光明集团 2 万头奶牛场等一批重点项目建设，全力打造高效养殖特色产业带，提升农业产业化经营规模。

带动农民就业致富。大丰区设施农业发展带动了当地农民就业致富。据调查测算，全区近 1.8 万人从事设施农业种植，设施农业种植平均亩效益 4000 多元，亩均增收 2600 多元。2015 年，全区对高效设施农业进行奖补，鼓励支持全区现代农业尤其是高效现代农业的持续发展，努力实现全区现代设施农业规模继续扩大，特色更加明显，促进农民增收作用更为突出。大丰区 2015 年设施农业奖补资金共计 393 万元，奖补对象为新发展 2 亩以上钢架大棚以及新建连片 200 亩以上钢架大棚的种植业基地农户和新发展畜禽养殖业“一户一棚”的养殖业基地农户等，奖励政策按照区政府关于《加快农业现代化工程建设，促进农民持续增收的意见》，并经严格验收达标后兑现。截止到 2015 年底，全区除涌现出一批受到中央、省财政高效农业项目扶持建设的基地外，2015 年又有 4 个基地的 811.89 亩连片钢架大棚、118 个 2 亩以上“一户一棚”种植户和 168 个养殖户的 274 个标准棚等设施农业项目经严格验收后获得政府奖补资金。

形成相关产业带。大丰区按照农业“转方式、调结构”总体要求，以项目建设为抓手，推进现代农业集中集聚布局，突出打造“三大特色产业带”。一是 226 省道花卉苗木特色产业带，以荷兰花海、郁金香农园、西郊生态风貌区为龙头，大力发展花卉苗木产业，全力打造国家花卉文化示范基地、全国有影响力的花卉苗木生产销售集散地。二是双草线现代园艺特色产业带，加快双草线沿线现代农业园区建设，重点发展水果类和叶菜类蔬菜等优质果品基地，尤其推广设施果蔬净菜生产和冷藏配送。通过园区串点连线带面，打造现代园艺特色产业。三是 228 国道高效养殖特色产业带，积极推进滩涂养殖、高效渔业、小龙虾、南美白对虾、奶牛等特色产业带。

发展农业电子商务产业。以农产品网上展示和营销为主要任务，构建大丰优质农产品营销网络，组织相关企业和优质农产品上网，着力推进丰收大地农产品电商平台建设；抓好阿里巴巴“农村淘宝”建设，为农民提供网上代买代卖、创业培训、网上缴费等服务；依托农一网，为种植大户、合作社、家庭农场等提供优质的农业投入品网上直销平台。通过设施农业的发展，休闲农业与乡村旅游业等的发展规模不断扩大，产业体系日趋完善，带动作用日益凸显，在提升城市形象、优化投资环境、调整经济结构、带动产业增速、拉动城乡就业、促进农民增收等方面发挥了积极的重要作用。

三、苏州市昆山市：“一村二楼宇”因地制宜盘活存量

昆山市是江苏直管县级市，地处江苏东南部，连续多年被评为全国百强县、中国中小城市综合实力百强市之首。2017 年，全市实现地区生产总值 3160.29 亿元，按可比价计算，比上年增长 7.4%；全市一般公共预算收入 318.92 亿元，比上年增长 12%。

（一）利用闲置宅基地及农房发展集体经济

2013 年，昆山市为拓展村级集体经济发展空间，保持村级集体经济健康持续发展，实现村强民富，以促进农民增收为目标，以村级集体经济转型发展为重点，鼓励村级集体组织开发农产品营销、仓储、物业管理、保洁、绿化养护、农业休闲观光、乡村旅游等项目，对现有破旧房屋和闲置房产设施进行清算、核算，在区镇统一规划下采用重建、改建和土地异地置换等方式，独立或者联合开发投资项目。在符合土地利用总体规划前提下，经批准可以建设除商品房地产开发项目外的标准厂房、邻里中心、仓储用房、农贸市场、商业用房、集宿楼等经营性项目。

（二）建设“一村二楼宇”，激活宅基地使用权

苏州市有 5000 多年的稻作、蚕桑史，农村优美的水乡田园景象全国罕见。建设“一村二楼宇”用意之一是纠正空间开发的无序、无度，重建生态优美的新农村。一方面，根据新型城镇化的发展趋势，加强城镇化对农村生态环境效应的综合评估，确定土地城镇化的上限，防止无限“摊大饼”；另一方面，确定永久性农田的下限，确保农田不被占用。

昆山市提出的“一村二楼宇”建设方案，以符合各项规划为前提，以强村富民为核心，以盘活壮大集体资产为内容，以提高土地集约化水平为目标，积极盘活存量建设用地，使新增建设用地规模得到有效控制，闲置和低效利用的建设用地得到充分利用，提高土地节约集约利用水平，切实增强全市村级集体经济组织发展动力。

“二楼宇”是指行政村（涉农社区）的服务用房和增加集体经济组织财产性收入的经营性物业。项目内容包括以区镇富民强村公司为主题实施的经营性物业项目；以行政村（涉农社区）集体经济组织为单位实施的各类新建、扩建和提升改造经营性物业项目；已建成或已在建的社区服务用房，已改为或建成后作为经营性物业用房；新建村（涉农社区）服务用房。昆山市为保障用地指标，对低效利用、零星分散的行政村（涉农社区）集体经济组织拥有的存量建设用地，通过增减挂钩和工矿废弃地复垦利用等存量盘活政策化零为整，指标用于原合法持有用地的行政村（涉农社区）。村集体经济组织所缴的土地流转金，除用于被征地农民的补偿外，全额留村投入公共服务建设。明确工程建设费用实

行市、镇、村按比例（4∶4∶2）负担，经济薄弱村实行市、镇两级财政对半负担。全程强化监管追责，无论是一个村的自建项目，还是几个村的联合开发项目，都列入集体“三资”监管范围，资产的统计、登记，资金的收付，合同的发包、执行，全都公开运行。国土、住建、规划等相关部门加强“二楼宇”用地监管，保障项目建设符合用途管制要求。纪检监察机关督促职能部门做好“一村二楼宇”建设管理相关工作，依纪依规查处违纪违规行为。

昆山市累计建成147个村级服务中心，投入资金3亿多元；村级单独建成经营性物业用房144.64万平方米，村级联合发展实体建成经营性物业用房70.78万平方米。2013年全市村均集体总收入达到670万元，其中超千万元村21个。

乡村民俗旅游是昆山市的代表性产业，周庄镇祁浜村是江苏特色田园乡村创建示范点，旅游业占该村总收入的50%。据调研，祁庄民宿由专业旅游公司打造特色“年代秀”系列，不仅有整栋团购还有单间出售，形式多样，一年四季都有相应农副产品提供，客源不断，在春节期间入住率可以达到80%以上。而个人经营的民宿没有纳入公司平台宣传，但在未来将会通过民俗协会统一经营管理。特色民宿收益的分配大概是旅游公司占70%，村集体占30%，农户仅收取租金（每年的租金在2万元左右）。

“一村二楼宇”改善了农村生活、生产环境，经营性楼宇对要素具有强烈的集聚效应，为一二三产融合发展创造了条件。外出的能人纷纷回乡创业，原先想外出打工的人也留下来就地兴业。有的从“地产地销”开始让乡民“食在当地、食在当季”，实现了农产品从田头到餐桌的短链化；有的以乡邻或合作社产品为基础，向加工、销售、服务延伸打造产业链，成为一二三产业融合发展的新型经营主体。“一村二楼宇”可以加速本村产业自立和经济循环，减少对外来资本的依附，从而增加农民收入和村级集体经济的发展。这种新型经营主体已不同于过去的村办企业，不再是由村委会控制统一经营，而是以能人经营为主体，以集体组织协作为补充，发挥集体与个人两个积极性。

（三）优化土地利用方式

以土地整治项目为载体，引导农田集中连片，推进农业农村绿色发展。昆山市鼓励各区镇在编制和实施“三优三保”专项规划过程中，优先安排农村基础设施和公共服务用地，预留不超过5%规划空间指标，用于零星分散的单独选址农业设施、乡村旅游设施等建设，在确保农地农用的前提下引导农村二三产业集中集聚。

加强建设用地计划支持。优先将不低于10%的城乡建设用地增减挂钩结余指标，用于村级集体经济和保留村庄建设。从年度土地利用计划中统筹安排一定比例，专项支持农村新产业新业态和产业融合发展。鼓励直接利用农村存量建设用地进行农产品加工等项目建设，支持休闲农业、乡村旅游和农村电商等农村二三产业发展。

四、镇江市句容市：发展乡镇特色新型农业

句容市国家农村产业融合示范园总面积约3万亩，核心区1万亩，这里的“花园、菜园、果园、茶园、田园、家园”被称为“六园经济”。种植有葡萄2万亩、桑葚5000亩、

茶叶等作物2000亩，是华东地区最大的葡萄生产基地，品种有早、中、晚熟40多个，“三品”认证全园全覆盖，实现葡萄年销售额2.7亿元。2018年1月，国家发改委、农业部等七部门下发通知，句容市农村产业融合发展示范园区成功入围首批国家农村产业融合发展示范园区创建名单，成为了农村产业融合发展的新模式、新经验、新业态，打造农村产业融合发展的示范载体。

（一）打造丁庄模式，构建现代农业体系

首先，成立合作联社党委。成立丁庄万亩葡萄合作联社，并成立合作联社党委，下设管理、技术、生产和营销四个党支部，把党支部建在产业链上。通过合作联社引领，实现葡萄产业更快更好地发展。

其次，“五统一”保障葡萄健康有序发展。统一质量标准，投入500万元建成葡萄检测中心，确保葡萄质量优质，实现葡萄价格提升，阳光玫瑰葡萄2017年卖到了60元一斤。统一生产资料，降低生产成本，葡萄成本相对市场降低20%。统一品牌包装，打造“丁庄葡萄”区域品牌，不断增强葡萄竞争力，进一步提高产品的附加值。统一市场销售，搭建电子商务销售平台，建立了“手机、淘宝、微信、网站”四位一体的电子销售平台，联合顺丰公司解决了鲜食水果运输难的问题，使得葡萄最远可以销售到新疆。2018年电商销售量达到100万斤，同比增长200%。统一技术指导，不断提高葡萄种植水平和品种更新换代，确保丁庄葡萄品质始终处于全国领先水平。

最后，构建园区特色农村乡土人才培养机制。南京农业大学在茅山镇成立了丁庄葡萄研究所，江苏葡萄产业技术体系集成创新中心基地落户丁庄，致力建设华东地区最先进的葡萄生产基地。总投资600万元占地32亩的南京农业大学陶建敏教授葡萄科技示范园投入使用，园区积极落实“1个科研院所专家团队+1个本地农技推广团队+若干示范基地、示范户”构成的“1+1+N”新型农技推广体系，为葡萄新品种的推广、新技术的应用、新模式的栽培和持土壤改良等奠定了科技和人才基础。园区出资，连续两年选送40人次的“葡二代”赴日本开展葡萄研修；同时依托“葡二代”和本土专家，组建“营农指导员”，提升葡萄标准化生产水平。鼓励新型经营主体发展，共有农民专业合作社74家，老方葡萄合作社、丁庄葡萄合作社先后荣获“全国五好合作社”称号。在不断强化与日本农文协的交流合作的同时，还举办新型职业农民培训12期共培训2600多人次，新型经营主体队伍不断壮大，职业农民科技素质显著提升，为丁庄葡萄产业转型发展注入了新活力、新理念、新力量。

（二）全域旅游

2018年，句容市全域旅游业发展迅猛，实现旅游总收入214亿元，同比增长15%，旅游接待总人数达1940万人次，同比增长14%。“一站式”全域旅游服务中心即将投入运营，全域旅游大数据中心建成投入使用，景区服务水平明显提升。成功举办樱花节、草莓音乐节、郁金香节、茶香文化节、葡萄节等节庆活动，乡村旅游品牌效应加速扩大。

以丁庄为例，“丁庄葡萄”做成了知名品牌，当地政府加大了全产业融合的力度，强化“旅游+”的联动机制，不断结合葡萄开发新业态旅游产品、激发全域旅游的发展潜力。茅山镇政府以葡萄为媒，大力发展集观光、休闲、旅游、采摘为一体的现代农业，推动全域旅游发展，进一步提升了“丁庄葡萄”品牌的附加值。如今的茅山镇除进一步优化葡萄产业结构，还重点发展了一批观光、休闲、采摘精品示范园。政府除了完善基础设施外，市镇两级每年还拿出500万元左右的资金举办葡萄节，吸引长三角及周边城市的50万人次左右的客流到茅山旅游，丰富多彩的乡村旅游项目又通过消费者的口碑及新闻媒体的宣传，扩大了茅山人的朋友圈和知名度，进而吸引更多的人前来采摘、旅游及休闲。而茅山人则不用出村，就在自家葡萄园里卖光了优质的葡萄，顶级的品种甚至还供不应求，价格从20多元一斤到200元一串等不同。当地政府加大了全产业融合的力度，强化“旅游+”的联动机制，不断结合葡萄开发新业态旅游产品、激发全域旅游的发展潜力。

（三）依托园区做强特色产业

规模化、集约化是农村一二三产业融合的基础。天王镇境内林木植被保持原始状态，林竹花草繁茂，泉溪潭泊密布，兽禽虫鱼众多，被誉为“江苏九寨沟”。天王镇的现代农业园区以有机农业为主轴，以戴庄有机农业合作社为核心，充分利用当地优越的农业资源，发展生态农业、循环农业，拉长有机农业产业链，发展出有机稻谷、有机果品、有机茶叶加工等一批农产品深加工项目。当地充分利用农田、山坡、水面、牧场等资源，融入农业的科技、文化、教育等元素进行创意设计，加大园区、农产品包装、大地景观等创意设计，打造了天王创意休闲农业这张名片，利用天王苗木产业优势，充分挖掘花木造型创意的潜力，重点建设了木易园和樱花园两个“园中园”，建立了名贵花木生产基地、彩叶苗木交易中心、苗木创意造型园和特色花木景观园，打造花卉、苗木、农业、生态相结合的旅游项目，建成集生产示范、市场物流、电子商务平台、企业总部、生态农庄、观光旅游等配套于一体的综合性特色产业链条。

为了融合发展，白兔镇草莓产业融合发展示范园采用“园区+兴兔公司+网络公司+龙头企业+合作社+农户”的模式运作。通过网络服务公司策划草莓节活动，建设“小草莓”电商体验园，从事草莓创意展示开发和采摘配套服务，拓宽“店商、微商、电商”农产品销售渠道。此举带动周边2000余农户参与农业电子商务经营，实现了公司、农户“双赢”。

政府则进行路、渠、桥、闸、涵、电等基础设施建设，投入建设草莓广场到唐庄村入口的“U”形旅游区。引进果品加工龙头企业，如万山红遍果酒加工项目，支持草莓合作社入股龙头企业，采取“保底收益、按股分红”的分配方式，帮助龙头企业与农民合作社深度融合，建立龙头企业与农户风险共担的利益共同体。

五、南通市如皋市：全域旅游推进产业融合发展

如皋市是江苏县级市，由南通市代管，是省级历史文化名城，被国际自然医学会评为世界六大长寿乡之一。2016年，如皋市入选全国农村产业融合发展试点示范县。

（一）旅游文化融合发展

2016年11月，如皋市被列入“第二批国家全域旅游示范区创建单位”，如皋市委、市政府对旅游资源、关联产业、生态环境、公共服务、体制机制等进行了全方位、系统化的优化提升，着力构建以旅游度假区为龙头、核心景区为支撑、乡村旅游区为点缀的旅游目的地体系，全要素配置、全景化、全覆盖的旅游产业发展初见成效。

2018年，如皋全市共招引投资额在10亿元以上的旅游项目11个。总投资额超过36亿元，主体包括数码影像艺术学院、影视双创园、斯皮鲁动漫主题乐园、长寿密码人体生命馆等“一校两园一馆”，四大板块的中合如皋未来电影世界、中巴南美世贸中心、恒大长寿特色小镇等重特大旅游项目成功签约落户，如皋盆景风情小镇列入省级旅游风情小镇创建序列。

截至2018年，如皋市拥有水绘园风景区、红十四军纪念馆等国家4A级旅游景区2家、3A级景区10家，长江药用植物园省五星级乡村旅游区1家、四星级乡村旅游区4家，国家四星级旅游饭店2家，国家金叶级绿色饭店1家、银叶级绿色饭店8家，是苏中地区和苏北地区国家A级景区和省星级乡村旅游区最多的县（市）。旅游全域化、全域景区化、景区生态化，在如皋市正在变成现实的生动模样。

独具魅力的长寿文化催生养生之旅。经过多年打造和宣传，如皋市“世界长寿乡”品牌越擦越亮，影响力与日俱增，催生了长寿养生之旅、长寿探秘之旅，对旅游人气的集聚起到了较强拉动作用。不少旅行社开辟长寿旅游专线，受到外地游客特别是中老年游客的青睐。“不到如皋不知道自己年龄小，不拜寿星不知道自己福气好”，来如皋市“敬寿添寿拜寿长寿”成为了旅游新时尚。据统计，2016年华东地区来如皋市长寿养生游的游客达60多万人次，仅上海中老年游客就达40多万人次。

特色鲜明的节庆活动带旺旅游消费。近年来，如皋市相继打造了长寿文化节、盆景艺术节、旅游文化节、长寿美食节等节庆活动。这些节庆专打文化牌，与旅游渗透融合，共建共享，放大了“文化如皋”品牌效应，提升城市知名度、影响力。比如两年一届的如皋“一会两节”活动，以长寿文化和盆景文化为媒，借文化舞台唱经济大戏，举办的有声有色、风生水起。以2016年为例，在“一会两节”开幕式上集中签约的项目有24个，计划总投资135.8亿元，有力地助推了地方经济发展。

方兴未艾的博物馆游拉高旅游人气。博物馆是人文旅游的宝贵财富。如皋市历史悠久，文化积淀深厚，具有丰富的博物馆资源。据不完全统计，如皋现有各级各类博物馆16家，其中公立5家、民营11家。如皋博物馆、红十四军纪念馆、如皋丝毯博物馆、如皋盆景博物馆、李昌钰刑侦科学博物馆等在建造伊始就融入旅游理念，引入旅游功能设计，为旅游文化融合发展创造了基础条件。据统计，2016年全年如皋市博物馆游客达12万人次，对旅游板块起到了较强带动作用。

（二）打造如皋市经济开发区

如皋市经济开发区是如皋中心城市的重要组成部分，1992年建成，1993年获批为省级开发区，2013年1月17日获批为国家经济开发区，现辖39个村（社区），人口16.75

万，企业1000多家，2014年实现地区生产总值423亿元，财政收入73.2亿元，公共财政预算收入44.5亿元，实现工业总产值1435.6亿元，是苏中地区发展速度最快、发展质量最好、发展潜力最大的开发区之一。

按照党的十九大提出的“促进农村一二三产业融合发展”和“培育一批产业融合先导区”的要求以及江苏《关于推进农村一二三产业融合发展实施意见》的具体部署，围绕做大做强支柱产业和融合发展经营主体的目标，结合园区的特色优势，重点聚焦，创新举措，集中发力，如皋市致力于将园区打造成省级一二三产业融合发展先导区，为全省乃至全国提供可复制的经验、做法和模式。

该区创建利益联结机制，积极发展土地经营股份合作。让农民参与到农业产业化经营当中，享受产业化经营成果。平园池村以农村土地经营权入股农民合作社，综合社发展农业产业化经营模式成为国家试点，截至2018年，实现了农户、土地、服务和受益“四个全覆盖”，全村997户3465.75亩土地入股，发展荷花观光池塘1029亩、有机稻米230亩、花木培育350亩、采摘园280亩、全托管种植1500多亩。综合社创建以来，改善了土地规模经营的设施条件，把入股土地规模化流转给了4个农民专业合作社、11个家庭农场和15个种养大户。以村为单位组建劳务合作社为农业主体提供劳务服务、为村民提供就业机会。全村农户以土地股和人口股参与年度分红，综合社盈余60%比例分给成员，其余留作公积金、公益金和管理费，实现了经营收益全村农户共享。

积极发展全产业链模式。积极发展原料基地拓展、农产品加工增值、订单利益联结、提供配套服务、增加销售渠道、增加带动农户等关键点。长寿集团拥有完整的产业链，旗下的如皋广兴米业有限公司、友联畜牧有限公司、明珠畜牧有限公司等专业子公司及上海、苏州、南通、东京等地区分公司，打造了一条从水稻种植、稻米加工、饲料生产、生猪养殖、屠宰加工、肉制品深加工到超市连锁专卖完整的产业链。旗下的今天食品公司、南山饲料公司和广兴米业公司通过向种养大户提供幼苗、播种、饲料、收割、运输等一条龙服务的订单模式，让种养大户用自身的技术和劳动力获得产业收益，使种养大户发展壮大成新型农业经营主体，并带动连锁直营、物流配送、电子商务等新业态新产业。范氏水产经过6年多的滚动发展不断壮大，现主要经营乌鱼养殖及各类水产品销售、乌鱼饲料加工、水产品鱼饲料物流、鱼片深加工等多个领域，在国内南至广东北到黑龙江，海外孟加拉国、印度尼西亚等地均与客户形成了稳定的订单合作关系。在现代农业园区流转350亩土地，建成53个塘口、水面280亩的养殖基地，7000平方米的乌鱼苗种繁育塑料大棚，形成了乌鱼生产、销售、专用饲料生产为重点的“三驾齐驱”企业格局。造就了一个集乌鱼等特种水产的养殖、种苗、饲料供应、技术服务及成品鱼的收购销售于一体的10亿元能级渔业龙头企业。

六、宿迁市沭阳县：打响“花木”品牌名片

宿迁市沭阳县是闻名全国的花木之乡，近年来，该县坚持以产业融合助推农业高质量发展，突出培育壮大和提升花木主导产业，加快推进农业结构调整，优化农业产业布局，

积极打造以精品花木产业为主的农业产业体系、生产体系、经营体系，努力为推动乡村振兴筑牢产业基础。截至2018年底，沭阳县花木种植面积已达52万亩，约占全省1/5、全国1/20，拥有花木品种3000余种，年实现花木销售额154亿元。

推动农村产业融合发展，沭阳县重点围绕“花木+互联网”的模式，深耕农业电商，力推信息化与农业现代化、快递与电商融合发展。2018年，该县网店总数达到4.2万家，其中以花木产品销售为主的农产品网店3万家，带动农村劳动力就业28万人，共有淘宝镇5个、淘宝村56个，拥有投资千万元以上的花木龙头企业达40家、较大规模的花木市场6家，从事干花、花木工艺品、花盆包装材料等与花木相关第二产业的企业近百家。国家邮政局日前揭晓了2018年全国快递服务现代农业金牌项目名单，“沭阳花木”成功入选。据悉，该县先后获评“全国休闲农业与乡村旅游示范县”“江苏省农业电子商务示范县”等荣誉称号。

花木产业的良性发展也促进了旅游事业的发展。在新河、庙头、颜集、扎下等传统花木乡镇，以花木资源为依托，精心打造以扎新路景观带、古栗林生态旅游度假区、新河花木特色小镇、山荡特色旅游村等为主要内容的“一带一区一镇一村”旅游景点，目前已初见成效。同时，桑墟的榆叶梅、章集的鲜切花等越来越多的地方特色产业，也成为了花木新秀、旅游新美。

近年来，沭阳县根据农业生产实际和产业特色，在发展花卉苗木的基础上，进一步优化资源配置，积极做好瓜果蔬菜、稻田混养等优势产业，不仅促进全县农业产业做大做强，也推动了乡村旅游发展，采摘乐、农家乐、垂钓乐蔚然兴起，成为了农民致富的又一新途径。

第二节　农村一二三产业融合发展中存在的土地管理问题

当前，我国农村土地管理制度存在诸多问题，阻碍了农村一二三产业融合的步伐，总结为以下四点：

一、设施农用地政策不完善、制度不健全

由于设施农业项目多处于田间地头，地处偏远，建设简易快捷，给及时监管带来了一定的困难，特别是一些项目业主政策、法律意识淡薄，只签协议而不履行责任的现象时有发生。这造成了一些设施农用地私搭乱建，不按照协议履行项目建设。而一旦建成，就给执法带来困难，且极易引发社会矛盾（胡秀艳，2015）。另外，由于政策本身不完善，给地方设施农业用地管理部门也带来了很多问题，其中在设施农业用地管理中表现尤为突出。

第一，工作中缺乏具体的操作规范。目前，国家和省国土资源主管部门均出台了

《关于支持设施农业健康发展的通知》。按照《关于进一步支持设施农业健康发展的通知》（国土资发〔2014〕127 号文件）规定："各省（区、市）国土资源部门和农业部门，要按照文件规定，进一步制定实施办法，拟订设施建设方案和用地协议标准文本，明确备案和报备的具体要求。"然而，至今江苏大部分市、区未出台关于占用基本农田的规模化粮食生产配套设施项目选址、占用、补划和论证等方面的操作细则和格式文本。

第二，相关控制标准难以界定。由于基本农田是耕地保护的重中之重，是红线中的红线，社会关注度高、敏感度也高。但是按照文件中规定的规模化粮食生产涉及的配套设施项目占用基本农田的前提条件："选址确实难以安排在其他地类上、无法避开基本农田，经县级国土资源部门会同农业部门组织论证，可占用基本农田。占用基本农田的，必须按数量相等、质量相当的原则和有关要求予以补划。"由于上级文件中没有明确的控制标准，实际工作中对这一前置条件如何界定十分困难，导致市、镇、村以及用地单位意见较多。

第三，现有规划难以满足发展新需求。目前，我国村庄规划是在《中华人民共和国城乡规划法》指导下的城乡一体的规划编制体系，但基于长期贯彻城市优先的规划路线，乡村规划编制存在较大局限性，不仅存在覆盖面窄、实用性差、无地域特色等问题，还因为缺乏对基础设施与公共服务设施的统筹布局，不利于做出全面、长久有效的指导规划。此外，从法律法规体系来看，缺乏专业的法律法规保证产业融合的有序健康进行（李治等，2018）。

二、土地产权模糊，开发难度大

我国法律未能对农村土地产权做出明确规定。在《中华人民共和国土地管理法》中，农村集体土地所有权规定为村集体经济组织。在所有权主体上可以看出是十分模糊的，村集体经济组织是抽象的、无人格的法律术语（赵敏、郑兴明，2017）。而在实际操作中，村民委员会就成了农村集体土地的代理人。因此，村干部拥有了对集体土地的管理权，容易造成村干部利用职务之便，以权谋私。近年来，在农村土地开发中，村干部与开发商勾结，达成秘密协议，贱卖集体土地从中牟取利益的例子不胜枚举。农村集体产权模糊造成了土地管理混乱甚至无人监管，以致部分村民随意变更土地用途，侵占大量良田，阻碍农业发展。此外，相关土地征收补偿条例只有原则性要求，实行起来弹性较大，易造成贱买强征，出现土地兼并现象，严重损害了农民的利益。

在三产融合发展背景下，农村必然会引进农产品加工业，大力发展旅游业，土地的流转、整合将会越来越多，会牵扯到许多农民的利益。土地产权的模糊给土地管理制度创新、农村三产融合造成了操作上的难度。一旦操作不当，易致使农民产生反感情绪，加大土地开发难度，削弱农村三产融合的效果。

三、公共服务体系匮乏

匮乏的农村公共服务，主要表现在两个方面：一是基础设施薄弱。调研发现，为构建一二三产业融合发展体系，很多村庄修建了停车场、村民健身广场、公共厕所等民生工程，但因为缺乏村庄规划对基础设施与公共服务设施的统筹布局，这些工程因违反乡镇土地利用总体规划与《土地管理法》第61条等的规定而变成违法用地，国土执法部门只能按照《土地管理法》第42条、第76条等的规定作出“限期拆除+相应罚款”的处罚决定，执法效果的社会评价大打折扣，不利于产业融合的实现。二是公共和社会化服务滞后。产品认证、资质认证等服务的发展较为滞后，技术创新和技术服务的供给严重不足。其中一个重要的原因是农村发展空间与建设用地指标匮乏，导致二三产业项目无法落地。一二产业融合后的农产品的储藏、加工、运输对于仓储、交通、物流等有大规模需求，农村区域网络通信设施不到位、电商人才匮乏，不能利用信息科技技术发展新型农业，提供综合性服务（郑风田、乔慧，2016）。根据各市、区的访谈，大部分反映出当地加工农产品的第二产业配套项目因建设用地指标不足无法落地，而设施农用地的选址受到不占基本农田、少占耕地、优先利用低效土地等原则的限制，导致农产品加工配套仓储用地等要么距离农田较远，要么难以形成规模。因此，农村一二三产业融合的供地问题直接限制了农产品加工业以及其他第三产业的发展空间，而农民集体也没有购买挂钩指标的经济财力。

四、高效农业与复合产业供地目录更新缓慢

高效农业发展受用地规定约束。比如，“稻虾混养”“稻蛙混养”的高效农业虽然提高了农户的收入水平，但却受到“不准在基本农田内挖塘养鱼”这一规定的限制，农产品生产结构单一且缺乏竞争力，效益比较低下。

复合产业用地政策不明朗。一二三产业融合发展的过程中有些复合产业用地，兼具生产生活、生态观光、休闲旅游等多种功能，难以对其土地利用类型加以明确界定，当前土地管理政策也未对复合产业用地定性说明，供地政策前瞻性的不足阻滞了一二三产业深度融合的进程。

第三节　问题的深层原因分析

一、农村土地发展权缺失：规划空间与用地指标重城轻乡

土地支持是农村一二三产业融合的基础性支撑工作。多年来我国“重城轻乡”的发展策略通过土地征收、增减挂钩等手段将农村土地源源不断地送往城市，在强调破除城乡二元制发展结构的同时变相掠夺了农村土地发展权。经常性的土地利用总体规划的修编将农村建设发展空间调整到城市周边，农村集体建设用地总量不断减少，国有建设用地规模逐渐增加，农村土地发展权被迫转移到城市。

二、多规不融合：村庄规划缺位与部门规划衔接不畅

“多规融合”是“产业融合”的基础性工作，各项政策方针为村庄规划提供了规划依据，但在实施过程中，由于各项政策之间存在一定的矛盾冲突，村庄规划往往以某项单一政策为导向进行规划编制，使得村庄规划编制时缺乏全局性、系统性的考虑；而且，现有村庄规划未与国民经济与社会发展规划、土地利用规划以及环境保护、文化保护、综合交通、水利资源、乡村旅游等规划相互衔接，基本农田保护区规划从保障粮食安全的角度出发仅考虑了农地布局问题，居民点规划也仅对居民点建设进行了单项考量，忽视村庄转型过程中新产业新业态的用地需求及其选址需要，把本应全盘考虑、综合协调的规划活动变成了“建后再拆”的简单行为，导致村庄可持续发展能力下降，多种规制之间的不融合使得一二三产业之间也难以融合。

三、村庄现状衰而未亡：乡村演变与土地利用转型

乡村演变过程与土地利用转型过程密切相关，村庄发展应该是一种有竞争的优胜劣汰。在我国大多数村庄衰而未亡的背景下，过于强调千千万万个村庄的全体振兴不利于生产要素的集聚发力。但是，目前村庄同质化现象严重，一二三产业融合也往往与发展乡村旅游联系在一起，运动式土地整治与盲目性建新拆旧逼迫了土地利用类型的非自然转型，不符合乡村演变的内在逻辑（振兴或消亡），使得村庄发展失去了特色。

第四节　促进农村一二三产业融合发展的国土资源政策改革与创新路径

一、完善政策法规

随着农业产业化的发展，设施农业成为了现代农业的一种重要形式，较传统农业有着投入产出高、附加值高等特点。因此，要加大政策支持力度，主动、积极引导经营者依法流转农民土地。通过扶持设施农业用地，积极推动高效农业发展，对于符合农业产业化生产设施及附属设施用地的，合理配备一定数量的设施农业用地，以保障农产品加工、储藏用地。

在政策制定层面上，国土空间规划应考量农业发展的趋势和方向，尽快将设施农用地纳入到土地利用总体规划的编制及修编中统筹谋划。例如，将基本农田规划区中部分质量不高的耕地规划为一般农地，方便设施农用地选址及建议，以避免农业经营者因项目不符合规划而违法用地。此外，对于有条件的地方，可以尝试设施农业配套用地集中化，特别是对于交通沿线、水源充足的地方，应当科学合理划定基本农田保护区，因地制宜预留一

部分土地作为附属用地建设区，引导农业专业大户、农民合作社等，集中、共同兴建晾晒场、农机库棚等附属设施，以促进土地节约集约利用。要强化对占用优质耕地的管理，设施农用地规划要在保护耕地、合理利用土地的前提下，尽量利用低效闲置或耕地质量不高的土地，避免滥占优质耕地。

实际操作层面上，自然资源部、江苏省自然资源厅以及各市、区自然资源管理部门，应尽快出台关于配套设施占用和补划基本农田的操作细则，并制定统一规范的占用、补划基本农田以及论证形式和方案的格式文本，以便指导基层更好地开展工作。

二、明晰农地产权与培育新型农业经营主体

第一，在农地“三权分置”的制度框架下，农村土地确权是农村土地产权改革的重要环节，对于保障农民合法权益、促进农地流转、实现农业现代化具有重要意义（黄振华、杨明，2017）。

首先，开展对农民宅基地的界定工作。近年来，农村已经开展对农村宅基地的测量，但进度缓慢，乡镇和村委应该重视起来，加快开展相关工作。其次，了解清楚村民手中的耕地面积。近年来，农村出现自发的土地流转，每个村民手中耕地面积发生了变化，有的村民成了无地农民，有的村民成了种粮大户。最后，开展对集体土地的确权工作。灵活运用“确权确地”“确权确股不确地”“确权确利不确地”等多种农地确权方式。通过农地确权明晰并稳定农户的土地承包权益，尤其保障转出对象为农业园区、田园综合体、农业企业等强势主体的承包户的土地权益，防止“以租代征”现象，为实现经营权的大规模流转打好基础。这是一项艰巨的工作，涉及村民、村干部以及乡镇等多方利益，可能会受到既得利益者的阻挠。因此，相关部门要成立工作小组，深入农村，做好集体土地的登记工作。

第二，农业是一二三产业融合的基本依托，新型农业经营主体的培育有利于链条延伸型农业的发展。在农业结构调整的背景下，要达到合理安排粮食作物“减量化”与经济作物“增量化”的目标，形成“一村一品”的农业特色产业可持续发展格局，必须考虑农业生产分工分业不断深化的实质，针对不同的新型农业经营主体，实施差别化农业优化政策，同时注重培育新型职业农民，促进农业规模化流转与经营，实现多要素投入的互动流通。

三、科学规划土地，提高土地利用率

完善农村土地管理，科学规划土地，就是要盘活存量，建立合理的生产空间、生活空间、生态空间，集约化利用土地。首先，编制全覆盖的村庄规划。要在考虑城乡规划与土地利用总体规划的基础上编制村庄土地利用规划，通过适宜性评价划定土地用途分区，宜农则农、宜牧则牧，实现农产品生产、加工、流通等环节与休闲旅游业的有机整合，因地制宜地发展特色田园综合体，丰富农村农业结构。其次，预留村庄二三产业发展空间与用地指标。例如，与美丽乡村建设有关的停车场、游客接待中心，垃圾处理站等，防止此类

新业态用地成为不合规划的违法用地，提高土地利用效率。最后，以“多规合一”为导向，实现多种规划的上下沟通、融合发展。未来规划体系的重点是各类规划间的协调和配合，在促进农村一二三产业发展时，要统筹经济社会发展规划、城乡规划、土地利用规划、生态环境保护规划，将不同规划中针对同一要素来的不同内容进行对比处理，确定统一的规划内容、技术标准与成果标准，为村庄发展提供统一完整的规划指导，为一二三产业融合提供长效用地的可靠支撑。

四、多途径创新土地供给方式

土地供给侧改革是实现农业供给侧改革的落脚点之一。要找出现行农村土地制度与土地供给侧改革不相匹配的部分，从土地制度与政策方面探索释放土地要素红利的可行途径，做好一二三产业融合的用地保障工作（樊丽如、李富忠，2017）。

（1）推进农村土地流转规模化、产业化发展。结合土地功能，依据土地现状及预期用途实现多途径多方式供给。通过土地流转来实现各生产要素的合理化配置，优化人力、物力、财力投入，促进农村经济发展。在制定和实施土地流转机制中，要将土地使用权作为规模化经营的基础地位，要着力构建土地流转服务组织，从信息平台建设上对外发布可开发土地资源信息。若工商资本大规模流转土地，对于项目需要的农业生产用地可采取一般性的土地流转方式进行供应，对于项目需要的农业生产配套用地可采取集体出让、农转非等方式进行供应。另外，根据现有乡镇政府对土地管理的级能和权限，建立和推动适应现代农业规模化、产业化发展的土地流转承包管理体系。

（2）给予新型农业经营主体用地优惠政策。适当配给其生产加工、仓储管理等设施用地指标，同时严格审查设施农用地的利用方式，严禁经营性的农家乐、农业园区等申请设施农用地，防止设施农用地未批先建和擅自改变土地用途，也可将设施农用地列入土地利用总体规划，尽量占用质量不高的一般农用地或者预留设施农用地集中配套管理指标。

（3）统筹农村土地综合整治成果，为一二三产业融合做好用地保障。强化宅基地制度改革、农地制度改革、集体经营性建设用地入市与一二三产业融合用地的衔接。针对环境破坏型农村闲置土地，强化土地的生态综合整治效益；针对资源枯竭型和环境保护型的农村闲置土地，提高土地资源利用效率；开展农村闲置宅基地整治与改造，推行宅基地有偿使用，建立闲置宅基地退出制度；提高农村土地质量和数量，对农村闲置土地开展整治，充分利用未利用地、荒废土地，拓展城乡未利用的建设用地空间（张容军、段建南，2017）。积极开展推进土地置换政策；针对乡镇闲置用地，加快“僵尸企业”分类有序处置，盘活产能退出企业存量的土地，以招商、拍卖、挂牌等方式出让给农业新业态用地企业，增加农村集体经济收入，缓解一二三产业融合用地紧张的问题。对乡镇企业的闲置或低效利用的原则上不再供应新增建设用地和工业用地为依据，对产能过剩农村项目一律不予办理供地手续，倒逼促进经济结构转型升级。提高闲置土地的利用空间，发挥土地利用效益、经济效益和生态效益，以及提高农村土地利用率和土地生态功能价值。编制土地利用规划的同时，实行科学规划、合理利用，实现有效保护国土资源和实施最严格耕地保护制度等有效途径相结合。

（4）对符合产业融合发展的新产业新业态给予用地支持。通过将村庄整治、宅基地整理等节约的建设用地采取入股、联营、招标等方式，鼓励租赁方式采用先租后让、租让结合等利用方式，重点支持乡村休闲旅游、养老等产业和农村一二三产业融合发展。支持闲置土地再利用，同时发展农村生态旅游，发展农村地区物流产业，合理利用农村闲置宅基地，减少农民外出务工次数，鼓励农民利用闲置的土地发展当地特色产业，推进农村地区产业发展，促进经济结构转型升级，提高闲置土地的利用率。实行土地利用计划差别化管理，对土地实行分区政策，优先保障发展新兴农村产业支持、以产业带动经济发展。

参考文献

［1］樊丽如，李富忠．供给侧改革视角下的土地制度问题探析［J］．湖北农业科学，2017，56（19）：3765－3767＋3772.

［2］韩长赋．认真学习宣传贯彻党的十九大精神　大力实施乡村振兴战略［J］．中国农业会计，2017（12）：54－55.

［3］胡秀艳．加强设施农用地监管的几点建议［J］．中国土地，2015（4）：20－21.

［4］黄振华，杨明．农村土地确权政策的执行进展与绩效评估——基于全国303个村庄7476份问卷的分析［J］．河南师范大学学报（哲学社会科学版），2017，44（1）：141－146.

［5］李治，安岩，侯丽薇．农村一二三产业融合发展的研究综述与展望［J］．中国农学通报，2018，34（16）：157－164.

［6］张容军，段建南．供给侧改革背景下农村闲置土地的概况与利用研究［J］．江苏农业科学，2017，45（19）：39－45.

［7］赵敏，郑兴明．“三产融合”背景下农村土地管理创新研究［J］．长春理工大学学报（社会科学版），2017，30（5）：10－14.

［8］郑风田，乔慧．农村一二三产业融合发展的机遇、挑战与方向［J］．中国合作经济，2016（1）：27－31.

第七章　江苏乡村公共文化服务体系建设

摘要： 乡村公共文化服务体系的建设是乡村振兴战略实施的重要内容。以文化振兴推动乡村发展，识别乡村公共文化服务体系建设新需求，设计文化振兴新路径成为了现实挑战。对于江苏而言，乡村公共文化服务体系建设亟须在需求机制识别、参与机制设计、合作治理监管方面探索出具有江苏特色的乡村公共文化服务体系建设新模式。在长远把握乡村振兴战略的基础上，科学运用服务经济理论高质量完善江苏乡村公共文化服务体系建设。

第一节　乡村振兴战略实施中的乡村公共文化服务体系建设新挑战

建设公共文化服务体系是我国政府一项重要的社会治理内容，也是一直为党中央国务院所重视的服务型政府建设内容。2005 年，党的十六届五中全会通过《中共中央关于制定国民经济和社会发展第十一个五年规划的建议》，提出“要建设覆盖全社会的较为完备的公共文化服务体系”作为构建和谐社会的重要内容。2006 年，党的十六届六中全会通过的《中共中央关于构建社会主义和谐社会若干重大问题的决定》中要求完善服务网络、鼓励社会力量捐助、实施惠民工程。这表明公共文化服务体系建设具备重大社会功能，普及公共文化服务网络成为重要行动抓手。2012 年，党的十八大胜利召开，在党的十八大报告把增强国家文化软实力作为全面建成小康社会和全面深化改革开放的目标之一，在扎实推动社会主义文化强国建设的重要任务中，要求“加快推进重点文化惠民工程，继续推进公共文化设施的免费开放，加强重大工程和项目建设，提高服务效能”。2013 年 11 月，党的十八届三中全会做出《中共中央关于全面深化改革若干重大问题的决定》，对各领域的改革做出全面部署，提出了“构建现代公共文化服务体系”的目标。党的十九大报告进一步提出要“完善公共文化服务体系，深入实施文化惠民工程，丰富群众性文化活动”。这标志着公共文化服务体系建设进入到深化内容建设的新阶段。

自 2005 年党的十六届五中全会提出“要建设覆盖全社会的较为完备的公共文化服务体系”以来，我国城镇化率从 2005 年的 43.9% 飞速发展至 2017 年的 58.5%。2 亿多农村人口进入城市，这直接导致城乡发展不平衡与农村发展不充分问题迅速加大。2018 年 1

月，中央一号文件继续聚焦“三农”问题，进一步规划部署乡村振兴战略；2018 年 9 月，中共中央、国务院印发《乡村振兴战略规划（2018 - 2022 年）》，乡村振兴进入全面实施阶段。习近平同志指出“要坚持乡村全面振兴，抓重点、补短板、强弱项，实现乡村产业振兴、人才振兴、文化振兴、生态振兴、组织振兴，推动农业全面升级、农村全面进步、农民全面发展。各地区各部门要充分认识实施乡村振兴战略的重大意义，把实施乡村振兴战略摆在优先位置，坚持五级书记抓乡村振兴，让乡村振兴成为全党全社会的共同行动”。《乡村振兴战略规划（2018 - 2022 年）》的印发标志着乡村振兴进入全面实施阶段。从乡村振兴战略实施需求与布局看，乡村公共文化服务体系建设在乡村振兴中是促进乡风文明、推动乡村文化振兴战略实施的重要抓手；而文化振兴作为乡村振兴战略的基本组成，也是乡村公共文化服务可直接发挥功能的领域。在形式上，通过乡村公共文化服务体系重构重振乡村文化实践。目前，我国快速城镇化使得乡村正处于剧烈的社会文化经济转型过程中。原本以血缘、地缘、礼俗为底色的中国传统乡土社会，正在向以市场、理性、法治为特征的现代社会进行过渡。其中，改革开放促使我国城镇化进程的不断加快，乡村公共文化日渐衰落已成为乡村文化发展面临的突出问题。因此，对于传统乡村公共文化已经不再是发展的问题，而是务必重整旗鼓，彻底扭转乡村公共文化日益衰落的颓势。现有的乡村公共文化服务在乡村振兴战略实施中将肩负着扭转乡村公共文化衰落势头、重振乡村文化实践的重要使命。

现阶段的乡村公共文化服务经过十余年的探索，已经基本形成了以农家书屋、电影放映、文艺下乡、文体设施建设等文化惠民项目为主体的乡村公共文化服务体系。政府在乡村公共文化服务体系建设中占有绝对主导地位，以财政资源支撑乡村公共文化服务体系建设的推进。相信在当前特殊的转型时期内，政府将持续扮演乡村公共文化服务体系的主要推动者。从已有制度效果看，政府主导的乡村公共文化服务体系化供给可以在较短时间内集中力量，较为明显的是加大乡村公共文化服务供给。财政资金通过项目制的导入方式，通过乡村文化惠民项目的定点投放，能够对短时间内刺激乡村公共文化活动。因此，在乡村振兴战略实施过程中，继续优化乡村公共文化服务体系既是乡村文化振兴的内在本质要求，也是打开乡村振兴良好局面的关键所在。在乡村公共文化服务体系建设内容上，应当以先进文化重塑新时代乡村文化新生态。在传承与发扬优秀传统文化的基础上，注入社会主义新时代价值观，这是乡村文化振兴战略中文化振兴必须承担的任务。乡村公共文化服务体系化建设除去较为简单的形式化建设，更加强调能够有效供给体现社会主义核心价值观，传统积极乡村生活理念，社会主义文明生活方式等公共文化服务。以振兴乡村文化带动丰富乡村村民精神生活，活跃乡村意识生态，消除乡村村民精神世界中的潜在不良因子，为优化乡村经济、生态、组织等方面的良好运行保驾护航。这将成为乡村公共文化服务体系落实乡村文化振兴政策、带动整个乡村振兴战略实施的重要突破口。与此同时，对于微观个体而言，乡村公共文化服务体系建设提供公共服务产品，能够积极培育乡村村民主体性意识，为乡村振兴战略实施提供主体力量保证，激发乡村振兴的内源动力，为盘活乡村振兴全局注入内在动力机制。乡村公共文化服务体系建设务必保证以乡村村民喜闻乐见的方式将社会主义核心价值观念、乡村振兴的美好前景等因子融入思维意识，提振乡村村民发展信心，同他们的价值观念、思维认识凝聚成共同谋求小康、追求幸福的共识。通过乡村公共文化服务中的具体载体，包括（图书、影音制品、文艺演出）公共文化服务供给项目，传播现代农业实用技术、医疗卫生、科学普及等各类知识与技能。从而为乡村全面振兴做好文化准备。

现阶段，乡村振兴政策密集出台及乡村振兴实践的不断推进，对于乡村公共文化服务体系建设提出了新的挑战。第一，从乡村公共文化服务体系建设思想上应由传统“农村文化建设”切换为“乡村文化振兴”；第二，从乡村公共文化服务体系建设导向上要以主动供给为导向“以文化供给侧改革促进乡村文化振兴”；第三，从乡村公共文化服务体系建设路径上需要在全面了解新时代乡村文化形态与结构新特点的基础上，“从现实空间与网络建设多路径推进乡村振兴公共文化服务体系建设”。据此，乡村公共文化服务体系建设是乡村文化振兴的重大实践，直接关系到乡村振兴战略实施与推进。

第二节　理论基础与文献回顾

一、乡村文化振兴

（一）乡村文化

1. 文化

从古至今，人类认识自然与认识自我贯穿文化的发展过程。因此，文化也涉及自然与人文的很多领域，从自然角度而言，文化是一种生命现象，体现着人类探索并适应自然、探寻自然法则的结果；从人文角度而言，一方面文化是一种历史现象，是人类与自然界和谐共生并相互作用的结果；另一方面文化也是一种社会现象，在自然界中，人类相互合作，共同创造体现人类智慧的文明。文化是自然与人文综合的产物，也正因如此，学者对文化的定义仍未达到明确和标准的共识。

人类学之父泰勒（1992）著有《原始文化》一书，书中提道：“文化抑或文明，包括人类在社会环境中形成的道德、法律、习俗，知识、信仰、艺术，以及社会环境中的个人形成的其他能力、习惯等的综合体。”早在19世纪40年代，马克思与恩格斯利用唯物主义的观点在《德意志意识形态》一书中阐明了对文化定义与本质的认识，书中认为，文化起源的根本动力是劳动，人类的物质生产活动产生了文化的发展；文化是人类特有的精神标志，本质上是一种意识形态。

现阶段，人们对文化内涵的认识被界定为广义与狭义两个层面。广义层面的文化涵盖一切能力、物质和精神等与人类社会相关的产品，它们来自人类物质生产和精神生产两个方面。狭义的文化则被界定为精神层面的产物，其中精神能力与其产品是狭义文化的典型代表，如人类在生产、生活与实践中形成的信仰与价值观。总体而言，文化产生于人类社会的长期实践，是人类创造的一切精神活动的产物，这种精神产物源于人类精神世界与外部的相互作用。文化是一种现象，包含不断演变的历史、地理、思想等方面；同时文化也在不断创新，体现着人类社会的发展与进步。

2. 乡村文化

乡村文化属于文化这个大范畴。乡村文化与城市文化相对，以乡村为背景、以农民为主体。乡村社会是乡村文化的基石，乡村社会环境塑造了人类精神活动的丰富形态，它不仅包括直接表现形态如思想、道德、宗教等，也包括了政治、经济发展方式和人民生活方式等外化形态。

乡村文化可分为广义与狭义两个层面，广义的乡村文化一般综合了村民的物质和精神创造两个层面。狭义的乡村文化聚焦于精神范畴，不仅包括农民在农耕实践中沉淀的思想认知模式、价值观、情感观、处世与追求等深层心理结构，也包括科学文化水平。

乡村文化的基础是农村特有的生产与生活方式，依赖于农村社会环境，是由农村的居民作为主体在农村生产和生活过程中逐渐形成的、创造出的文化。它体现了乡村社会的风俗习惯、行为方式、宗教信仰及社会心理。乡村文化的传承具有很强的代际性，往往辈辈传承。它是世代居住聚居的居民共同积累并随着伴随时代发展更新而形成的。乡村文化约束着农村居民行为，农村居民归属感的主要成因亦是乡村文化。

乡村文化不仅仅指某一时期的特有精神物质，而是在生产方式发展的基础上，不断形成的所有精神物质的和，它包含道德与理想、社会心理与风俗习惯、是非判断与行为方式等。乡村文化在实践过程中，潜移默化或直接影响着农民在处事原则与行为方式，是农民生活的重要组成部分，也是决定农民生活价值意义的精神标准。虽然地理环境、历史进程等因素影响或制约着农村文化发展，农村文化丰富的形式也在不同的生产生活环境中得以展现。综上所述，农村文化，是一种以土地为物质基础，以血缘为精神纽带的地域文化。

（二）乡村振兴相关理论

1. 农村发展理论

农村发展在我国的历史发展进程中十分重要，农村发展理论也因此具有非常特殊的地位，在近百年的中国农村发展历程中，农村发展伴随历史变革也历经着很多阶段，农村发展理论的形成过程反映着中国历史变迁图景。20 世纪初期，农村社会性质、农村社会组织和发展道路是农村发展理论的研究主线，农村社会调查则将理论与实践相结合。20 世纪 40 年代，战争爆发导致社会动荡，农村问题的研究随之转向，诸多学者意识到了中国农村的特殊性，并指出“以农促工”推动农业发展。伴随着中华人民共和国的成立，新的挑战开始显现，农业发展方向问题引发了激烈讨论，争议主要包括选择实现农业还是工业现代化、对农业基础性地位的认知、是否进行农业机械化发展等，最终得到主流认可的是农业合作化发展。改革开放开始后，农村发展主线转向家庭联产承包责任制，农村地区旧貌换新颜，与此同时，针对农村发展的研究也逐步涉及更多方面，如具体的农村改革方案、农业生产经营方式、发展乡镇企业等议题，且伴随着城乡差距的加大，农村土地流转、劳动力转移以及村民自治等问题也成为了理论研究重点。进入21世纪后，国家重点关注“三农”问题，因此相关研究也更加深入，围绕“三农”问题的讨论不仅涉及农村发展的自身问题，同时也涵盖工业化、城镇化等问题，讨论“三农”问题与我国的现代化进程密切相关。在新的历史条件下，解决“三农”问题有了新的研究方向——乡村振兴战略。乡村振兴战略的提出表明“三农”问题的研究步入了新领域，“三农”问题的目标与理念也更加明确——以实现农村现代化为目标，坚持高质量发展理念，并推进农业农村优先发展。

党和国家围绕乡村振兴战略提出的新规划，即农业农村优先发展和城乡融合发展，是农村发展理论和实践上的重大突破，在乡村振兴战略研究农村公共文化服务建设与财政政策等相关问题也具备了更加坚实的基础。基于农村发展的历史进程，本书认识到了“三农”问题在我国经济发展进程中的基本情况及其现实问题，根据农村发展理论，“三农”问题的出现与工业化、城镇化存在相关关系。因此，在解决这一问题时必然要考虑相关因素。依托财政政策支持，“三农”问题的解决需要被纳入整个国家经济发展的大框架中进行。农村发展理论为本书观点中财政支持农村公共文化服务建设奠定了重要的理论基础。

2. 乡村治理理论

乡村治理理论起源背景是西方国家在市场失灵和政府失效同时显现时被提出的。英国著名学者 Gerry Stoker（2010）从五个方面系统地归纳与概括了治理理论的具体内容：“一是治理意味着一系列来自政府又不限于政府的社会公共机构和行为者。二是国家在为社会与经济寻求解决方案的过程中，把原先由它独自承担的责任转移给公民社会，即各种私人部门和公民自愿性团体。三是治理明确肯定了权力依赖存在于涉及集体行为的各个社会公共机构之间，为实现目标，各个组织必须交换资源、就共同目标而谈判。四是治理意味着参与者最终将形成一个自主的网络，且这一网络在某个特定的领域中拥有发号施令的权威，它与政府在特定的领域中进行合作，分担政府的行政管理责任。五是治理要求在公共事务的管理中，政府担任发号施令或运用权威的角色的同时，也同时存在其他管理方法和技术，政府有责任使用这些新的方法和技术对公共事务实现更好的控制与引导。”

乡村治理理论是一般意义上的治理理论与农村建设理论的创造性结合，是治理理论在中国农村问题研究中本土化的结果，具有鲜明的中国特色。20世纪末，作为治理理论本土化的重要组成部分，一些学者尝试着将西方的治理理论与对中国农村问题的解释和分析相嫁接，并提出“乡村治理”的相关概念，进而乡村治理理论的基本框架得以产生。目前，在中央大力推进社会主义新农村建设的政策背景下，乡村治理理论在适应农村治理结构转型的迫切需要的同时，也逐步成为中国农村问题研究的主流范式。党的十八大以来，随着我国倡导“推进国家治理体系和治理能力现代化”与实施乡村振兴战略，乡村治理理论的地位重要性进一步提升，并凸显重要理论依托地位，为研究农村问题、推进乡村振兴战略提供理论支持。

不同于以往碎片化的研究视角，乡村治理理论没有村民自治理论及基层政权建设理论的束缚，而是独树一帜地系统回答了由谁治理，如何治理，治理怎样等系列现实问题。乡村治理理论的四大核心要素是治理理念、治理主体、治理方式（工具）、治理机制。在治理理念方面，乡村治理是将现代观念如民主、法治、公平、正义、廉洁、高效等融入到农村基层治理的结构和体系中的有益尝试，为农村基层治理的价值内涵注入新要素；在治理主体方面，乡村治理创新传统单一权威主体主导形式，为多元参与主体结构治理提供新思路；在治理方式方面，乡村治理提倡用多元而温和的非强制性手段，如说服教育与协商互助等方式，改变过去对抗性且单向的权力运行方式，实现农村基层社会的柔性治理；在治理机制方面，乡村治理以加强乡镇服务型政府建设为抓手，更好地发挥基层党组织的领导核心作用，并完善村民自治制度，进而建立科学合理的决策、管理、监督、保障机制。乡村治理通过对治理要素的调整，期望达到优化农村基层社会的治理结构、构建现代化的农村基层治理体系的效果，进而实现农村基层社会的善治目标。

3. 社会自治理论

20 世纪 80 年代中后期，社会自治运动引发了人们对社会自治理论的研究，自治运动开展后，社会自治理论研究聚焦公民社会发展、国家与社会关系的调整及其带来的现代社会治理转型三方面。从理论渊源来看，社会自治的理论基础是公民社会理论及国家与社会的关系理论。社会自治是自治在社会领域的实现形式。根据《布莱克维尔政治学百科全书》的解释，自治（Self – Governance）是指“个人或集体管理其自身事务，并且单独对其行为和命运负责的一种状态”。“自治”一词被广泛地应用于不同的研究领域。它既可以针对个人，即个人不受外在因素干预，体现出的自由、自主决定的状态，也可以针对不同的组织或群落，意指由组织或群落成员自主决定共同体内部事务的状态。所谓的社会自治与国家统治相对应，具有社会属性，是社会自我调节与整合的结果。

社会自治是现代民主政治制度的社会基础，它在一定程度上反映了一个国家的政治文明程度。社会自治的提高直接影响到民主政治的发展，民主程度会带来社会生活的动力并巩固社会稳定。我国的基层社会自治形式包括村民自治、城市居民自治、社会组织自治与行业自治等。一方面，在基层社会自治结构体系中，村民自治是重要组成部分。其中基层农民群众的自我管理、教育、服务与基层社会自治的目标相符合。另一方面，不同于村民自治，基层社会自治涉及丰富的内涵。在市场治理主体与社群治理主体逐渐形成的背景下，村民自治组织也逐步成为社会自治组织多元的形式之一。从基层社会治理的视角来看，广泛的社会自治是社会治理的基础，只有基层社会自治充分实现与发展，基层社会治理才能实现迈向现代的转型。实现社会善治，必须以基层社会自治代替国家强制。然而，尽管村民自治在推进社会自治中地位十分重要，实践过程中过度倚重村民自治同样限制了社会自治的发展。特别是在当前国家大力推进乡村振兴的战略背景下，“单靠村民自治不仅无法整合基层社会，并且还会造成政府与市场、与社会的权利边界不清，最终只会加剧公共权力和社会权利之间的矛盾，妨碍社会发展和社会进步”。单一的村民自治会导致“在村民自治的自治功能和作用不断弱化的情况下，基层社会自治也发展不起来。”因而，我们必须在社会自治的理论关怀下实现村民自治，从更广阔的角度出发。重新看待村民自治在农村基层社会治理中的地位和作用，进而为农村基层治理的现代化转型提出更具启发性的解释路径。

4. 城乡发展一体化理论

城乡发展一体化亦称城乡融合。从社会发展战略层面来看，城乡发展一体化是将城市与农村视为一个整体，目标是使城乡协调发展、共同繁荣，并逐步消除城乡差别，最终使城乡融为一体。城乡发展一体化意味着城市发展步入新阶段，随着生产力发展，城乡居民的生产生活与居住方式得以改变与促进，是城乡人口、技术、资本、资源等要素相互融合，并互相提供资源、市场与服务，逐步达到城乡在经济、社会、文化、生态上协调发展的历程。城乡发展一体化需要把工业与农业、城市与乡村、城镇居民与农村居民作为整体，进行统筹谋划与综合研究，借助体制改革和政策调整手段，改变固有的城乡二元结构，推动城乡在规划与建设、市场与产业等诸多方面的一体化发展。具体而言，需要实现城乡政策平等、产业互补、国民待遇一致，农民需要有与城市居民平等的文明和实惠，社会需要全面、协调、可持续的发展。城乡发展一体化具有深远的意义，在更新思想观念的同时，政府也同时创新体制机制，改进工作方式方法；在转变发展思路与增长方式的同时，优化产业布局并合理协调利益关系。

20 世纪 90 年代初，城乡矛盾的发展扩大了城乡差距。农村处于边缘与弱势地位，发展陷入严重困境。为实现农村发展并缩小城乡差距，政府在公共服务及户籍制度方面给予了农村更多优惠。城乡承载了不同要素，并提供了不同要素自由发展的平台。为消除城乡矛盾与对立，缩小两者经济差距，城乡一体化迫在眉睫。

自 20 世纪初期开始，不同学科的学者从不同角度加大对城乡一体化的关注和研究。学者基于城乡一体化的含义、相关经验及路径等，详尽分析了我国城乡发展的样本。在保证城乡平等地位的前提下，促进城乡互通发展。城乡差异发展的成因是复杂的，不仅有财政投入的差异，而且由于不同的经济发展程度提供了不同的收入水平，城乡居民对公共服务的需求也有所不同。其中制约一体化发展的制度有两个：一是户籍及流动居民差异管理制度，差异的存在使得流动人口易受歧视；二是户口的明确划分，农业户口居民天然不同于城市户口，阻碍了一体化进程（周作翰、张英洪，2004）。

城乡发展一体化的最终目标是消除城乡不平等，打破区域限制并提高互补功能，进而实现城乡共进步共发展。乡村振兴战略便是新形势下推进城乡发展一体化实现的有效途径。

5. 二元经济结构论

美国经济学家阿瑟·刘易斯是分析二元结构对经济发展影响的先驱。1954 年，他出版了《劳动力无限供给下的经济发展》一书，指出发展中国家存在的两个性质完全不同经济部门：现代工业部门和传统农业部门。并认为经济发展的核心是传统农业转换至现代工业结构。刘易斯认为发展中国家的二元结构具有四个特征：第一，技术以是否使用资本划分为两类。第二，发展中国家传统生产部门的典型代表是农业部门，传统非农部门在整个经济中占比不大，可以忽略不计。第三，传统的农业部门劳动者具有较低的收入水平，在低收入情况下，只能维持自己和家庭最低限度的生活水平。且具有丰富劳动力及流动性，因此，决定了城市中现代工业的工资水平维持在略高于农村生存收入的工资水平上。城乡生活成本的差距、农业劳动者期望城市化造成的心理成本及用于引诱农村劳动力流入现代工业部门的额外性收入造成了城乡收入水平的差异。第四，发展中国家一般是农业国并具有较为丰富的农业劳动力，根据边际生产率递减原理，农业劳动力具有较低边际生产率，部分甚至为零。

发展工业伴随着城市对农村资源及要素的侵占，因而工业的发展也带来了城乡差距的加大。为降低城乡二元结构的负面影响，农村劳动力转移成为现实之需。20 世纪 60 年代，佩鲁（1955）构建了增长极模型。模型认为，在特定地区，实现经济高速发展的区域是区域的增长极，其产生的规模效应可以带动周边经济增长，伴随增长极大范围扩张，周边及整个地区的经济增长也将被带动。

综上所述，发展乡村地区是打破城乡二元经济结构、缩小城乡差距、重现乡村生机并实现乡村振兴、城乡共同富裕的必然要求。

（三）乡村振兴与乡村文化振兴

1. 乡村振兴的内涵

乡村振兴是相对于农村衰落而产生的综合概念。类似中国的乡村振兴战略，国外也有乡村复兴、乡村建设、乡村再造及乡村发现等概念和政策。

乡村振兴是指在农村经济发展的基础上对乡村发展水平的整体提升，包括文化、治理、民生、生态等诸多方面。在党的十九大报告中提出乡村振兴战略这一重大战略部署，成为了解决“三农”问题的重要指南。2018 年初，《中共中央 国务院关于实施乡村振兴战略的意见》明确提出乡村振兴战略的总体要求，将“产业兴旺、生态宜居、乡风文明、治理有效、生活富裕”作为具体的实施方针，并成为了人们的共识（叶兴庆，2018）。新时代乡村振兴战略强调乡村全面发展，将新时代乡村振兴战略写入党章十分必要，具有重大意义（韩俊，2018）。

“乡村振兴”的“新时代”内涵到底“新”于何处？对此，我国学术界主要存在五个观点：其一是内容方面，学者认为它主要“新”在内容上，倡导“四位一体”（经济、政治、文化和社会），事实上就是对我国整个乡村进行全方位、多层次的统整；其二是文化层面，即文化的“四位一体”（物质文明、政治文明、精神文明和生态文明）；其三是建设要求，即建设要求“四方面”（生产、生活、环境及政治）；其四则是“五个新”（房舍“新”、设施“新”、环境“新”、“新”农民及“新”风尚），这同马晓河（2006）所强调乡村振兴的“五新”（村貌“新”、产业“新”、生活“新”、“新”风尚及“新”组织）略有不同；其五是目标角度的“三新”，即实现城乡间良性互动，完善乡村“社会制度”及构建乡村“和谐社会”，全面修复乡村“人文传统”及“自然环境”。仔细分析上述五种观点，结合乡村振兴具体内涵与实质，上述研究的核心内容与根本观点大体一致。

2. 乡村振兴的主体

总体来看，乡村振兴的推进主体可以分为两类，即受益主体和振兴主体两大主体。对于乡村振兴的受益主体，学界观点是基本一致的，即生产、生活于乡村的村民就是乡村建设的受益主体。实际上，在本书中，笔者始终强调乡村振兴的方式是“共建共治共享”，故此全体村民、国民乃至世界人民均可视为成乡村振兴的受益主体。至于后者，即在推进乡村振兴的主体方面，学界探讨意见不一，具体来说，目前主要有三种主流观点：其一，一些研究者和理论专家认为，推进乡村振兴的主体只包括农民。因为农民世代生活在农村，农民对农村具有很强的归属感与依恋，农村是他们的家园，显然他们对自己的家园非常熟悉，因而最了解自己在乡村振兴中的所需、所为。其二，一些研究者和理论专家认为，推进乡村振兴的主体只有政府一方。乡村振兴具有公益性，是“官家”的事情，需要政府财政大力支持乡村振兴，乡村振兴理应由政府负责，只有政府发挥权威与领导作用，城乡一体化才能达到预期成效。其三，一些研究者和理论专家认为，推进乡村振兴的主体是政府和全体国民。乡村建设不是单一方面的建设，不仅需要政府财政与政策的大力支持，同样需要村民自身的响应与积极介入，更需要各类社会组织的扶助。对于乡村振兴主体及功能定位，西方发达资本主义国家坚持“政府支农”，而在发展中国家，乡村振兴主体与功能的讨论主要体现为三种类型（农民主导型、政府主导型、政府 + 工商联 + 农民）。

3. 乡村振兴的路径

对于乡村振兴计划的有效实施方法，目前国内研究主要从机制创新、土地制度改革、产业融合、城乡一体化建设几个方面进行了阐述。

要对乡村振兴的实施提供保障，首先需要国民参与并发扬能动性，有学者认为应从制定法律、编制规划、设置机构、创新机制等方面入手落实相关政策（张军，2018）；乡村振兴的有效途径主要包括城乡融合发展体制、强农惠农政策扶持、农民权益保障体制建设等方面，现实法律与政策需要与个性化的乡村背景结合，进而深入挖掘村民潜力（陈美球、廖彩荣，2017）；对于实现乡村振兴机制的共享发展，可以发展“党支部 + 合作社 + 农户”这一有效发展模式，以加快农村地区的脱贫（郑有贵，2018）。

乡村振兴应从完善制度入手，对产权制度加强管理，对要素配置机制加以完善。土地是农村地区最主要最有价值的可用资源，对农村土地的利用应以完善的市场格局为依托。因此在加快土地确权颁证的同时，要合理厘清所有权、承包权、经营权之间的关系。有学者认为实现产业融合是实现乡村振兴的关键点，农业农村的充分发展离不开新工业和信息化产业的带动，应尽量弥补“短板效应”。首先，产业融合工作的起点是实现农业的内部自我融合，即发展地区特色优势，将农林、农牧相结合，逐步完善产业结构划分，并大力发展绿色农业，促进农业产出的提升。其次，需要完善基础设施，发挥时代科技的先进作用，使电子商务为农业助力。最后，还要确保农村地区要素、技术、人才等供给与引入（周立等，2018）。政府应该加大对农村建设的投入，并拓宽农村建设筹资渠道。具体而言包括完善财政支农机制要，并创新发展地区金融（叶兴庆，2018）。

城乡差距过大是实现城乡一体化建设的拦路虎，解决城乡差距过大的问题，首先需要消除不合理制度的阻碍，促进城乡发展的公平公正。在发展地位上，应确保乡村与城市的平等地位，并实现资源双向流动与完善。加快城市化发展进程，着重解决城市、农村发展中的双重滞后问题，为乡村和城镇建立有效衔接。打破城乡二元结构格局，加大发展新型城镇化建设的力度，通过缩小城乡差异完善区域治理格局。

国外关于乡村振兴的研究不多，已有研究较多关注乡村建设方面。欧美发达国家的乡村建设，以往主要采取“以城带乡”模式，即用推动城市建设发展的方式推动乡村建设发展，通过城市建设辐射带动乡村人口稀疏及人口老龄化问题的缓解，并促进农业产业发展及其结构合理，驱动乡村基础设施建设，解决乡村教育水平低与人才资源匮乏等难题。

在城市建设的带动和驱动下，“以城带乡”的模式缓解了农村人口稀少和人口老龄化、农业产业萧条和结构不完善、农村基础设施落后、农村人才稀有和文化水平较低等众多难题。进入21世纪之后，乡村建设在发达国家取得了一定的发展，他们大体上贯彻了可持续发展理念规划、开展自身国家的乡村建设的理念，然而他们展现的特点各异。英国乡村建设，主要包括乡村持续发展研究（Martin Phillips，Jennifer Dickie，2014）、乡村低碳生活方式研究及乡村人口迁移研究等（Paul Milbourne，Lawrence Kitchen，2014），除此之外，还包括其他更为细致的研究如乡村教育培训和数据建设等研究，通过田野调查这种近距离的观察方式，不仅实用性较强，而且参与者可以进行随时访问、实地调查。在乡村建设中，农业全球化更受东亚的日本和大洋洲的澳大利亚的关注，可持续发展也是当今关注热点之一。澳大利亚也重点强调了农业的可持续发展，他们利用独有的自然环境，乡村旅游业发展起来，从而使产业结构更加优化，这不仅创造了乡村经济的多样性，增加了新的乡村就业机会，而且使乡村发展更有可持续性。

4. 乡村文化振兴

实质上，乡村振兴战略理念的提出是国家治理体系的再一次突破创新，其中最不可或缺的部分是文化的治理与振兴。在乡村治理过程中，所要依赖的是乡村文化，它是重要正式制度安排和非正式制度安排的集合，描述了治理乡村的规则和路径。

乡村振兴，文化先行。重农是农业大国的安民之基、治国之要。自2004年以来，每年年初，党中央、国务院都会发布相关“三农”发展的一号文件，文件中不仅包含了乡村文化建设内容，而且其要求愈加明确、内涵愈加深入、涵盖领域愈加广泛，这体现了我国对乡村文化建设的重视。

“乡村振兴，乡风文明是保障，必须坚持物质文明和精神文明一起抓，提升农民精神风貌，培育文明乡风、良好家风、淳朴民风，不断提高乡村社会文明程度”的理念在2018年中央一号文件《中共中央国务院关于实施乡村振兴战略的意见》中明确提出。从中可以得出，经济振兴和文化振兴在开展乡村战略过程中同等重要，精神文明和物质文明同样必不可少。开展乡村文化振兴对乡村特色文化产业的发展、传统文化资源的利用与保护、乡村文化生态的重塑、文化自信的实现是有利的（王敏杰等，2019）。良好的乡村文化不仅能使农民的凝聚力增强，而且可以形成良好的社会风尚。要塑形还要铸魂的乡村振兴，不仅孕育了文明乡风、良好家风、淳朴民风，焕发了文明新气象，而且深入表明了乡村文化建设加强这一重大意义和目标任务。

截止到现在，虽然我国农村文化建设取得了一定的成效，但其发展依然不平衡不充分，距离全面振兴乡村的战略目标还有很大差距。乡村文化传承不顺，急需保护；有文化的人才稀少；乡村基础文化设施“建”“管”“用”失衡；队伍的建设青黄不接（宋小霞、王婷婷，2019）等主要问题依然存在。文化是基础，文化是灵魂。要使乡村文化真正发展起来，在乡村振兴中，充分发挥文化的作用和缔造勃勃生机、丰富多彩的乡村文化是实现乡村振兴和谐有序发展的必经途径。而且农村思想道德建设的加强，优秀中华传统文化的弘扬，文明乡风、良好家风、淳朴家风的孕育、生态振兴与文化振兴的推动、产业振兴的融合发展都是缺一不可的。此外，建设乡村基础文化设施，即农村公共文化建设（欧阳建勇，2018）也需要得到重视。制约农村经济发展和农民素质提升的短板主要是目前农村公共文化建设的滞后。这要求政府不仅投入“财”，也要投入“才”。这需要政府改善乡村公共文化服务体系，加强农村公共文化设施的建设，激发乡村文化发展内生动力、强化建设农村公共文化人才队伍，培养更多乡村文化人才。

二、公共文化服务

（一）公共文化服务理论

1. 公共产品理论

关于公共产品的定义在学术界尚未有统一的标准。在奥尔森（1995）看来，如果公共产品是在某个群体中的任何人都可以消费它，那么它也是群体外的人其他人可以消费的产品。而布坎南认为，由于特定的原因，由任一个集团提供的商品或者服务即为公共产品。一般情况下，学者们更加青睐于萨缪尔森对于公共产品的定义。1954 年，萨缪尔森在他的《公共支出的纯理论》中提到，非竞争性和非排他性是公共产品的特性，所以一个人对该产品的适用并不会影响到其他人的使用。根据萨缪尔森的观点，我们可以得出非竞争性和非排他性是公共产品的两大特征。其中，非竞争性是说使用者消费某个物品后，不会相对减少这个物品的社会供给；非排他性是说在消费过程中消费者并不会阻碍其他人的消费，某个人并没有独占公共产品的利益。但是公共产品的产权问题是萨缪尔森的强调点，他表示很难界定公共产品的产权，即很难界定个人的消费时间、消费方式、对公共产品的消费数量，所以被称为难以界定性。

公共产品包括纯公共物品和准公共物品两种不同类型。如果集团内任何一个人都能消费此产品，那么集团外的任何一个人也可以享用此产品，这种产品被称为纯公共物品。布坎南结合前人的研究，提出了“俱乐部产品”，又被称为准公共物品，这种产品的特性是一部分可以对它进行消费，排除了其他人对它的使用。

政府、市场和社会是提供公共产品的三个来源。纯公共物品，如国防、外交等只能由政府提供；然而准公共物品，市场和社会都可以提供，但是失灵情况都会在政府和市场身上出现。由此学者们认为提供公共产品的方式是多样的，不仅政府和市场可以提供，私人或企业也可以进行提供，兴许私人或企业在某些特定情况下提供公共产品的效率会更高。

2. 新公共管理理论

最早“公共管理”一词出现于管理理论的发展，西方国家一度不断地改革和运用该词，该词在20世纪70年代末期，受到了非常大的舆论攻击，但由于不断推新市场化等改革，该词才真正意义上获得了认同。新公共管理理论起源于英国、美国等西方国家，七八十年代之后，西方国家开始慢慢认可这种新兴的公共行政理论和管理模式。近年来，西方发达国家的行政改革主要采用该指导理论。新公共理论认为，公民的权利是一种至上的责任，它以公民为核心，即政府部门是被服务者、引导的主体，做到转换思想，实事求是，俯下腰、弯下身子，把管理转化为服务，真正倾听民意，真正着想人民，把大众的利益放在主要利益位置中。由政府带头，其他部门和组织的配合，最终实现利益的共同化。

基础平台建设是新公共理论倡导的工作法，其健全工作机制是关键、以群众为根本为核心，以人民为中心为本质，务实高效为要求，简政放权为保障，夯实党的群众基础为目标，这是一个系统的工作体系，是做好基层工作的顶层设计。解决影响和制约经济社会科学发展的“瓶颈”问题，是解决群众在衣食住行、就医上学、发展生产解决群众关心关注的社会热点、难点、焦点问题等方面的实际困难需要采用新公共理论的工作方法。与此同时，政府管理部门需要分类创立各种台账，以便在变动的突发情况出现时，能够第一时间采取应对的措施，实行动态管理在新公共管理理论中很重要。各个环节在此管理下都具有流动性，唯有通过加大力度才能保证工作的实效。而在公共管理理论中，责任追究制度是一项非常重要的内容，在管理中，只要发生任何差错，相关领导都会受到追究。

3. 新公共服务理论

新公共服务理论主要是重新安排政府和人民的关系，它是一种全新的理论，在该理论提出前，政府担任统治者、管理者的角色，然而，新公共理论打破了这种管理与被管理、统治与关系，希望以此达成一种新的模式和新的关系，它与新公共服务理论存在着微小的矛盾，之所以这样描述这两个理论，主要是因为两者的本质不同，前者描述的是管理、上下关系，然而后者是服务与被服务的关系，是相互尊重、平等的关系，在某种程度上，这种新的定位角色相悖于传统观念，尤其是西方一些资本家的想法，这种观念暴露了其理论的缺点，所以提出该理论的人想要改变当时社会管理模式的不恰当之处，重新提出了适应当下社会的新理论。对好的事迹的推广是新公共服务理论中很重要的一项内容，到后期这项内容才慢慢被接纳，主要是希望采用好的事迹、好的典型触动其他身边的人，同时形成良性循环。

把新公共服务理论运用到现实生活中，所要解决的就是基层问题。而解决好这些问题，既要依靠法律和政策，又要依靠大众的智慧和力量，依靠政群之间的感情和友谊。民情下访能够梳厘清楚群众的矛盾和诉求，真正找到背景、根源与症结所在，以便对症下药，采取多种方式如感情沟通、运用法律、民事代理、司法调解等，可以实现药到病除的效果。智慧和力量通常出现于民众中。

新公共服务理论的核心内容是公平与民主，它也是新公共服务理论的价值取向和判断标准，规范地说，当时社会的缺憾和弊端能够从新公共服务理论中准确、直观地照射出来，体现其更像是一面镜子。另外，新公共服务理论是在融合当时比较先进的发展成果基础上取其精华形成的，所以，新公共服务理论更能适应当今社会的发展，是一种更具备前瞻性的指导理论。

4. 公共服务均等化理论

要想达到公共服务的完全平均是不现实的，从现实性、可行性角度出发，公共服务均等化是争取提供给公众最大限度平均的公共服务，把公众之间的差距控制在恰当的区间内。

政府要平等对待每一位公民，公民享受相对均等的公共服务是应然之举，也是执政为民的必须。在常修泽看来，公共服务合理适中的范围应该包含以下四类：第一类是人民衣食住行的基本公共服务得到保障；第二类是人们文化素养和水平的教育类服务得到提升；第三类是拥有非排他性，不以营利为目的的基础性公共服务；第四类是公共安全服务如生产、国防、消费安全等。涵盖以上服务才是完善的公共文化服务。

人民群众的满意度影响公共服务均等化程度的高低主要体现在以下两个方面：一方面，公共服务均等化对于经济和社会的协调发展有促进作用；另一方面，它给社会大众提供了相对均衡的服务，文化权益得到保障，群众满意度提高，这都会有助于促进社会公平的实现。

要想广大群众切实感受到文化权益，政府必须全力以赴地在保障权利平等方面花时间，以此达到起点公平的现实。在这个基础上，提供给大众平等参与文化活动的机会，使相关配置更加优化，服务做到多层次、多形式、多覆盖。每个人都享受到改革红利和发展成果的前提是推进公共文化服务的均等化。实现公共文化服务均等化有利于促进我国经济社会的发展，这不仅是大势所趋也是乡村振兴题中应有之义。

（二）公共文化服务体系

对于公共文化服务的定义，众多国内学者从不同角度给出了不同的解释。公共产品和服务总称为公共文化服务，能够满足公众最基础的文化需求，提高广大人民群众的文化生活水平和文化素养是它的最终目标，并且公共部门或者准公共部门以合作方式生产和提供这种服务。公共文化服务囊括了各种文化机构以及提供的文化服务，而且群众对公共文化的基本需求都能够得到满足。有学者认为，公共文化服务应该从满足公众的文化需求出发，由政府主导，社会力量积极参与，以此来传播先进文化和普及文化知识给社会大众（闫平，2007）；不以营利为目的的公共文化服务提供的产品应该是非排他的和非竞争的（周晓丽、毛寿龙，2008）；政府主持的，社会团体、民间组织参与的能够传播先进文化思想观念、满足群众文化需求、保障群众享有文化服务权力、保护公共文化产品的各种公益性文化机构和服务的总称是公共文化服务体系（陈立旭，2012）。

公共文化的属性被大部分国外的学者定位为一种公共产品。如今与公共产品相关的研究比较丰富，这主要起源于 1954 年 Samuelson（1987）提出的公共产品概念，本书研究公共文化服务的理论基础和理论起点正是出于此概念，在构建国家治理理论中，不可或缺的部分是公共产品的管理，然而本书研究的重点着眼于公共产品中的公共文化服务。在后续的研究中，本书也会把部分的关注点放在公共文化服务方面，着重关注公共文化服务的供给模式、政府责任、公共文化服务的经济社会效益。有国外学者较早地提出第三方治理应运用于公共文化服务领域，政府与其他部门协作的方法能够有助于提升文化领域公共服务供给水平。有学者提出利用公共产品能够带来出乎意料的成效，尤其是文化类服务的内容，能够对经济发展起到积极的促进作用，增加公共服务领域的支出也能促进发展中国家经济增长（Kiesling，1990）。通过分析在公共文化服务领域中政府的治理行为，发现不协调问题在地方政府之间的公共文化服务领域明显存在，为了达到提供更加优质服务的目的，应该利用中央政府使地方政府间协作关系增强，全力提升政府在公共文化服务领域的治理能力（Peters，1996）。同样有学者主要以欧洲国家的案例分析为基础，认为制度性因素会影响在公共服务领域的行为，所以应该以机制设计领域为着眼点，完善公共服务体系（Billaud 等，1997）。对公共文化服务的研究，国外学者的起步较早，这不仅给我国就研究公共文化服务相关问题提供了诸多借鉴机会，而且公共服务理论和公共产品理论也具有良好的指导作用。

相对而言，国内学者的研究较晚，在 2005 年党的十八届五中全会上，“公共文化服务”概念才在国内正式提出，许多学者在这之后开始从不同角度对其开展了研究。有学者提出公共文化服务体系包含了诸多主体，它是一个整体性系统，传统思维中的政府单一性已经不存在，虽然政府依然处于主导地位，但与此同时其他主体（企业、社会组织）的积极作用依然能够得到发挥（刘俊生，2010）。在前人研究成果的基础上，夏国锋、吴理财（2011）提出了一种复合系统，该系统是由主导机制和反馈机制共同发挥作用的，保证了多主体的协商沟通机制的顺利运行。也有学者提出的观点有所不同，认为公共文化服务的治理上有明显的矛盾之处，传统文化在农村的影响依然较为深远，阻碍了城乡文化一体化的发展（陈浩天，2014）。总之，当前对于基本文化服务相关观点尚未形成统一，尤其是关于如何构建公共文化服务体系的问题，学者的观点迥异，所以要想得到更加合理科学的解释，仍然需要通过进一步的研究（柯平等，2015）。

1. 公共文化服务体系建设存在的问题

建设公共文化服务体系主要存在以下四个方面的问题：

第一，不仅公共文化服务依赖的设施相对落后，而且人力无法满足基本的服务要求。公民享受的文化服务有较大的差异和如何高效构建数字文化是目前公共文化服务所要解决的关键问题。其中较为突出的是县以下区域的公民文化差异化问题。例如：有学者对江苏徐州市开展实地调研，调研的结果发现实际中存在众多问题，如在市级以下的好多地方，基本存在公共文化的供给总量不均衡的情况，结构不协调、工作进度慢等问题（张天学，2010）。

第二，二元化是城市基本公共文化服务的特性，集中体现在以下方面：农村地区公共文化服务严重匮乏，政府投入在这一块的资金相比于城市而言较少，村民对于享受文化的意识也相对较差；而且城市拥有的文化种类多于农村，占有的市场更加广泛。但是由于开发速度和程度低的原因，农村依然还拥有许多历史文化资源，如果能够好好地利用该优势，农村也可以特色化。不仅农村与城市之间存在差距，城市与城市之间的差距也是很明显的，有的城市的文化设施很落后，而且其发展机制也相对落后或者是完全没有建立起该机制，人才匮乏就更不用说了，市民对于接受文化的服务意识较差。为了努力建成全面小康社会，国家除要全力发展经济外，也必须着重文化的建设，尤其是近些年来，公共文化的需求在不断增大，这就说明国家要想打好这一战就需要在公共文化上投入大量的资源。

第三，公共文化服务在量、质上都有要求，提供、创造优秀的文化产品服务的人们，需要以一大批高素质的人才作为前提和基础，但是当前的公共文化的人才储备与这一要求相去甚远，亟须解决该问题。有学者通过采用实证分析的方式证明了如今的财政分权体制对农村公共产品的投入会产生一定的负面影响（王晔等，2014）；农村公共文化服务的有效供给深受有限的县乡财政资金的影响，因此要从财政支出角度进行研究，要建立包含财力保障、供给决策和绩效考核这三种能够保障公共文化服务供给的机制（张青，2015）。

第四，不健全的体制机制。目前，市场竞争机制、多元化投入机制不完善等问题在我国公共文化服务体系建设中依然存在（刘亚茹，2018）。有学者对湖北 8 个乡镇近 400 户农户进行了问卷调查，发现制度不能切实有效地履行，体制不完善、契合度不高等问题普遍存在于在当前农村公共文化服务中（徐双敏等，2013）。

2. 公共文化服务体系建设的模式

不同的公共文服务制度和模式源于不同国家，有不同的传统和国情：第一种是政府主导模式，其典型代表是法国和日本。第二种是民间主导型模式，其典型代表是加拿大、美国及瑞士等国家。第三种是政府和民众组织共管的“分权模式”，其典型代表是英国和澳大利亚。表面上这三种模式差异很大，但是，就其出发点和归宿来看，它们的相似性更多，实质上都是一种政府和市场之间的博弈，这种博弈被运用到公共文化建设中，然而没有任何一方是完完全全处于主导地位，所以趋势是前两种模式在向第三种分权模式逐步靠近。

新公共管理运动的发展促进了欧美各国开始引入新的治理机制，为了试图创造新型的公共文化治理机制，公共部门引入了委托—代理等方式。其主要囊括四种类型：第一种是基金会制，政府组织和政府合作的文化基金会制是一种非营利性文化管理机制，政府的资助以及企业和个人的捐助是它的资金来源。第二种是英国议会通过托管制建立的“托管制”大英博物馆，它主要通过政府拨款落实政府的公共文化政策。第三种是由招标人用公开形式进行的投标制，这种招标形式下，中标人不仅要给发包人支付承包金，还要按照合同完成中标项目。这种管理公共文化机构的方式在欧美许多地方都已经被采用，政府拥有文化机构设施的所有权，还需要监督承包人，而负责机构日常经营的是承包人。第四种是在瑞典和新西兰等国家推行较快的“有限责任公司制”。

由于我国调整公共文化政策和出台支持性的宏观管理规划与制度以及结合自身实际和文化改革发展需求，全国各地开始进行公共文化服务实践，慢慢摸索出了一种策略与模式，这种策略与模式可借鉴于公共文化服务体系建设。可以概括为：以广东“三大公共文化服务网络”为代表的资源整合型模式；以浙江宁波“万场电影千场戏剧进农村”活动为代表的外包型模式；以青岛市公益文化项目推介会为代表的合作型模式（崔吉磊，

2016）。从社会力量参与公共文化服务体系建设角度出发，可以把公共文化服务体系建设分为以下三种：政府主导型、群众自主型和公司合作型。

3. 公共文化服务体系建设的主体

最近几年，已经开始多角度、多层关系研究公共文化服务的建设主体，不再仅仅局限于政府这一单一的主体。此外，社会力量、服务对象本身以及企业等文化产品输出方也是公共文化服务体系建设的主体（付春，2010）。

众多学者对公共文化服务体系建设的主体进行了研究，虽然他们没有直接研究农村公共文化服务体系建设的主体，但他们的研究成果也对研究农村公共文化服务体系建设有一定的激励作用。有两种观点，一种观点认为政府及其行政部门是建设公共文化服务体系的主体。在中央政府的领导下，建设公共文化服务体系需要各级政府明确分工，有序地建设公共文化服务体系（赵萍萍，2012）。而另一种观点认为，建设主体不仅包括政府和市场机制外，还应包括社会各方面的力量。应创立一个由上而下的政府主导模式、充分引入社会力量、人才和监督机制的举措能有助于构建科学的公共文化服务体系（夏国锋、吴理财，2011）。许多政府出台的文件也能证明：坚持以政府为主导的原则，从实际国情出发，并根据人民群众的精神文化需求，科学规划、分类指导的理念方针是建设现代化的公共文化服务体系必须采取的措施。

4. 公共文化服务体系建设的路径

近三百年的发展不仅使西方国家的城市化水平非常高，而且他们的公共管理的文化政策研究也非常深入透彻。我们分析目前已掌握的资料，可以总结出国外相关理论主要体现在博物馆建设与服务、社区文化服务、图书馆建设与服务等方面。除此之外，从志愿者服务角度和社会非营利性组织的角度出发，相关的国外学者也进行了公共管理的论述。社会公益性组织的功能、政府和社会各种组织之间的关系以及财政政策这几个方面是理论研究成果着重研究的点。

1956 年，著名的美国经济学家蒂伯特提出了地方政府提供地方性公共服务的理论模型，即“用脚投票理论”，人民会用平时选购商品的习惯去选择所要居住的社区，会选择他们眼里税收税率低、公共服务水平高的社区，他们认为这样的地方更适合自己的居住。地方公共服务均衡模型突破了“政府是公共服务主体、公民只能被动地接受”的固化思维限制，把个人意愿、个人偏好居住地引入其中，由此公共服务领域出现了竞争机制。闻名全球的美国政治经济学家 Elinor Ostorm（1990）认为，个人与政府部门都是公共服务的提供者和承担者，并且指出了公共产品和公共服务的主体多元化问题。

随着西方工人运动发展的蒸蒸日上，自 20 世纪八九十年代至今，西方政府开始着手重塑当前政府局面，与此同时产生的新公共管理理论在社会实践中也变得越来越举足轻重。其中，最广为人知的理论之一就是“新公共服务理论”，该理论更偏向于注重资本主义式的民主和社会公众的公共利益（Denhardt，2004）。有学者探讨了 2005～2015 年丹麦的文化政策，并提出颁布的国家文化政策不仅应该符合该国的社会性质及所处的社会发展阶段，还应与该国的传统文化及名俗习惯相适应（Anderson，Rasmussen，2014）。我国有学者主要研究了日本的公共文化服务体系，取其精华去其糟粕，从区域政治、供给能力、学科多元化和管理体制等方面深入研究了日本的公共文化服务，为我国更好地建设公共文化服务体系做出了良好理论示范（金雪涛、于晗、杨敏，2013）。

国内关于公共文化服务体系建设的路径研究可以分为宏观和微观两个方面（王莹霜，2018）。针对宏观上研究路径主要集中在体系的架构方面的讨论，该架构的核心主体就是我国政府，该架构的范畴就是中国特色社会主义公共文化服务体系的基本性质与发展路径，并且认为政府的职能部门具有主要的职能（赵萍萍，2012）。政府在公共文化服务体系建设中起着主导作用的同时，还应该积极呼吁社会大众的参与度，尤其是非政府组织机构，扩大社会影响力，在体系建设中发挥重要作用（李少惠，2010）。微观上的研究路径是对体系层面的研究，该研究参考了国外的市场竞争机制，结合我国国情提出了合适建议。认为应从优化市场化体制开始，对于公共文化服务体系进行构建（张波，2009）。利用投资融资等手段改善政府财政预算，最终实现优化主要制度的目的。此外，应积极呼吁社会大众，利用公众力量，通过文化事业的兴办来参与服务体系建设，优化体系的同时，增加了公众力量作为国家一分子的责任感（李少惠，2010）。

公共文化服务体系建设方面具体到乡村层面，现有研究提出的对策建议主要包括加强人才的引进、加强资金的投入和创新体制机制建立（常银星，2018）。应该要进一步加强和改善农村文化基础设施，加大发展力度，并加强基础设施建设，特别强调在农村地区建立社会文化网络；要加大投入，支持农村公共文化服务建设，采用必须敢于创新的工作方式和手段，注重新技术手段和传统文化的结合；要加强对农民的思想教育，提高他们的公共文化意识（王芬林，2009）。目前，我国农村公共文化服务的主要矛盾是供给与需求的不匹配，因此，有必要参考国外经验，应该让政府全面加强其文化服务供给履行职能；鼓励多元主体即非政府组织机构以捐赠、投资等不同的方式参与公共文化的建设；政策要多向基层倾斜，尽量缩小农村与城市之间的差距，让公共文化服务不仅面向城市居民，也平等地面向农村居民；要根据当地情况提供适宜且优质的产品和服务，确保农村的文化服务符合当地的实际情况，重视当地合作社的建设，为平衡供给提供协调和运作，确保农村公共文化服务建设能够顺利发展（宋元武、徐双敏，2016）。在农村建立健全的公共文化服务体制，有两点不可或缺：一是统一的思想和认知，二是弥补法律法规和政策的弊端（付春，2010）。为了协助调整农村地区农村公共文化服务的供给，我们应该发展各种供给渠道，不断开拓创新，为农民提供平等的公共文化（蔡辉明，2008）。政府应该开辟新的思路来建立农村公共文化服务体系。政府应该设立专项基金，鼓励有良好理想的人群积极投资，开发新的筹资方式。不仅要继承优秀文化，还要深入探索农村文化资源，并且有必要将创新引入文化领域，形成独特的村庄文化。

5. 公共文化服务体系建设的保障条件

（1）政府支持。

各国公共文化服务能得以蓬勃发展，政府的支持是关键因素。政府是公共文化服务的核心和主体，在公共文化服务中处于主体地位，但是，社会公众力量的加入也必不可少，这就要求政府做好引导、扶持和监管的工作。国外的大多数研究人员表示，政府应当从提高公众的参与程度来支持公共文化供给的建设，应当不再是政府单方面的供给，而是要全社会公共积极参与其中。要想公众文化服务达到效益最大化，需要政府与非政府组织机构互助并进，合作共建（Mouliner Pierre，2002）。大多数外国学者认为，政府应该逐步下放权力并分散管理。文化管理的权力下放通常包括两个方面：一方面，允许文化和艺术达到大众接受水平并使更多人受益。另一方面，文化政策相关管理权进行分散，基层文化组织可以制定自己的地方政治。

政府的支持还表现在为公共文化服务部门提供有效的政治保障，近几年，中央经常颁布有关国家文化服务的政策文件，从2015年10月的《国务院办公厅关于推进基层综合性文化服务中心建设的指导意见》到《“十三五”时期贫困地区公共文化服务体系建设规划纲要》，从2016年第一部《中华人民共和国公共文化服务保障法》的出台到2017年《中华人民共和国公共图书馆法》的正式颁布实施，都体现了农村公共文化服务体系建设和农村文化建设有了充分的法律依据和制度保障。为了确保服务的有效性，必须进一步加强对法律法规的完善，以强硬的手段促进软实力的建设发展（刘欣蕾，2018）。

（2）资金保障。

资金保障制度包括政府拨款、融资、筹资、基金、贴息贷款、赞助和社会捐款等。《美联邦及各州对纽约市文化组织的资助概述》指出，文化事业能够得到发展，政府起了主导作用。发展文化事业不仅是对传统文化的尊重与传承，同时也极大地鼓励了文化从业者的积极性。政府提供的基础设施是建设和发展公共文化服务的重要保障（Adam Brown，2000）；国家的资金投入在发展国家文化方面起着关键作用（Getzner，2002）。

健全的资金安全保障体系是建立良好公共文化服务系统的一个先决条件。政府的财政可以用来改善公共文化服务系统和增加文化活动的多样性，可以更好地满足城市和农村地区所有阶层人民的公共文化需求，但仅仅依靠政府的资金投入是远远不够的。政府应通过公共文化服务的市场化和资金的社会化，引导更多企业和公众投资公共文化，吸引更多资金建设公共文化服务体系。对于已收到足够的资金，必须按照预算，计划和相关财务条例合理分配，不得滥用或挪用。监管机构应严格监督和管理，及时发现问题、处理问题。只有这样，公共文化服务才能走上正轨，建立优良的公共文化服务体系，让社会公众享受到优质的公共文化服务。由政府指导创建公共文化发展基金会，通过让公司、社会团体和个人的自愿参与的方式筹集资金，但与此同时，有必要建立严格的资金保障体系，并按照现行规定严格监督和管理文化项目资金。

（3）机制保障。

公共文化服务体系建设的机制保障体现在公共文化服务的均等化和标准化程度方面。

公共服务均等化意味着政府可以为公众提供相对平等的公共产品和公共服务。政府无论在哪种政治社会中，它都是公共资源的实际所有者，均等化的服务事实上就是政府资金在整体上的均衡问题（马海涛，2008）。平等的公共服务意味着政府需在不同阶段向公众提供基本的、公开认可的、不同标准的公共服务，这将有助于实现公平分配，促使平等和效率的一体化。平等的公共文化服务包含两个方面：一方面科学统筹安排，在城乡居民能平等地面向公众服务的前提下，能在公众文化的权利和服务上实现帕累托优化；另一方面不同群体之间也会有需求的差异性，为了满足不同群体的需求，将服务类型的选择权交给大众（林野，2012）。

应将标准化作为主要推动力，加速公共文化服务实现均等化（陈思嘉等，2016）。建设服务型政府，意味着为社会公众提供优质的政府服务，特别是保障公共机构、教育、医疗、社会福利等服务以确保人民的生活的优质高效。另外，在政府的积极引导下，鼓励社会力量的加入，提高参与度。在公共服务领域，在有效的监督和管理体制下，能够确保公民可以使用更公平高效的服务。《文化部“十三五”时期文化发展改革规划》主张全面促进公共服务标准化，即全面落实国家基本公共文化服务指导标准和地方实施标准，使公共文化设施的服务标准和管理运行更加完善，使各级公共文化机构提供服务的项目和程序更加标准化。

第三节　我国以及江苏乡村公共文化服务体系建设历程

一、我国乡村公共文化服务体系建设历程

在社会主义计划经济体制的框架内的文化建设活动时期，计划的经济也导致了文化发展不能多元化，限制在条条框框内，如统一发展的文化活动、统一生产的文化产品、统一给予的文化服务，文化发展方向单一，缺乏独特性。随着中国特色社会主义理论的形成，党在文化建设和公共文化服务领域的政策方面也做出了改变。继承弘扬了以前的文化建设，又勇于创新，破立结合，党关于农村公共文化服务体系建设的思想也经历了萌芽阶段（1978～1992年）、起步阶段（1992～2006年）、形成阶段（2006～2013年）、成熟阶段（2013年至今）的动态过程。

（一）乡村公共文化服务体系建设的萌芽阶段（1978～1992年）

邓小平在党的十一届三中全会后提出了社会主义初级阶段如何建设社会主义精神文明这一问题，因为党在计划经济这段时期内一直都忽视了教育科学文化的建设，严重阻碍了精神文明的建设。围绕这一问题提出了“两个文明”一手抓的新战略，尊重知识、尊重人才、继承优秀的传统文化，加强社会主义精神文明的新建设。改革开放之后，我国文化发展积极借鉴西方先进思想和科技文化，这一阶段为建立农村公共文化服务体系的想法的产生奠定了基础。由于“文化大革命”之后公众面对改革的不适应，需要在思想文化方面得到正确的引导，农村文化的供给与需求发生了变化，农村社区文化服务模式也需要改进，邓小平坚守党的正确领导方针不动摇，坚持走党的基本路线，结合国际环境及国内发展状况，提出了有益于公众文化发展的想法。在思想建设方面，中国共产党冲破了“极

左”思维和僵化思想，冲破思想禁区，抵制全面否定、资产阶级自由化，肯定毛泽东思想，重提双百方针。随着改革开放政策的进一步实施，我国制定了一系列满足形势需要的文化政策，以满足群众的公共文化需求。

在此阶段，农村公共文化服务建设的具体措施如下：①积极构建和实施惠民的农村文化项目。广播电视实施了“村村通”的工程，丰富了农村的文化生活，让很多村民能够通过电视节目充实农村业余文化生活，与此同时，大批优秀节目的涌现，有利于党的政策、时政大事、法律法规、科技知识的深入人心，传播了正能量。为了让偏远的农村农民能够观看电影，文化部和国家广播电影电视总局于1998年提出了在21世纪初要实现能每个月在一个村落放映一场电影的计划。该农村电影放映项目还获得了国家物质支持和政治支持。②重视培养农村公共文化服务人才。在中国文学工作者第四次代表大会上，文艺工作被进一步全面阐述。在文艺创作方面：以文艺的特征和发展规律为基础考虑文艺与生活的关系。在文艺批评方面：以文艺发展的动力为中心，文艺批评必须克服无力散漫的缺陷，坚持真理，在事实中寻求真理。在培养人才方面：注重充分尊重各行各业的文化知识和专业人才，同时加大对艺术和艺术工作者的工资待遇和文化建设的整体投入，加强组织和管理人才团队，提高整体素质。③鼓励创作农村公共文化服务产品。党政领导者平等地与文艺工作者互相交流，工作方针以激励和领导为主。改革开放大势所趋，市场经济蓬勃发展，城市里的丰富资源吸引了来自各地的人才和优秀作家，而愿意从事农村文艺创作的作家和主动为公共文化投入资金的业主较少。要想让这些作家创作出贴近现实、内容健康、受众人欢迎、具有艺术魅力的文化作品，党政部门应在政策上予以支持，经济上予以帮扶，鼓励文化创作自由发展、开拓创新，但同时也不能放松监督管理。

（二）乡村公共文化服务体系建设的起步阶段（1992～2006年）

1992年党的十四大开幕后，中国特色社会主义建设取得了进一步的探索与发现。社会主义市场经济在我国的顺利实施，使得文化建设发展迈入了新的篇章。在江泽民的带领下，我国第三代领导团体在社会主义市场上稳步前进，一步步塑造了与时代发展相契合的文化方针，这表明了党对文化建设的思想有了质的进步，推动了公共文化服务从萌芽阶段进化到起步阶段。文化、经济体制改革成果和建设服务型政府的改革目标等极大地促进了乡村公共文化服务体系建设的起步。

我国乡村公共文化服务体系建设在起步的阶段实行了以下措施：①扶持建设第三产业。1992年6月，中共中央、国务院颁布了《关于加快发展第三产业的决定》，并指出综合我国国情，中国计划用10年左右甚至更长的一段时间，稳步完善城乡社会化综合服务体系和社会保障体系。伴随时代的飞速发展，江泽民提出以先进的文化提高全国人民凝聚力，增强我国综合实力，用创新带动知识经济进步，大力发展第三产业，促使文化产业百花齐放、百家争鸣。成立文化部门市场管理局，监督规范文化市场，以防文化市场发展状况低迷、无序。文化事业的实行促进了文化市场发展，文化市场的成就再回馈文化事业，相辅相成，使农村公共文化服务建设效率最大化。②逐步落实公共服务设施。以提高农民文化素质为基础，带动农村公共文化服务健康发展，使公共图书馆、农家书屋、文化馆、文化活动中心等文化活动场所全面普及，安排专门的场地用于文化活动交流，设置专人管理，在持续不断的奋斗下，完善公共文化设施体系。

（三）乡村公共文化服务体系建设的形成阶段（2006～2013年）

党的十六届六中全会正式提出了公共文化服务体系的概念，建立覆盖全社会的公共文化服务体系也被列入全面建设小康社会的重要计划中，农村经济在这一阶段发展突飞猛进，农民日益增长对文化的需求与政府及社会对文化不断加强的供给能力相匹配，农村文化建设步伐加快，农村公共文化服务体系建设进一步加强。自党的十六大以来，党有关文化理论的成就越来越多，公共文化服务体系的建设工作的部署都推动了我国乡村公共文化服务体系建设的深入完善。

在乡村公共文化服务体系建设的形成阶段，实行了以下措施：①完善公共文化设施网络。在农村公共文化服务体系长期持续的建设进程中，农村的公共文化设施的建设与地区经济发展、文化受重视水平紧密相关，从全方位角度来看，公共文化设施的建设分布不够均等、覆盖范围不够全面，资金投入和设施建设不到位，管理松懈，使用率低下。在公共文化设施网络这一体系被提出并不断完善之后，县级图书馆文化馆修缮、社区文化中心设备购置、乡镇综合文化站建设等一系列重大文化设施建设项目专项资金和项目顺利实施，基层文化设施的整体面貌取得了明显进步，公共文化服务活动中心在乡镇全面建设，以前部分村镇没有设施健全的大型活动中心的，也因为公共文化设施网络的大面积普及实现了每村每镇有文化活动站、活动室，方便农村文化惠民工程的顺利进行。②加强基层文化服务能力建设。让农民群众的精神文化生活更加丰富的关键是培养高素质的人才队伍，主要体现在以下三个方面：其一，加强管理人才队伍建设，管理人才不仅可以作为组织者和监督者，又能起到带领和推动作用。需大力推进人才队伍的在职培训并即时补充更新知识培训，提高人才队伍的整体工作素质。其二，加强专业艺术人才队伍建设。农村公共文化服务活动的顺利举办，需要对当地民俗风情熟知的专业队伍的带领。其三，要激发民间文艺工作者的热情。有必要成立一支由文化主管部门指导、乡镇文化站作为中介、由群众参与考核任务绩效的农村文化监督管理队伍。③加大对特殊地区和特殊群体文化权益的保障力度。加强对革命老区、贫困地区、民族地区、边疆地区的公共文化服务的扶持力度，加强对文化资源向文化产业过渡升级的政策扶持。为了保障特殊群体文化权益，要充分尊重未成年人、老年人、残疾人、流动人口等各个群体的不同需求，为其提供必要的公共文化服务和产品，尤其是农村地区更需要重视。当下中国的贫困群体广受社会公众关注，大力帮扶这些特殊群体，不仅仅要加大物质支援、制定相关政策使其受益，还需要加强有助于他们的文化服务建设，使其生活水平达到正常生活标准，可以有效缓解社会矛盾、维护社会稳定、疏导两极分化等问题。

（四）乡村公共文化服务体系建设的成熟阶段（2013年至今）

在党的十一届三中全会到党的十八大前经过30多年的发展进程中，我国公共文化服务事业经历了萌芽、起步到形成的各个阶段，为乡村公共文化服务体系的全面形成奠定了坚实基础，也为党制定一系列文化建设、有利于农村公共文化服务事业发展的政策、指导公共文化服务实践积累了丰富经验。自党的十八大开始，习近平带领着党中央大力建设公共文化服务体系，思想日渐成熟，并且该体系日益健全，走向了全面、快速发展的轨道。

自党的十八大以来，我国覆盖城乡公共文化设施网络的普及初步形成，从总体布局来看，基本公共文化服务标准化和均等化进一步实现，农村公共文化资源配置更加面向基层群众，中西部的文化惠民专项项目也高效推进了贫困地区现代公共文化服务体系建设。为了充分发挥公共文化产品在弘扬社会主义核心价值观中的作用，不断丰富优质公共文化产品和资源的供给。我国在农村公共文化服务方面的建设已经获得了极大的进步，农村公共文化服务体系已经初具规模，并且越来越完善。

与此同时，党的十九大报告特别指出要重视农村的建设。党中央提出了实施乡村振兴"三步走"战略，从现在起到 2050 年全面振兴，全面实现农业强、农村美、农民富的目标。"三步走"的战略中，特别注重重新振兴乡村文化。重振乡村文化，加速农村公共文化体系的建设，弥补了发展的短板，给农村建设带来了新的机遇与挑战。社会主要矛盾从公共文化领域的不平衡转化为城乡之间的不平衡，东、中、西部地区之间的不平衡，不同特殊人群之间的服务不平衡，这也导致了公共文化发展与人民群众对美好文化生活的向往之间的差距。因此，建设与时俱进的农村公共文化服务体系任重道远。

二、江苏乡村公共文化服务体系建设历程

（一）1978～1992 年江苏乡村公共文化体系建设

1978 年我国的整个社会发展发生了历史性的转折，十一届三中全会的召开意味着我国的制度发生了根本的变革，自古以来一直被压制的思想开始逐渐开放，整个社会都充满着生机。而这样的变革最早发生在中国农村。正如著名学者施拉姆提出的观点：纵观社会发展史，农村一般是变革的起始地点。因为农村的文化联系极其牢固，农村的家庭关系、宗教信仰、社会交往、日常行为习惯等在内的生活方式是高度一体化的传统农业的重要组成部分，文化关系联系密切。这样高度团结和交流密切的模式下，任何细微的改革或变革都会起到牵一发而动全身的惊人效果，甚至带来摧枯拉朽的复杂后果。如上文所讲的农村土地制度的变革导致人们思想的快速改变一样，1978 年以后，农民文化生活的变化也是要追溯到农村的土地、经济制度的各项变革。这一阶段的家庭联产承包责任制和乡镇企业发展促进了江苏的乡村公共文化服务体系建设。

从公共文化的角度看，家庭联产承包责任制、乡镇企业、市场经济制度和村民自治制度对农村概念公共文化的主要有两个部分的影响：一部分是导致农民的"公"与"私"观念的转变；另一部分是增强了农民的民主意识、法制意识、创新意识、现代意识。我国实行的农村人民公社制度极大地集中了农村的各项资源，但在马克思主义的观念中，这种集中化发展应该是以人民物质生活富足、思想道德修养达到一定水平等必要条件为前提的。而我国当时国家生产力水平落后，远远不能达到这些必要条件的标准，因此人民公社制度最终走向灭亡也是在情理之中。推行江苏农村家庭联产承包责任制，就是让农民意识到个体的重要性，正确认识"自我""私"的价值，发挥其积极正面的一部分，比如传统

的对土地的热爱精神，但这种意识与过去小农意识的农村土地私有制又有根本上的不同，可以让农民个人感觉到获得土地使用权的踏实感，又对农民的“私”加以合理的限制。社会主义教育运动和人民公社制度的实施之后，即使因为政策的变化有过偏差，但是社会主义集体意识已经基本形成。换言之，从小农的私有经济到社会主义集体化运动再过渡到家庭联产承包责任制，我国农民的“公”“私”意识也经历了从“大私无公”到“大公无私”再到“公私分明”。其中江苏农村的转变是“公私分明”意识体现的杰出代表，江苏实施的家庭联产承包责任制合理规定了农民“私”的范畴，而且农村乡镇企业的繁荣又在一定程度上根据地域实际，保留了此地区集体经济发达的优势和特色，强化了集体意识，保存并进一步激发了“公”的活力。

（二）1993～2002 年江苏乡村公共文化体系建设

1993 年，我国大力实施了社会主义市场经济体制，江苏的企业制度改革也迈出了历史性的一步，向现代化方向迈出了关键一步。我国农村中的“公”“私”关系随之进行了调整，彼此界限开始清晰。江苏经济制度和政治制度的实施，农民的小农意识（保守、自私、封闭）进一步受到冲击，农民的竞争意识、创新意识、开拓意识、民主意识、法制意识都得到了很大的发展。基于谱系的传统家庭意识逐渐弱化，并被基于商业关系的现代化、标准化和组织意识所取代。文化体制正随着政治体制的改革而不断发生着变化。改革开放之前，国家对文化事业是朝同一方向发展，但自江苏的乡镇企业制度改革以后，江苏的各种文化事业机构如文化站也实施了承包经营责任制，通过“以文养文”和“以工补文”这两种渠道来筹集文化经费。文化市场蓬勃发展、繁荣昌盛，但与经营性文化产业在江苏农村的发展速度相比，公益性文化事业发展就显得很慢了。即便如此，文化中心和文化活动室在江苏乡镇十分普遍，一些乡镇甚至建设了溜冰场和排球场供居民使用，农村物质公共文化方面较富足。1994 年，号称“华夏第一县”的无锡县共有 35 个乡镇，已经拥有了 22 座文化宫，60 多家可容千人以上的影剧院，城乡几乎随处可见图书馆。江苏繁荣雄厚的经济为公共文化事业的发展奠定了坚实的基础，除实施九年制义务教育外，江苏农村学校还出现了各类职业教育和培训。

（三）2002～2010 年江苏农村公共文化服务体系建设

进入 21 世纪之后，我国出台了明确且系统的公共文化建设相关的一系列政策，为中国特色社会主义文化建设的开启了新篇章。农村公共文化建设在省农村颁布了新公共文化政策之后取得了非常快的发展势头，展现出了江苏独有的特色。“政府要加强对文化事业的投入力度，一步一步形成辐射整个社会的较为完善的公共文化服务体系，江苏省乡村公共文化建设发展迅速，效果显著，且引领了公共文化建设体制创新的先锋”。这是在 2005 年党的十六届五中全会第一次正式提出的方针。

在此阶段，江苏农村公共文化服务体系发展取得的相关成果表现在以下三个方面：第一，农村公共文化设施取得飞速发展。农村公共文化设施取得了“从少到多、从注重形式到注重内容、从注重建设到注重管理、从单一服务走向综合服务”的飞跃式发展。2007 年，苏州颁发了《关于进一步加强苏州市新农村文化建设和城区基层文化建设的实施意见》（以下简称《意见》），《意见》中明确指出做好新农村文化建设的相关要求，主要包括完成“加快农村文化设施建设”“丰富农民精神文化生活”等5项具体事情。截至2009年，苏州行政村的文化室建设完成了80%的工作量，共建成农家书屋1107个，实现了各行政村和农村社区全覆盖的情景。第二，农村公共文化管理体制不断完善。在江苏农村公共文化发展阶段，大致形成了建设战略以及公共文化发展由党委和政府一起决定，党委宣传部门和政府成立的部门一起领导乡镇公共文化发展的文化格局。文化发展的方向主要由党委把握，文化经费的管理和投入主要由政府把握。相关文化活动的实施，以及决策建议和监督管理工作由文化站负责。通过不断实践，各个文化行政部门都在增强自身的制度建设。第三，农村公共文化服务体系全面提升。为了让公共文化服务更为方便、全面、细致、深入、贴心，省内各市结合当地农村实际情况，因地制宜地提出了新的服务方式，“十一五”期间，江苏农村文化惠民活动主要注重数量，伴随公共文化服务体系的建设和不断增长的农民公共文化需求，群众对高质量的公共文化产品和服务的需求日益增多，为了适应新的形势，文艺工作者创作出了大批的文艺精品。

（四）2010年至今，江苏乡村公共文化服务体系建设

2010年，江苏形成了“省有四馆、市有三馆、县有两馆、乡镇有文化站、村有文化室”的格局，这也从侧面表明公共文化服务体系基本建成。2011年省委省政府又提出，要将“15分钟文化圈”在城市重点打造，将“十里文化圈”在农村重点打造。即便在最困难的苏北地区农村，一个乡镇也最少要有一个500平方米的综合文化站。建设资金一方面依靠政府投入到位，另一方面依靠激活文化精品产出的机制到位，这是江苏为构建公共文化服务体系做出精彩的“双面绣”。江苏全方位创新文化投入运行机制，改革艺术院团拨款制度，变“人头费”为“项目费”，变“养人”为“养戏”，变事业拨款为买剧目、买演出，同时增加奖励，激活文化艺术生产力。

目前，江苏的乡村公共文化服务体系建设卓效显著，主要体现在以下几个方面：①构建了公共文化服务网格化模式。江苏在建设公共文化服务体系过程中不断摸索创新，开创出网格化公共文化服务体系建设的新模式。网格化公共文化服务是政府根据一定的标准将所管理的地区划分为若干个网格，再让这些网格成为公共文化服务的基本单元，使其所管理区内的所有人口都有机会享受到公共文化服务，从而全面提高了公共文化服务的覆盖率和公共文化服务的水平。②形成了三级公共文化服务政策法规体系。江苏形成了从省一级到市一级再到县一级的三级政策网络，他们都颁布了关于推动文化服务建设的纲领性文件。地方政府相关文件的及时颁布，不仅有效整合了公共部门所持有的文化资源，资源浪费的风险得以规避，公共文化服务市场混乱无序的现状得以结束，而且它们适应了当地的经济文化实际，做到了因地制宜地为推进江苏内的公共文化服务体系又好又快地发展提供了坚实的保障。③公共文化服务基础设施基本实现全覆盖。在上一个五年计划期间，在积极探索节奏下，江苏的公共文化基础设施覆盖率达到95%，达到省有四馆，市有三馆，县有两馆，乡有一站，村有一室，是全国建设五级公共文化服务基础设施体系中最快的一个省。④公共文化服务活动实现常规化开展。在“十二五”期间，江苏全省各省辖市、

城乡举办了各种各样的公共文化服务活动，这些活动都是根据当地文化发展实情来实施的。城市之所以有许多高品质的公共文化服务活动，是因为城市硬件设施齐全，服务人员专业水平高等优势。江苏全省积极支持在农村地区举办三送活动。例如，南京市江宁区明文规定：每个行政村在农村电影平均放映场次必须达到 17 场次。

但江苏的农村公共文化服务体系的建设在现阶段依然有着许多问题。①有些村民公共文化服务体系建设意识薄弱。在省内经济欠发达的部分地区，特别是在苏北地区的农村，其村民公共文化服务体系建设意识薄弱问题尤为明显。经济欠发达地区的一些村民认为参加这些由政府开展的活动没什么益处而且与自己没什么关系。②公共文化服务绩效考核与评估体系不科学。在提高文化部门与有关人员的服务水平和加强自身的责任感方面起着不可替代的作用是绩效考核与评估。通过考核与评估，可总结文化服务体系建设中的经验与教训，以便不断改进工作，进而提高公民满意度。现今，江苏经济欠发达地区的绩效考核与评估体系仍然需花大量精力与时间来研究和健全。③基层公共文化服务体系缺乏专业人才队伍。在广大的江苏农村地区，不断困扰着农村文化服务体系长远建设的问题是结构不合理的文化人才队伍以及专业人员的匮乏。全省的乡镇文化站的工作人员，每站平均下来不到 4 人。④公共文化服务产品供给体系较滞后。在供给方面，即便有一些文艺团体在农村地区举办一些演出活动，但是由于演出场次少，演出的内容乏味且质量极差，所以未能吸引广大农村群众的注意力。⑤区域内公共文化服务资金投入和基础设施建设不平衡。财政投入方面，省内和城乡之间都显现出不均衡的状态。在公共文化基础设施建设方面，苏南地区的苏州市大体上还是优于苏中地区的泰州市和苏北地区的盐城市，并且各城市的城乡之间的文化基础设施建设显现出不平衡的状态。

现阶段，根据江苏公布的数据：2015～2017 年，为了支持公共文化服务体系建设，省以上财政部门 3 年来投入超 20 亿元，目前，全省公共文化服务体系已基本建成覆盖城乡的格局，公共文化服务设施网络覆盖率达到 95%。积极支持保障公共文化设施免费开放。2015～2017 年，为了让全省公共博物馆、纪念馆、爱国主义教育基地、公共图书馆、美术馆、文化站等公共文化设施能够免费对外开放，省以上财政部门投入的专项经费累计多达 13.4 亿元。积极推进基本公共文化服务标准化均等化建设。省级财政部门基于基本公共文化服务保障范围和标准，2015～2017 年，累计投入公共文化服务体系建设专项资金 7.66 亿元，以此来建立健全可持续的公共文化投入保障机制。为处于经济薄弱地区的 34 万户农村低保户每年提供低收费甚至是免费收看有线电视的服务；为处于经济薄弱地区的 700 个乡镇文化站免费赠送图书并每年送 4 场戏；为了努力实现农家书屋与县级图书馆通借通还，全面建成基层公共文化电子阅览室，政府每年为 5000 家左右的农家书屋更新纸质出版物、新建电子农家书屋约 2000 家；为了能够免费赠送各类文艺演出给全省多所大、中、小学，政府不断支持举办高雅艺术进校园的活动。可以说，江苏在乡村振兴战略计划开展之前，乡村公共文化服务体系已经基本上建成，同时该体系还符合支撑乡村振兴战略文化振兴要求。

三、江苏地市公共文化服务体系建设范例

分析江苏公共文化服务发展的脉络，不仅需要从全国到江苏的视角，也需要从江苏地市公共文化服务体系建设中选取样本，从而更好地说明江苏公共文化服务体系建设的具体进度与情况。据此，分别从苏南地区、苏中地区和苏北地区选取了苏州市、南通市与连云港市，对其公共文化服务体系建设历程进行了分析与回顾。

（一）苏州市公共文化服务体系建设历程

苏州市在改革开放以来始终坚持以人为本、因地制宜、立足实际，积极完善和探索公共文化服务模式。在一系列政策、文件的颁布和实施的情形下，公共文化服务保障立法体系愈加完善，最大限度地促使公共文化服务的普惠均等能够实现，向全面建成高水平小康社会的标杆，成为探索具有鲜明时代特点、江苏特点的中国特色社会主义现代化道路的标杆而奋斗。详细来讲，苏州市公共文化服务体系建设取得了如下成果。

1. 建设完善的公共文化服务政策规范体系

近年来，苏州市委、市政府高度重视公共文化服务的政策规范体系的建设，苏州市在认真贯彻落实《国家“十一五”时期文化发展规划纲要》、中央《关于推进社会主义新农村建设的若干意见》和《关于进一步加强农村文化建设的意见》的精神和要求的基础上，根据苏州市本地区的现状和长期发展的需求，前后制定和出台了一系列约束公共文化服务体系建设的方针、章程和措施，涉及综合性、文化事业产业发展、文化人才、文化国有资产管理和财政扶持政策等公共文化服务的方针、章程和指导意见共有十多个，如《苏州市“十一五”文化发展规划》《关于进一步加强苏州市新农村文化建设和城区基层文化建设的实施意见》等文件。这一系列规范性文件让苏州市较为完整的政策规范体系得以初步形成，使得公共文化服务的秩序得以规范，群众的文化权利得以保障，苏州市公共文化服务体系构建的规划指导机制、政策促进机制、资金投入机制和目标考核机制得以完善，使苏州市在公共文化服务体系的建设上迈出了关键一步，从而为苏州市公共文化服务体系的建设提供了强有力的保证。

2. 改革人事管理制度，人才保障体系得到较大的改善

积极推进公益性文化事业单位人事制度改革。最近几年，苏州市依据实际情况，让公益性文化事业单位长期“吃大锅饭”的管理模式得以打破，使得公共文化服务人才队伍选拔、引进、培养、使用和奖励机制得以初步建立和完善，形成了有利于文化人才成长和创业的良好氛围。从 2008 年 8 月起，苏州市在全市范围内举办了“苏州市基层文化从业人员资格认证培训班”，预计半年内分批培训苏州市区和昆山、常熟、吴江、太仓、张家港各市文化站从业人员 520 余人，参加培训并考试合格人员将获得由苏州市人事局、文广局和新闻出版局联合颁发《苏州市基层文化从业人员资格证书》。大力实施培养和引进优秀文化人才工程，完善对优秀人才的激励机制。近年来，苏州市大力施行“文化名人工程”，落实文化拔尖人才的培养方案，形成了一批在全国、全省都家喻户晓的名演员、名记者（编辑）、名作家、名书画家和工艺美术大师。自“十一五”以来，极大改善的苏州

市公共文化服务人才的工作、生活条件，让全市公共文化服务人才的工作积极性得到极大的调动。

3. 加强公共文化设施建设，公共文化服务网络日益健全

以历史文化为源，经济发展为流的苏州市，通过经济文化的融会贯通，创造了苏州市在全国“率先发展”的诸多奇迹。近年来，苏州市以高度的文化自觉为引领，依靠强大经济实力做支撑，一步一步搭建起了较为完善的公共文化服务网络系统。一是集中财力着重建设文化项目，形成了一批文化精品工程。近年来，苏州市先后投入 30 多亿元，建设了一批以苏州市博物馆、苏州科技文化中心为代表的高起点、高标准的重大公共文化基础设施。二是加强公益性和农村文化基础设施建设。自从在全市范围内深入地举办创建文化先进县（市）活动之后，苏州市出现了一大批全国闻名的历史文化名城和古镇。三是把公共文化服务网络向农村延伸。“总馆—分馆”模式在各市（县）图书馆全面推广，为使城乡人民群众借阅方便，在乡镇、村建立图书馆分馆，实行通借通还的措施。与此同时文化信息资源共享工程得以持续推进，全市文化信息资源共享点多达 300 多个。领先全国实现了文化信息资源“村村通，全覆盖”的市区有常熟市、张家港市。2013 ~ 2017 年，全市新增公共文化设施面积超过 42 万平方米，总面积达 300 万平方米，人均公共文化设施面积增加到目前的 0. 29 平方米，而创建初期只有 0. 14 平方米。2017 年，全市获评国家等级综合文化站共有 91 个镇（街道），占全市现有文化站总数的 92%。其中，国家一级文化站有 28 个，总量排全省各市的第一名。

4. 创新生产运营方式，突出公共文化服务的地域特色

第一，在公共文化服务体系构建阶段，苏州市非常重视呈现吴文化、水文化的传统风貌和深厚底蕴，体现独特的江南水乡文化特色。落实对古镇、古村落、古民居、名人故居的保护措施，并把部分古建筑改造成戏曲活动室、特色文化展示馆、民间工艺品收藏展示馆、业余文艺团队活动室、科普苑等。不断发掘、整理和保护优秀民族和民间文化资源，全面举办文化传承活动，成立了一批保护非物质文化遗产的基地。现阶段全市基本上所有乡镇都有各自的独特文化。例如，吴江市的 9 镇 1 区塑造了松陵镇的社区文化、盛泽镇的丝绸文化、桃源镇的黄酒文化、七都镇的昆曲文化、平望镇的广场文化、震泽镇的团队文化、同里镇的旅游文化、黎里镇的名人文化、汾湖镇的山歌文化、横扇镇的移民文化等特色文化。现在全市“特色文化乡镇”有 60 个，省级“民间艺术之乡”有 12 个，国家级“民间艺术之乡”有 7 个。

第二，为使农村文化活动普及到人民生活中，苏州市全面举办多种多样的文化下乡活动。包括科技、文化、卫生“三下乡”活动，舞台艺术进社区、进乡镇、进企业、进学校“四进工程”，送戏、送书、送电影“三送”工程等。“三送”工程每年就为农村送书 10 多万册，送戏 1200 多场，播放电影 5000 余场，这些活动深受广大农民群众的欢迎。此外，还举办推出服务农村基层公益文化活动品牌活动。

苏州市的公共文化服务体系发展领先于江苏乃至全国地市，但其仍存在许多问题及挑战，主要体现为：未能理顺的管理体制，不健全的法律；不完善的公共文化服务体系的保

障机制；不均衡的城乡资源配置，服务与需求之间问题重重；搭建的主体结构不合理，构建主体不够多元化。

（二）南通市公共文化服务体系建设历程

为了加快推动“文化建设迈上新台阶”，推进文化惠民项目和群众文化需求有效对接，南通市加快现代公共文化服务体系建设步伐，不断加强文化强市建设，全力打造生机勃勃的文化生态，让文化惠民飞入寻常百姓家。南通市的公共文化服务体系建设取得了下列成效。

1. 公共文化设施网络初步形成

最近几年，南通市持续加快文化设施建设步伐，以期实现打造城市“15分钟文化圈”和农村“十里文化圈”的目标。全市现有27家博物馆、9家文化馆、9家图书馆、1家美术馆，99家乡镇（街道）文化站，1903家村级活动室。2014年底，南通市拥有面积达1128.4平方米的公共文化设施，此现状与“十一五”期末相比实现两倍增长。

自“十二五”以来，南通公共文化场馆越来越多，百姓受到了文化熏陶。陆续投入使用的市图书馆新馆、凤凰书城、范曾艺术馆等文化基础设施，这些举措都有益于提高南通市民文化感知力。

南通市规划投资了一批大型公共文化设施，这些都符合城市形象、满足人民群众文化需求。依照“省内一流、国内先进”标准建设的市图书馆新馆建筑面积2.8万平方米，总投资1.8亿元，此图书馆设置多功能报告厅、音乐视听室、多媒体阅览室以及RFID自助借还系统、科技与艺术的前沿展示等，所储藏书多达200万册，阅览座位1680席，满足了市民对现代图书馆的认知以及需求。

除此之外，一批县（市）区重点文化设施项目纷纷实施，一些县（市）区级公共文化设施革故鼎新。完成乡镇（街道）文化设施的标准化建设，实现了村级（社区）文化设施的全面覆盖。现阶段，全市建成1903个文化室，农家书屋建设比例高达100%。广大农民通过村级文化活动室和农家书屋来丰富其农闲生活并且增长文化知识。

2. 公共文化服务能力不断提高

依靠日臻完善的公共文化设施网络，各级公共文化单位扩大组织活动的力度，使得公共文化服务设施的运行效率最大化，为广大人民群众提供形式多样且内容丰富的文化服务。南通市品牌文化活动“文化江海行”“濠滨夏夜”分别获得文化部颁发的第十五届、第十六届“群星奖”。

依靠优势资源，逐步推动公共文化服务领域的发展。积极推动历史文化街区改造工作和保护利用唐闸历史工业遗存，使其公共文化服务的作用得到了充分发挥。1895年文创园不仅建成为了国家级文化产业示范基地，而且成为了推动两岸文化创意产业合作发展的重要基地，园区主办的“从洛桑到北京”国际纤维艺术双年展、中国当代工艺美术系列大展等活动也产生了广泛影响。

以南通市公共文化服务展示月活动为龙头，让精品文化活动品牌做强做优，向基层和农村延伸公共文化服务。2014年，全市开展了59312场各类文化活动，多达1379.83万人次参与此类活动。积极发展面向乡村和社区群众的流动图书借阅服务，在全市一些偏僻山村、民工学校等单位建立流动图书馆；市图书馆的“静海讲坛”等免费公益讲座，市文化馆舞台流动车和免费公益培训成为全市公共文化服务的新亮点。鼓励和引导专业剧场面向群众、面向市场，降低演出票价，满足广大市民对日益增长的高雅艺术的现实需求。积极举办高雅艺术进校园活动，因此普遍受到各大院校学生热烈欢迎。鼓励和扶持民间自办文化，使其成为了政府实施文化惠民工程的重要组成部分。通过开展特色文化之乡、特色文艺团队、特色文化家庭、特色文化标兵评选等活动，倡导和吸引社会力量参与文化建设，更广泛地实现人民群众的文化实现文化的“社会化”。现阶段，全市活跃在社区、乡村的民间文艺队伍有3000余支。

3. 公共文化服务保障机制逐步完善

近年来，南通市在公共文化服务体系建设中，逐渐探索出了一条领导支持、多部门配合、政策资金保障的多重保障机制道路，以此来保证公共文化服务的高水平发展。

南通市各级党委政府都对文化建设工作高度重视，一同部署、实施、推进、考核文化建设与经济建设、政治建设、社会建设，真正做到思想上给予高度重视、组织上加强领导、工作上强力推进、政策上给予全力支持、考核上有硬指标。市第十一次党代会明确提出“推动公共文化服务向基层倾斜、向农村延伸，全面建成覆盖全市、惠及全民的公共文化服务体系，促进群众文化活动深入开展”。市委成立文化改革和发展领导小组，以便规划推进文化改革发展。市政府每年将公共文化设施建设列入市政府重点工作和为民谋福利办实事项目。市委、市政府出台《关于促进文化产业发展的若干政策意见》《关于扶持南通市环濠河博物馆群建设发展的若干意见》等政策意见及实施细则，大力支持文化事业产业发展。在市委市政府的工作部署和示范带动下，各县（市）区纷纷颁发政策意见，持续加大财政投入，一大批文化设施陆续兴建，初步构建覆盖全市、惠及全民的公共文化服务体系。

各级政府扩大对公共文化服务和公益性文化事业的投入力度。2012～2014年，全市财政部门一共将33亿元经费投入文化事业。此外，为了打造公共文化设施建设的多元化格局，政府积极引导其他国有资本、社会资金参与公共文化设施建设且积极探索政府购买公共文化服务的新机制，经过这几年的大力建设，南通市公共文化服务体系获得了相应的成果，但与现代公共文化服务体系的要求相比仍然存在差距，尤其是未能完全适应通州区经济社会发展水平和满足人民群众日益增长的文化需求。在接下来的发展中，南通市依然需要解决如下问题：公共文化服务供给方式陈旧；公共文化服务的现代化水平还不够高；公共文化服务均等化水平仍待提高；文化设施运行机制尚未完善；文化人才培养依旧匮乏。

（三）连云港市公共文化服务体系建设历程

近年来，连云港市着重加强公共文化服务体系建设作为实践科学发展观、保障城乡居民基本文化权益、实现城乡统筹发展。通过加强组织领导，狠抓设施建设，打造基本队伍，创新服务手段，提升服务水平等措施，相对完善、覆盖全市的城乡四级公共文化服务体系得以初步形成，社会文化事业繁荣发展的态势初步显现。连云港市在建设公共文化服务体系的过程中，主要采取如下举措。

1. 抓设施，完善文化服务网络

不断加强市级标志性文化设施建设，与此同时，进一步加速县域文化设施建设的升级改造，四县采取政府投入、市场运作等方式，三馆共同建立，新的一批文体中心、文化馆、图书馆、博物馆处于正在建设或者已然建成使用的状态，此举措总投入资金5亿元，总建筑面积超过15万平方米，刷新了县域骨干文化设施的面貌。以实施文化惠民工程建设为契机，前后完成乡镇文化站、村文化室、农家书屋建设的全面覆盖，年底社区文化中心即将全面覆盖，基本形成覆盖城乡、设施齐全的四级文化服务网络。文化部和省厅充分肯定了社区文化中心创建模式。2018年，连云港市建成803个综合性文化服务中心，形成高达87.1%的全市覆盖率。市文化馆公共服务数字推广业绩在全省范围内遥遥领先，国家级试点项目“连云港市图书馆服务标准化”通过中期评估，8家图书馆被评选为国家一级公共图书馆。

2. 抓活动，丰富群众文化生活

以大型文化活动为龙头，以各级文化场馆为主阵地，以重大节假日为契机，定期组织举办农民艺术节、社区艺术节、校园艺术节、少儿艺术节等群众乐于参与、便于参与的文化活动。连续举办了十一年的“和谐文化进万家”广场文化系列活动，不断提升规模、层次、品位，两次荣获国家文化部授予的“全国特色广场文化活动”称号，并被市政府表彰为特色文化品牌。每年征集组织新农村文艺作品活动，并把优秀作品编辑成册，让基层剧团和文艺团队免费排演使用。在此基础上，在层层发动、城乡联动的基础上，每年开办“新农村、新文化、新农民”文艺调演公益活动，让身边人表演身边发生的事，呈现出一派乡乡有演出、村村锣鼓响的热闹场。调动社会各界人士参与举办各类文化活动的积极性，全市年均举办展演活动数百场，送戏千余场，送电影万余场，送书20万册，受惠的百姓多达百万人次，创造了一批基层文化品牌。为提升公共服务水平，政府不断主抓创新。推动文化系统内外资源整合的工作有序不紊地进行，加强城市与乡村的互动打造了服务社会、基层、百姓的平台，打造市级团体常下乡、特色文化能进城的特色格局。创新社会文化运作方式和运行机制，打破主要依靠行政方式和财政支持办文化的固有模式，连续举办四年公益性文化项目推介会，年均包装推出数十个惠民文化活动项目，增强与企业的互动融合，借助文化团体、企业等社会力量，一同举办文化活动，提供文化服务，一方面让城乡居民的文化生活得以丰富；另一方面通过活动宣传也间接地提升企业品牌形象，逐渐开辟出一条企业支持文化发展、文化提升企业形象的双赢发展模式。

3. 抓队伍，夯实文化发展基础

最近几年，为了更进一步地提高基层文艺单位的力量，市直文化系统开始招揽各类文艺人才，主要以本科生、研究生为主体，名额大约有100多人，而各县区文化系统招揽了本科以上人才，名额大约200多人。向城乡分配文化辅导员，加强辅导培训，全力使“送文化”转化为“种文化”，不仅加强了文化志愿者队伍建设，而且下力气发掘和培养基层文艺骨干。组织进行各种文化活动，发掘和培养了一大批城乡的文艺骨干，要以配备村文化室、社区文化中心专、兼职管理人员为基础，最终建立一支随叫随到的松散型文艺队伍。与此同时，要想民间自办文化蓬勃发展需要扶持社会文化团体。根据统计，遍布在全国各个层面和领域能够有助于建设基层文化主力军的各类民间社会文化团体，我国现有546个，在全市各个领域和层面活跃，一同领导建设基层文化的生力军。

持续开展文化活动，造福人民，组织了2万多场大型展演展映，并获得省“紫金文化艺术节”颁发的优秀组织奖。小戏《孤岛夫妻哨》在2018年戏曲百戏（昆山）开幕式及央视新年戏曲晚会顺利演出，女子民乐团获2018上海“周浦杯”全国民族管弦乐及地方曲种邀请赛金奖。

4. 抓管理，建好用好文化设施

致力于文化设施的建立，先后建成包括城市文化艺术中心、博物馆和艺术画廊在内的标志性设施。通过加强管理和创新服务，充分利用这些大型场所的不同功能，每年举办100多场演出和展览，已经逐渐成为设施齐全、活动频繁、相对成熟的核心文化消费区。制定对乡镇文化站运营管理的评估考核体系，并开展优秀的文化活动和评估活动。每年代表市政府召开地面文化建设层面的会议，总结经验，建立模范，加强对群众文化建设的控制、指导、评价和推广。

虽然连云港市的公共文化服务体系建设取得了一定的成绩，但是与建设国际化海滨城市发展的需要相比、与人民群众的期待相比、与兄弟城市相比，还有相当大的差距，这些差距主要体现在：所投入的资金仍然未能满足发展的需求，大型文化设施过去负债较多，基层文化设施配套不完善；城市与乡村发展不均衡，农村文化生活比较贫苦且乏味，文化人才队伍仍然需要进一步加强尤其是基层文化队伍。

第四节　江苏乡村公共文化服务体系建设困局

一、乡村人口绝对数量锐减，引致乡村公共文化服务体系空心化

江苏作为经济强省，城镇化率2017年已经接近70%。苏南发达地区已经突破80%。这使得江苏在公共文化服务设施框架体系建设上基本完成全覆盖。然而，大量农村人口进入城市使得江苏农村公共文化服务体系空心化十分严重。存在乡村公共文化服务流于形式、惠民服务工程项目空转。乡村公共文化服务有效供给不足。笔者走访了盱眙县下属乡镇综合文化服务中心，该镇处于盱眙县虾稻共生示范园区的核心位置。从布局上看，该综合文化服务中心由文化展览区、文体活动区、多功能区构成，内设图书室、阅览室、书画展览室、演艺厅、文化信息共享工程服务点等，能够满足该地区群众文化交流学习、文化培训、党员活动等需要。但笔者先后在正常工作时间段三次去往该中心考察，发现书刊阅

览室、展览室、档案室、中心管理室、文化信息服务服务点等所有馆室均处于关门落锁状态；并且除书刊阅览室内有些许老旧的书籍杂志，基本没有乡村村民前来借阅。人气较旺的是棋牌室，其他活动室内都是空的。镇政府为配合现代农业示范园建设，在综合文化服务中心前修建了文化广场并配有公共厕所。然而文化广场建成后，缺乏可以引入的实际文化服务内容。类似文化广场的问题随处可见，乡村公共文化服务体系的硬件建设是硬抓手，投入建设成效立竿见影。可见，乡村公共文化服务体系的硬件缺乏，软件也是难以支撑的，特别是苏北欠发达地区乡村公共文化服务体系“有形无质”十分严重。

二、乡村人口年龄结构极端差异化，引致乡村公共服务内容空无化

根据实地调研，滞留在乡村的人口从年龄结构上看以老人与小孩为主，并且家庭经济条件并不富裕。该类乡村人口公共文化生活单调匮乏，也不愿意积极参与乡村公共文化生活。在调研地乡村，除去政府定期放映电影与举办小型文艺演出外。乡村村民自发组织的文化活动较为单一。特别值得关注的是乡村广场舞现象，在我们调研的多个行政村中，定期开展广场舞活动的村占比接近 80%。组织程序简单，组织成本低廉的广场舞确实越来越受到群众喜爱，经过科学指导也能够具备一定的体育健身功能。但是，广场舞是一个城市现象，广场舞在乡村流行说明城市文化对于乡村文化的替代越来越严重，符合乡村文化特征的公共文化生活极度缺乏。承载乡村公共文化应有的文化价值的内容活动难以传承。长此以往，乡村文化振兴将会面临重大的内容危机。对于苏南等经济发达与信息网络技术基础好的地区，乡村居民选择更加私密的文化娱乐活动，主要以网络提供的娱乐节目、直播、游戏等项目为主。这直接反映出现有乡村文化服务难以满足乡村村民需要，导致乡村村民对于乡村公共文化服务参与度大幅降低。由此可见，乡村公共文化生活内容的单调与虚无，是乡村公共服务体系建设中的亟待解决的痛点与难点。

三、乡村公共文化服务体系建设缺乏多元化治理与监管

政府监管乏力原因在于，目前乡村公共文化服务主要供给方是政府。政府既作为“运动员”又作为“裁判员”，使得监管虚置。虽然一直在积极推动社会力量加入到乡村公共文化服务体系建设中来，但是现实中政府与社会力量，却没能产生良好的合力。特别是对于我国乡村中一直存在的家族、乡贤等社会治理力量，却没能与政府监管力量形成合力，没能共同参与到乡村公共文化服务体系的建设中去。这里特别值得提到的是在乡村调研过程中，乡村教堂修建得越来越高大、越来越精美，与所在乡村周边环境极其不匹配。可以监督并且利用好教会力量，将其纳入乡村公共文化服务体系。可以发挥好教会组织信教群众开展修桥铺路、捐资助学、看望五保户和贫困户以及为灾区捐款捐物等社会组织与治理功能。受地方经济社会文化生活等各种因素的制约，如果又缺少正确的引导与监督情况下，盲目信仰带来的社会力量容易被别有用心的人士利用，对乡村振兴战略带来大好发展局面产生严重危害。

第五节　江苏乡村公共文化服务体系困局破解

一、建立乡村公共文化服务需求分析机制，精准繁荣乡村群众文艺

乡村人口锐减，年龄结构的极端差异使得分析乡村公共文化服务需求十分重要。这使得当前农村公共文化服务供给中，政府在乡村公共服务中必须弱化部门意志和主观倾向，识别当前乡村群众公共文化服务需求的变化。务必借助信息技术降低乡村公共文化服务需求识别中的成本，更为精准地识别乡村群众个体需求。基于此，才能真正意义上做到识别乡村文艺独特品质，重点培养并繁荣乡村文艺。具体包括三个方面：第一，需求采集机制动态化。乡村振兴战略势必推动产生一批新的乡村建设高潮。乡村村民在追求生产致富、生活幸福的过程中必然提升其文化精神世界的新层次与新追求。针对文化精神新追求，政府应增加主动建立并畅通乡村村民需求表达与采集通道、动态开展新型需求的普查机制，充分搜集乡村振兴战略实施中新文化需求信息，并以此作为公共文化服务供给侧改革的必要依据。第二，乡村公共文化服务需求定位差异化、清晰化。政府应结合乡村振兴的具体实践诉求，深度挖掘乡村文化生态特色与天然禀赋差异。动态认知不同区域、文化背景下乡村公共文化服务需求构成的发展态势。实现乡村文化振兴需求差异化、特色和定位，能够做到需求内容清晰化表达。第三，建立在需求分析基础上的乡村公共文化服务内容精准化供给。针对乡村村民在乡村振兴战略中表达的新需求，政府创作性地制定具体服务供给政策，以此回应乡村村民新需求，满足乡村振兴中文化振兴实践要求。作为与乡村村民直接互动的乡镇政府，务必明确其在乡村公共文化服务体系建设中的职责。不断磨炼自身，提高乡镇政府在乡村公共文化服务供给中的灵敏度与积极性，保障公共文化服务供给的精准化。从供求两个方面积极互动，才能做到丰富乡村文化生活。让乡村村民的文艺活动能够承载社会主义核心价值观，通过文化振兴为乡村振兴战略实践提供不竭的精神动力。

二、以提升“获得感”优化乡村公共文化服务参与机制，弘扬优秀乡风民俗

在识别乡村公共文化服务需求的基础上，度量村民参与乡村公共文化服务的“获得感”。本质上，乡村村民文化素养相对不高，缺乏对于文化产品的理解能力。通常会表现为不愿参与，以及沉迷于自身能够理解的文化娱乐活动。因此，提升“获得感”关键在于增强乡村村民对于文化的认知能力，提高其自身文化资本积累。一方面，有助于村民自身为持续提升文化服务带来的“获得感”而积极表达自身对于公共文化产品的诉求。另一方面，促使乡村村民自身有能力开发本地文化资源，形成内在的文化挖掘与自我满足体系。

具体而言，应该针对农村居民文化资本积累现状及其可塑性采取差异化策略，从根本上保证乡村村民文化振兴战略的参与主体性。对于农村青少年群体而言，除去继续加强农村义务教育外。尤其要在其不同的学习阶段渐进有序地安排相关与介绍地方文艺、文化有关的课程。在其基础阶段就有意识地培养乡村青少年文化素质、艺术审美以及身体素养。逐步改善当前农村青少年沉迷手机网络游戏的不良局面。对于留守在乡村的中老年群体而言，以提高身体素质、健康长寿为切入点定期举办文化艺术培训、康养知识培训。不断改变其对于传统艺术的落后观点。另外，不断改良文化资本注入的方式方法，将丰富文化艺术教育内容与信息技术手段相结合。不断有效地促进乡村村民文化参与主体性较高的优秀民俗，重视对于地方社会文化传统的深度挖掘，将提高乡村村民文化素质与弘扬地方优秀传统文化等量齐观。通过不断切实努力来提高乡村村民的文化素质，方能激活本地文化的传承者的潜在群体。并将能够不断将地方文化发扬光大，创新继承。然后，疏通乡村村民的文化需求表达机制，让乡村村民文化“获得感”得以释放。从而配对实现乡村公共文化服务的精准供给。

目前，我国乡村公共文化服务体系建设存在的主要问题与新时代社会矛盾的认知相一致，即“我国社会主要矛盾已经转化为人民日益增长的美好生活需要和不平衡不充分的发展之间的矛盾”。乡村村民对美好生活的需求在精神文化需求伴随着物质生活的不断丰富也在不断升级与自我突破，呈现出多元化、个性化文化精神需求新表现。从封闭式的被动接收转变为通过信息技术不断接触外界新型娱乐文化方式尝试自主选择为主。文化与精神需求的水平与层次显著提高。特别是随着信息技术的不断发展，使得乡村村民的文化精神需求存在转向私密化的趋势。特别当政府还是单向供给的乡村公共文化服务与实际需求错位时，可以尝试通过互联网大数据分析得到乡村村民在互联网上释放的真实文化精神生活需求。通过建立乡村村民的需求表达机制，双向沟通确保乡村公共文化服务供给的精准性，确保供求匹配精准有序。

弘扬优秀民俗是建立在对于乡村本地文化资源需求与供给精准匹配之上。这种供求上循环叠加形成了乡村文化内生供给动力。具体而言，首先，乡村公共文化服务体系建设离不开充分挖掘乡村本地优秀传统文化资源，通过经济、文化、生态、组织的重塑，增强本地乡村村民的区域性文化认同。高度的区域范围内的文化认同，是自发生产与开发具有乡村地区特色、能够承载乡愁、乡情的乡村公共文化服务或产品，生产、供给和参与完整体系建构的前提。当然，需要创新地使用科学文化资源识别与开发手段。做好长期挖掘、耐性培育的准备，不断地将真正具有地方特色、具备文化传播载体潜质、能够吸引城市居民的乡村传统文化转换打造为公共文化服务产品。其次，不断激发乡村文化能人和乡贤的先导性示范作用，必须对于具有特殊才能与贡献的乡村能人进行实质性的保护。为其提供施展其乡村文化传承能力的平台。为乡村文化能人、乡贤配置现代化的传播手段，务必保护与提升是乡村传统文化技艺的优良传承载体。通过双向交流，不断拓展乡村公共文化服务体系建设思路。乡贤文化是我国特有的传统乡村文化，其根植于乡土、贴近性强，蕴含着见贤思齐、崇德向善的力量。在当下乡村社会剧烈的转型期，充分借用文化能人和现代乡贤的带头作用显得更加重要。这一定能够有效推动乡村公共文化规范建设的本土地方规制力量的形成。最后，在乡村能人、乡贤的积极带动下，稳步推进乡村文化自治，鼓励和扶持乡村村民自办文化活动、自建文化组织，为乡村公共文化振兴凝聚内生力量。

三、建立乡村合作文化治理模式，筑牢乡村文化阵地

政府主导的乡村公共文化服务体系建设实际反映了一种行政化供给路径，这种供给形式严重脱离了乡村公共文化服务实际。政府治理与乡村治理体系脱节愈演愈烈，难以符合乡村振兴战略的实践要求。相信传统乡村社会治理的力量，选择合作治理的社会化供给路径，更加强调除政府之外社会力量的供给作用及实践。在乡村振兴战略实施框架下，一方面，确保政府对于公共文化服务的绝对主导与把控能力。正确识别不同社会力量的性质、动机差别，以合作共享为原则，为社会力量参与公共文化服务供给提供政策引导与规范。另一方面，政府在搭建治理合作平台过程中，将乡村契约与法律法规有机融合，充分发挥传统乡村所特有熟人社会带来的“乡风”“乡俗”约束力。建立政府与社会力量共同拥有的治理档案，即方便政府与社会力量在提供乡村公共文化服务过程中的相互监督。在有序有据的环境下，构建乡村振兴中新型政府与社会合作治理关系，为乡村公共文化服务体系的有效运转注入外源力量。

政府主导的乡村公共文化服务体系建设本质上是一种行政化供给公共文化服务的制度安排。这种制度安排显然不能满足乡村振兴战略实施的要求。将社会力量纳入到合作治理乡村公共文化的体系中来，一定会伴随着乡村振兴战略不断深入推进成为的乡村公共文化服务体系建设的优选路径。与政府项目导向任务完成式推进乡村公共服务供给不同，包含社会力量供给并参与治理的合作模式更加强调除政府之外的社会各界力量的共同作用。通过乡村文化振兴实践，将政府、社会、乡贤个体等不同参与者与治理者的互动协调与监督。这不仅能够丰富乡村公共文化服务供给的内容及形式，还能够极大地提高乡村公共文化服务效能。在乡村振兴战略实施过程中的文化振兴框架下，筑牢乡村文化阵地。对政府而言，首先，以增强政府合作平台塑造能力为主要打造方向。政府考虑并识别不同社会力量的性质、动机差别，以合作共享为原则，为社会力量参与公共文化服务供给提供政策引导与规范，搭建开放竞争、有序互动的良好平台。其次，优化政府合作方选择能力。在选择合作方时，政府应根据不同的项目要求，着重考察参与竞争组织的组织资质、技术、信誉、所需成本等因素，建立市场化的淘汰机制，优中选优。再次，政府应该主动帮助参与的社会伙伴关系的提高其治理能力。实现乡村公共文化服务中的社会各界供给的超契约关系。政府既要主导各方超契约的制定与管理能力，加强整体发展过程中的监督管理职责；对社会力量参与方，也应加快健全法人治理结构，不断累积声誉机制，提升运作效率与服务创新能力。为乡村公共文化服务在乡村的持续有效延伸、覆盖并促进城乡公共文化服务融合发展创造条件。最后，社会组织、市场组织需要把握住乡村振兴战略实施的历史机遇，创新与政府合作的模式，充分利用政府提供的资源与机会，增强自我乡村公共文化服务能力。必须把乡村公共利益放在首位、发挥组织灵活性优势获取合理利润。基于政府主

导的合作治理平台，实现多元主体有序互动，共同将乡村公共文化阵地把守牢靠。

第六节　科学界定公共文化服务供给边界、高质量完善江苏乡村公共文化服务体系建设

一、要从战略上长远把握乡村振兴战略新要求

党的十九大明确提出实施乡村振兴战略，要坚持农业农村优先发展，建立健全的城乡融合发展机制和政策体系，加快推进农业农村现代化。全党对农村工作的关注，鼓励了大量的社会资本进入农业农村。当农业农村发展需要在政府大力支持。在准确把握党的十九大精神的基础上，乡村公共文化服务体系建设需要注意以下几点：首先，乡村公共文化服务体系建设从根本上是为农服务的，是为了推进乡村振兴与发展的。其次，乡村公共文化服务体系建设需要考虑文化与经济、文化与生态、文化与组织、文化与人才的共生关系。最后，要因地制宜地探索出一条乡村公共文化服务体系建设新模式，正确处理政府和社会主体在该模式中的关系，激发乡村文化建设内在动力，实现乡村文化振兴。

当前，处于乡村振兴战略实施的初级阶段。乡村公共文化服务体系的建设需要迅速与乡村振兴、文化振兴相对接。建立满足乡村文化振兴诉求的乡村公共文化服务需求分析制度、创新乡村公共文化服务的供给模式、建立社会力量参与的多元乡村文化治理与监管机制。通过深化改革，理顺政府、社会和乡村村民的多向合作关系，为乡村振兴战略的不断深入打下坚实的文化振兴基础。

二、依据服务经济学理论高质量完善江苏乡村公共文化服务体系建设

高质量完善江苏乡村公共文化服务体系建设，需要依据服务经济学思想，确保乡村公共文化服务体系运转的绩效。乡村公共文化服务体系的建设本质上是公共财政部门主导下的服务体系建设，旨在持续有效地提供公共服务。乡村公共文化服务体系的建设以及公共服务的供给仍然受到公共财政资金的约束。因此，科学推进乡村公共文化服务体系建设，需要充分认识到乡村公共文化服务供给中政府与社会供给方界限的动态变动性。聚焦于乡村振兴战略必须由政府提供的乡村公共文化服务，围绕该类型公共文化服务打造乡村公共文化服务体系，强化乡村公共文化服务能力。需要认识到乡村公共文化服务中的可以产生“规模效应”与无法产生“规模效应”的服务，优化现有公共文化服务评价机制。以达到真实有效地反映乡村公共文化服务状况、科学合理地评价乡村公共文化服务绩效目的。让政府或者是社会团体作为乡村公共文化服务提供方，能够积极有效地参与到乡村文化振兴中去，敢于投入看似虚拟的“服务”产品，获得正面积极的反馈。

高质量完善江苏乡村公共文化服务体系建设，重在加强乡村公共文化服务能力建设。

苦练内功，将扩大乡村公共文化服务规模投资转移到乡村公共文化服务内涵建设。比如，投资乡村“网路”建设替代传统乡村“道路”建设，将传统缩减提供公共文化服务物理距离转换为缩减提供公共文化服务的心灵距离。配套完善与乡村公共文化服务能力建设相关的法律法规制定。积极鼓励社会各界力量整合进入乡村公共文化服务体系。建立以政府牵头、多方力量共同参与的超契约社会合作机制。乡村文化的生成和传承是一种日积月累的缓慢过程。因此，乡村要留住乡愁，不仅有待于各级政府在人力、财力、物力的长期投入和规范建设，更需要以建设乡村公共文化服务体系为抓手对乡村优秀传统文化进行坚持不懈的发掘和弘扬。

参考文献

［1］ Billaud J. P. , Bruckmeier K. , Patricio T. , et al. . Social Construction of the Rural Environment. Europe and Discourses in France, Germany and Portugal ［J］. Sustainable Rural Development, 1997 (2): 156 – 170.

［2］ Brown A. , O'Connor J. , Cohen S. . Local Music Policies within a Global Music Industry: Cultural Quarters in Manchester and Sheffield ［J］. Geoforum, 2000, 31 (4): 437 – 451.

［3］ Getzner M. . Determinants of Public Cultural Expenditures: An Exploratory Time Series Analysis for Austria ［J］. Journal of Cultural Economics, 2002, 26 (4): 287 – 306.

［4］ Jeanne V. Denhardt, Robert B. Denhardt. New Public Service: A Service Rather Than an the Helm of Benevolence ［J］. Renmin University of China Published, 2004 (6): 65 – 75.

［5］ Kiesling H. J. . Pedagogical Uses of the Public Goods Concept in Economics ［J］. Journal of Economic Education, 1990, 21 (2): 137 – 147.

［6］ Martin Phillips, Jennifer Dickie. Narratives of Transition/non – Transition Towards Low Carbon Futures within English Rural Communities ［J］. Journal of Rural Studies, 2014 (34): 79 – 95.

［7］ Mouliner Pierre. Politiquesculturelle et la. . Decentralization ［J］. Lp Harmattan, Paris, 2002 (1): 235 – 255.

［8］ Ostorm E. Governing the Commons: The Evolution of Institutions for Collective Action ［M］. Cambridges: Cambridge University Press, 1990.

［9］ Paul Milbourne, Lawrence Kitchen. Rural Mobilities: Connecting Movement and Fixity in Rural Places ［J］. Journal of Rural Studies, 2014 (34): 326 – 336.

［10］ Per Dannemand Andersen, Lauge Baungaard Rasmussen. The Impact of National Traditions and Cultures on National Foresight Processes [J]. Futures, 2014 (15): 334 -350.

[11] Peters B. G.. The Future of Governing [M]. Manhaffan: University Press of Kansas, 1996.

[12] Salamon L. M.. Partners in Public Service: Government and the Nonprofit Sector in the American Welfare State [J]. Government, 1987 (35): 56 -75.

[13] Samuelson P. A.. The Pure Theory of Public Expenditure [J]. Review of Economics & Statistics, 1954, 36 (4): 387 -389.

[14] Stoker G.. Governance as Theory: Five Propositions [J]. International Social Science Journal, 2010, 50 (155): 17 -28.

[15] Tiebout C. M.. A Pure Theory of Local Expenditures [J]. The Journal of Political Economy, 1956 (2): 416 -424.

[16] 奥尔森. 集体行动的逻辑 [M]. 上海: 上海人民出版社, 1995.

[17] 蔡辉明. 新农村公共文化服务供给均等化的制度设计 [J]. 老区建设, 2008 (10): 47 -50.

[18] 常修泽. 公共服务均等化需要体制支撑 [J]. 瞭望, 2007 (2): 48 -49.

[19] 常银星. 江苏丰县农村公共文化服务供给研究 [D]. 南昌: 江西农业大学, 2018.

[20] 陈浩天. 公共文化服务的治理悖论与价值赓续 [J]. 华南农业大学学报 (社会科学版), 2014 (3): 123 -129.

[21] 陈立旭. 着力构建浙江省公共文化服务体系 [J]. 中共宁波市委党校学报, 2012, 34 (1): 5 -12.

[22] 陈美球, 廖彩荣. 农村集体经济组织: “共同体” 还是 “共有体”? [J]. 中国土地科学, 2017, 31 (6): 27 -33.

[23] 陈思嘉, 何英蕾, 罗熙鸣. 以标准化为推手, 促进基本公共文化服务均等化[J]. 标准科学, 2016 (4): 59 -62.

[24] 崔吉磊. 我国公共文化服务体系建设的创新模式及启示 [J]. 商情, 2016 (5): 181 -182.

[25] 恩格斯. 劳动在从猿到人转变过程中的作用 [M]. 北京: 人民出版社, 1971.

[26] 范应力. 苏州公共文化服务体系构建的成就、问题与对策研究 [D]. 苏州: 苏州大学, 2010.

[27] 付春. 新农村公共文化服务体系建设及其基本思路 [J]. 农村经济, 2010 (4): 105 -109.

[28] 韩俊. 实施乡村振兴战略将从根本上解决 “三农” 问题 [J]. 农村工作通讯, 2018 (2): 50.

[29] 纪丽萍. 苏南社会主义农村公共文化建设研究 [D]. 南京: 南京航空航天大学, 2015.

[30] 金雪涛，于晗，杨敏．日本公共文化服务供给方式探析 [J]．理论月刊，2013 (11)：173－177.

[31] 柯平，宫平，魏艳霞．我国基本公共文化服务研究评述 [J]．国家图书馆学刊，2015，24 (2)：10－17.

[32] 李少惠，王苗．农村公共文化服务供给社会化的模式构建 [J]．国家行政学院学报，2010 (2)：44－48.

[33] 林野．在社会管理创新中推进基本公共服务均等化 [J]．改革与开放，2012 (2)：138－139.

[34] 刘俊生．公共文化服务组织体系及其变迁研究——从旧思维到新思维的转变 [J]．中国行政管理，2010 (1)：39－42.

[35] 刘欣蕾．中国特色农村公共文化服务体系建设思想研究 [D]．南宁：广西大学，2018.

[36] 刘亚茹．公共文化管理体制的社会化问题研究 [D]．济南：山东大学，2018.

[37] 马海涛，程岚，秦强．论我国城乡基本公共服务均等化 [J]．财经科学，2008 (12)：96－104.

[38] 马克思恩格斯全集 [M]．北京：人民出版社，1960.

[39] 马晓河．建设社会主义新农村需要把握的几个重大问题 [J]．中国农业资源与区划，2006，27 (4)：1－5.

[40] 米勒，波格丹诺．布莱克维尔政治学百科全书 [M]．北京：中国政法大学出版社，1992.

[41] 欧阳建勇．乡村振兴战略下我国农村公共文化服务建设的财政政策研究 [D]．南昌：江西财经大学，2018.

[42] 佩鲁．略论增长极的概念 [J]．应用经济学，1955 (8)：112－115.

[43] 宋小霞，王婷婷．文化振兴是乡村振兴的“根”与“魂”——乡村文化振兴的重要性分析及现状和对策研究 [J]．山东社会科学，2019 (4)：176－181.

[44] 宋元武，徐双敏．国外农村公共文化服务供给实践与经验借鉴 [J]．学习与实践，2016 (11)：115－122.

[45] 泰勒．原始文化 [M]．上海：上海文艺出版社，1992.

[46] 王芬林．新农村公共文化服务体系建设探析 [J]．图书馆工作与研究，2009 (12)：20－22.

[47] 王敏杰，钟俊琰，姜雨婷．基于吴地文化实施乡村文化振兴战略的实践探索——以苏州市舟山村为例 [J]．智库时代，2019 (12)：137－138.

[48] 王晔，臧日宏．我国财政分权体制对农村公共产品供给的影响 [J]．经济问题，2014 (6)：107－111.

[49] 王莹霜．我国现代公共文化服务体系建设问题研究 [D]．哈尔滨：黑龙江大学，2018.

［50］威廉·阿瑟·刘易斯．二元经济论［M］．北京：北京经济学院出版社，1989.

［51］魏秋华．连云港市公共文化服务体系建设调查报告［J］．才智，2011（2）：256.

［52］夏国锋，吴理财．公共文化服务体系研究述评［J］．理论与改革，2011（1）：156－160.

［53］徐双敏，苏忠林，田进．贫困地区农村公共文化设施建设研究——基于对国家级、省级贫困县的调查［J］．武汉科技大学学报（社会科学版），2013，15（3）：240－243.

［54］闫平．试论公共文化服务体系建设［J］．理论导刊，2007（12）：112－116.

［55］杨忠．南通市农村公共服务体系建设研究［D］．上海：上海交通大学，2008.

［56］叶兴庆．新时代中国乡村振兴战略论纲［J］．改革，2018（1）：65－73.

［57］张波，蔡秋梅．政府公共文化服务职能创新的价值与动力［J］．理论探讨，2009（6）：34－37.

［58］张军．乡村价值定位与乡村振兴［J］．中国农村经济，2018（1）：2－10.

［59］张青．新常态下农村公共文化服务财政保障机制研究——基于安徽省的调研分析［J］．华东经济管理，2015，29（12）：166－170.

［60］张天学．农村公共文化产品的供给现状分析及对策建议——基于江苏省徐州地区农村的调查［J］．农村经济，2010（6）：84－88.

［61］赵萍萍．公共文化服务体系建设的路径选择［J］．中华文化论坛，2012，80（6）：117－123.

［62］郑有贵．由脱贫向振兴转变的实现路径及制度选择［J］．宁夏社会科学，2018（1）：87－91.

［63］周立，王彩虹，方平．供给侧改革中农业多功能性、农业4.0与生态农业发展创新［J］．新疆师范大学学报（哲学社会科学版），2018（1）：92－99.

［64］周晓丽，毛寿龙．论我国公共文化服务及其模式选择［J］．江苏社会科学，2008（1）：90－95.

［65］周作翰，张英洪．解决“三农”问题的根本：破除二元社会结构［J］．当代世界与社会主义，2004（3）：70－74.